# 环境规制视角下的长江沿岸化工产业布局研究

邹 辉 段学军 著

中国环境出版集团·北京

**图书在版编目 (CIP) 数据**

环境规制视角下的长江沿岸化工产业布局研究 / 邹辉，段学军著 . —北京：中国环境出版集团，2022.4

ISBN 978-7-5111-5104-9

Ⅰ. ①环… Ⅱ. ①邹… ②段… Ⅲ. ①长江流域—化学工业—产业布局—研究 Ⅳ. ① F426.7

中国版本图书馆 CIP 数据核字（2022）第 053978 号

**出 版 人** 武德凯
**责任编辑** 殷玉婷
**责任校对** 薄军霞
**封面设计** 宋　瑞

---

**出版发行** 中国环境出版集团
（100062　北京市东城区广渠门内大街 16 号）
网　　址：http://www.cesp.com.cn
电子邮箱：bjgl@cesp.com.cn
联系电话：010-67112765（编辑管理部）
010-67112736（第五分社）
发行热线：010-67125803，010-67113405（传真）

**印　　刷** 北京中科印刷有限公司
**经　　销** 各地新华书店
**版　　次** 2022 年 4 月第 1 版
**印　　次** 2022 年 4 月第 1 次印刷
**开　　本** 787 × 1092　1/16
**印　　张** 15
**字　　数** 225 千字
**定　　价** 80.00 元

---

# 前言

工业活动布局是经济地理学重要的研究主题之一，随着环境问题日益受到各界重视以及环境经济地理概念的兴起，从环境规制视角考察工业布局特别是污染密集型部门工业布局具有重要意义。化工产业是支撑国民经济发展、国防建设的重要基础工业部门，亦是典型的污染密集型行业，对环境规制具有较高的敏感性；随着环保意识的逐步提高，化工产业布局成为社会各界极其关注的话题，甚至到了“谈化色变”的境地。本书研究区长江沿岸是长江经济带的核心轴线地区，依托于长江黄金水道，东抵上海，西至宜宾，是长江经济带乃至中国重要的城镇产业密集带。但是囿于历史原因及经济发展阶段，长江沿岸已然形成“化工围江、全线铺开”的困局。

随着长江经济带大保护战略的提出，深入考察长江沿岸化工产业格局形成与演化具有重要的实践意义。但是面对日益严苛的环境保护标准和环境规制手段，传统工业区位理论难以有效解释化工产业区域选择与空间布局规律。污染避难所假说、环境竞次假说的提出和发展，为阐释以化工产业为代表的污染密集型产业的空间布局及演变提供了思路。本书从传统工业区位理论出发，结合污染避难所假说、环境竞次假说等理论思想，试图揭示环境规制对化工产业布局的影响，以期丰富工业地理学的“制度转向”内涵。

本书构建了化工产业“格局—机理—效应”的理论分析框架，其中，格局理论分析包括流域集聚格局、企业空间增长及阶段、梯度转移与行业结构演进、空间偏移阶段等格局框架；机理理论分析包括构建非环境规制（原材料供给、交通区位、市场需求、跨国公司等）和环境规制（环保法律法规、环保执法、治污强度、公众监督等）两大类影响因素体系及影响机理；效应分析从经济效应和环境效应两个方面构建理论框架。2000—2013年是长江沿岸化工产业发展的重要转型期和布局的深刻演变期，本书重点选择该时期长江沿岸27个地级及以上城市作为研究样本，采用数据采集与社会调查相结合、定性与定量相结合的方法综合考察化工产业格局形成与演化、影响机理及其经济效应和环境效应，以期为长江“化工围江”问题形成的历史过程和破解方案研究提供参考借鉴。

本书是国家自然科学基金项目“环境规制视角下的长江沿岸化工产业空间演变、机理及优化研究”（41901156）、国家自然科学基金项目“岸线资源利用的空间过程、机理与模式研究——以长江岸线为例”（42071164）、中国科学院科技服务网络计划（STS）项目“长江经济带岸线资源调查与评估”（KFJ-STS-ZDTP-011）和中国科学院南京地理与湖泊研究所科研启动项目（NIGLAS2019QD011）资助下的阶段性研究成果。本书的出版要感谢虞孝感研究员、陈雯研究员、曹有挥研究员、陈江龙研究员、苏伟忠研究员、王磊研究员、王润教授的悉心指导。感谢研究调研与访谈过程中的相关单位和人员的大力支持。书中难免存在不足和疏漏之处，恳请读者不吝赐教。

作者

2021年12月

# 目录

# 第1章

# 绪 论

# 1.1 研究背景

## 1.1.1 环境保护问题日益受到重视，工业空间布局变化对环境影响凸显

人类活动与自然环境协调可持续发展已成为全球性问题。"FE 计划"（未来地球计划）中国委员会将产业转型与绿色生产、环境污染及健康作为 14 个重点研究领域中的两项。同时，绿色经济发展、促进绿色经济行动伙伴关系成为国际新趋向（联合国环境规划署，2013）。2015 年 5 月，《关于加快推进生态文明建设的意见》印发并提出"坚持节约资源和保护环境的基本国策，把生态文明建设放在突出的战略位置""在环境保护与发展中，把保护放在优先位置"；被誉为"史上最严环保法"的新修订的《环境保护法》，已于 2015 年 1 月实施。可见在我国经济新常态与生态文明建设的背景下，生态环境保护已经上升到了极其重要的高度。

地理学家们越来越关注环境问题。随着全球化背景下的工业化进程加速，环境问题越来越突出。但是由于人文地理学和自然地理学的相互割裂，使将经济地理学应用到环境问题的研究提议一直没有受到重视（贺灿飞等，2014a）。直到 2004 年，科隆大学会议明确提出了"环境经济地理学"（Environmental Economic Geography）的概念，学者们开始明确将环境与经济地理联结起来（Quaas et al.，2004；Bridge，2008；Soyez et al.，2008；贺灿飞等，2014a），而且包括环境管制在内的经济活动与环境要素关系研究是目前经济地理学界一个很重要的领域（刘卫东等，2011）。

另外，值得注意的是，环境污染问题的产业源头凸显，产业转移导致污染转移的现实问题突出。造成生态和环境破坏的原因虽然是多方面的，但产业是非常重要的污染源头，据统计，我国工业企业污染量约占总污染量的 70%（邹东涛，2009）。在污染物排放中，工业源占较大比例，特别

是废气中主要污染物排放，全国二氧化硫（$SO_2$）排放工业源占比 88.1%，氮氧化物（$NO_x$）排放工业源占比 67.6%（环境保护部，2014）。虽然各界反复提醒“产业转移不等于污染转移”，也提出“警惕新一轮产业转移污染中西部”，但是在京津冀一体化、长三角一体化等过程中，污染型企业转移带来的污染转移问题依然显著，沿海地区的产业向中西部转移过程中污染转移问题依然突出，“毒鸟西飞”现象依然存在。

中西部地区正处于工业化加速时期，地方政府招商引资“热情高涨”，为了吸引外来投资，地方政府不惜以牺牲生态环境为代价竞相放松环境规制，甚至实行零规制，这成为污染产业转入的重要因素。污染产业空间转移带来的污染转移是我国生态环境质量局部改善而整体难以根本好转的重要原因。在地方政府的庇护下，大量化工产业进入湖南、安徽以及四川等中西部地区，中西部地区很有可能成为“污染天堂”，重蹈东部沿海地区“先污染、后治理”的覆辙（彭文斌等，2014）。制造业发展（特别是污染密集型产业）与环境污染之间的矛盾日益突出，而化工产业作为高污染型产业，其空间布局对地区生态环境的影响更为显著。随着人们环境保护意识的增强，环境要素已成为重要的区位因素。总之，在环境保护日益重视的时代，工业发展与环境保护的矛盾加剧，工业空间布局变化对环境影响凸显，因此，环境规制作为调节工业与环境的手段应运而生。

### 1.1.2 工业布局机理日趋复杂，环境规制作用日益凸显

管制政策如何改善经济发展中的环境表现成为各界关注的热点问题，也成为经济地理学家把环境问题带入经济地理学的一个重要突破口（克拉克 G L 等，2005）。环境管制对制造业区位选择产生的影响越来越明显，发达国家的制造业由于受本国环境管制的影响，转而向环境管制较松的发展中国家迁移。中国作为承接全球产业转移的重要基地，早期环境管制政策比较宽松，但随着国家对环境问题的重视，特别是“资源节约型和环境友好型社会”的发展目标提出以后，环境管制政策越来越严格（沈静等，

2012）。一些经济发达地区主动提高环境标准，强化环境管制，如在长三角地区、珠三角地区各级政府纷纷采取更加严格的环境管制措施，促使高污染、高能耗的企业向环境管制较宽松的其他欠发达中西部的地区转移。

从政府层面，中央政府、各级地方政府纷纷出台各项环境保护法律法规、环保政策与措施，产业发展政策，产业正面与负面清单等；从社会公众层面，越来越来多的环保维权及群体事件发生，NGO组织也在环保方面发挥越来越重要的作用。例如，2007年无锡水危机事件引发无锡2 000家企业关停或搬迁“风暴”，这些从侧面说明了规制作用对企业布局的影响。

传统的产业区位理论仅考虑交通、市场的因素，而随着环境质量恶化、环境保护日益受到重视、公众环保意识逐渐增强，传统的工业区位及空间布局理论受到一定的限制，且未充分考虑环境规制的影响。因此，在“环保时代”，对传统工业区位理论进行环境转向方面的探索显得急迫而重要。

### 1.1.3 长江经济带战略转向“大保护”，长江沿岸化工产业科学合理的空间布局显得尤为紧迫

长江沿岸化工产业所依托的长江沿岸横跨我国东中西部，是长江经济带的核心轴带与“动脉”，依托长江黄金水道，对长江经济带的战略实施具有举足轻重的作用，同时也是长江经济带的雏形地区，是我国国土开发和经济建设的“T”字形宏观格局中的横轴，是我国产业布局的战略区，亦是环境保护的敏感区，极具典型性与重要性（曾刚等，2014；段学军等，2015；虞孝感等，2015；陈雯等，2015；刘毅等，2015）。2016年推动长江经济带发展座谈会上习近平总书记强调了长江经济带“共抓大保护，不搞大开发”的新的建设思路，将生态环境保护提到了压倒性的战略地位，绿色发展是长江经济带的主基调。

长江沿岸横跨我国中纬度地带，开发历史悠久，资源得天独厚，经济

基础雄厚（陈雯，1997）。从历史角度来看，自唐朝中后期开始，我国经济重心便逐渐南移，南宋时期长江流域（主要是中下游地区）经济的发展便明显超过北方中原地区，明清时期长江流域得到了进一步开发与发展，率先形成了新的生产关系与组织方式，借此产生了近代资本主义发展的萌芽。在历史上，长江流域地区便是全国农业（经济）的重要支柱，经济相对发达，形成了以长江及其支流为依托的“经济发展轴带”，近现代成为中国现代工业的发源地。自中华人民共和国成立以来，在水电开发、工业布局、交通建设、市场一体化等诸多方面，长江沿岸引起了各方高度重视与广泛关注，它不仅是开拓创新的“试验田”，还结出了丰硕的经济发展“果实”，相信很快会成为“世界上规模最大的内河产业带”（虞孝感等，2012）。

特别是自 20 世纪 90 年代以来，随着经济全球化与国际资本转移，尤其是三峡工程建设、浦东开发开放等一系列国家重大决策实施，给长江沿江发展提供了便利。自 21 世纪以来，长江沿江省市开始重视沿江区域开发，纷纷将各自的经济发展重点转向本省（市）临江城市或地区。例如，上海积极推进产业结构优化和升级，转变经济发展方式，加快发展现代服务业和先进制造业，建设国际金融中心和国际航运中心。江苏省从 2003 年开始正式实施沿江大开发战略，2007 年编制沿江规划《江苏省沿江开发总体规划（2011—2030 年）》，指出江苏未来沿岸地区将努力建成沿江经济带、沿江城市带、现代化港口群、基础设施网和生态环境宜居区。2011 年颁布了《皖江城市带承接产业转移示范区开发园区发展规划纲要》。另外，江西、湖北、湖南、重庆等省（市）也相继提出各自省（市）的沿江开发战略。

同时，国家针对长江经济带出台了一系列指导意见与政策措施，如 2016 年 2 月与 3 月国家相继出台《关于加强长江黄金水道环境污染防控治理的指导意见》（以下简称《意见》）、《长江经济带创新驱动产业转型升级方案》；各级地方政府亦纷纷制定各项环境保护与产业发展的法律法规、政策措施。《意见》要求促进长江岸线有序开发，并且在产业布局方面提出了发展战略与要求。《意见》指出长江干流总体水质较好，但部分支流污染严重，涉危涉重企业数量多、布局不合理、污染事故多发频发，部分饮用水水源地存在安全隐患；《意见》强调将修复长江生态环境摆在压倒性位置，优化沿江产业空间布局等。国家发展改革委于2015年5月发布的《关于建设长江经济带国家级转型升级示范开发区的实施意见》中明确指出限制在长江沿线开发区新建石油化工、煤化工等化工项目。

过去相当长的一段时间内，我国经历多轮化工产业扩张、呈现“遍地开花式”的空间格局，空间布局的合理性有待商榷（刘鹤等，2011a）。近年来，以化工产业为代表的大耗水、大耗能、大运量、高污染产业在长江沿岸全面铺开，长江沿岸是我国重要的化工带（曾刚等，2016），据统计，全国20 000余家化工企业中，位于长江沿江省份的有近万家。化学工业沿江转移趋势显著，江西、湖南、湖北、安徽、重庆等长江中上游地区承接国内外化学工业转移（工业和信息化部产业政策司等，2012）。长江流域水资源保护局前局长指出，全国一半以上的化工企业集中在长江流域，每天进入长江的生活和工业污水相当于一条黄河，农业部长江渔业资源管理委员会主任指出，长江流域渔业资源出现了严重的衰退，长江流域的资源环境面临崩溃。2014年，国务院安全生产委员会办公室公布的60个危险化学品安全生产重点县中江苏沿江县（市）占10个。

长江已面临“化工产业围江”“生态环境告急”的困局，社会各界和主流媒体越来越关注长江沿江化工产业这一焦点，相关报道深刻地指出长江背不动中国化工产业带。在日益严峻的环境问题与日渐严格的环境规制背景下，对长江沿岸化工产业进行科学合理的空间布局显得急迫而重要。

因此，本书在理论上，结合经济地理学、规制经济学与环境科学的学科背景，将已有产业区位与空间布局理论以及环境规制下产业生产与布局机制进行深度融合，促进产业区位理论在环境要素方向的拓展。另外，对化工产业的空间布局研究有助于丰富和扩充经济地理学关于产业部门的研究。在实践中，对长江沿岸化工产业进行摸底与建库，为下一步布局调整与优化提供科学参考，为长江水环境保护、长江岸线利用与保护以及长江临江地区经济发展与生态环境改善的产业布局调控提供参考。同时，为其他区域特别是江河沿线地区污染型产业布局与环境改善提供借鉴。

# 1.2 相关概念

## 1.2.1 化工产业

化工产业，是指以石油、天然气、生物质和矿物资源（煤、原盐和化学矿石）等为基础原料，经过复杂的技术工艺加工成符合国民经济发展需要的各种油品和化工产品的产业总称，包括炼油、基础化学原料、化学肥料、农药、合成材料、专用化学品等多个子行业（刘鹤等，2011a；中国化工情报信息协会《中国石油和化学工业年鉴》编辑部，2013）（图 1-1）。由于研究内容与主题的不同，已有资料与研究对化工产业的概念定义和所包含的行业类别有所差异。一般石化产业指以石油为原料的炼化行业，化工产业指化学原料和化学品制造业。本书采用化工产业进行统一表述，行业范围界定为制造业中的石油加工、炼焦和核燃料加工业以及化学原料和化学制品制造业（图 1-2）。

化工企业数据来源于国家统计局的《中国工业企业数据库》（2000—2013）。地级及以上行政单元 27 个（本研究中直辖市、地级市统称地市），县区级行政单元 239 个（县、县级市及市辖区 191 个），化工产业包括石油加工、炼焦和核燃料加工业（行业代码 25）以及化学原料和化学制品制造业（行业代码 26）下的 10 个细分行业（表 1-1）。

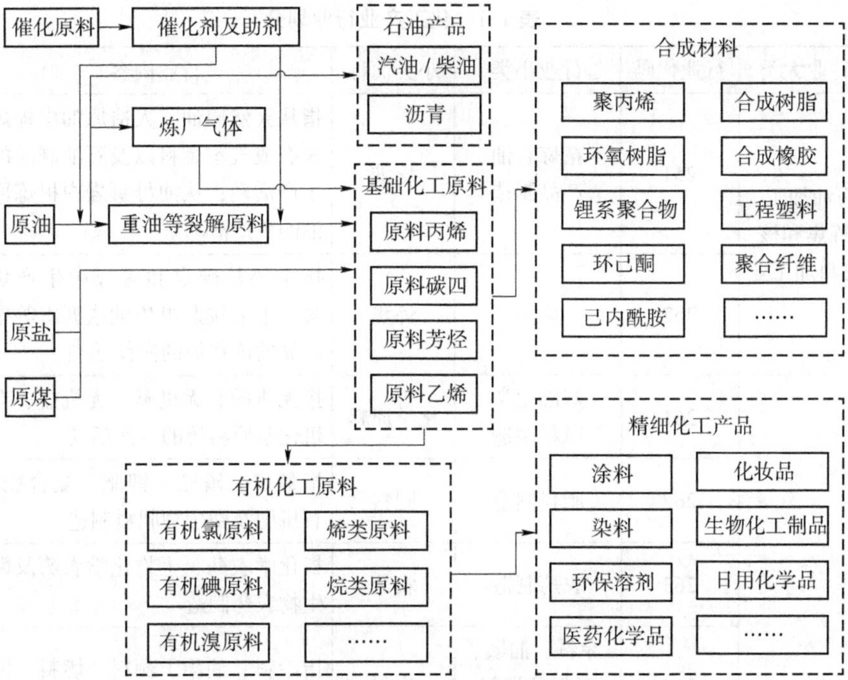


图 1-1　化工产业链

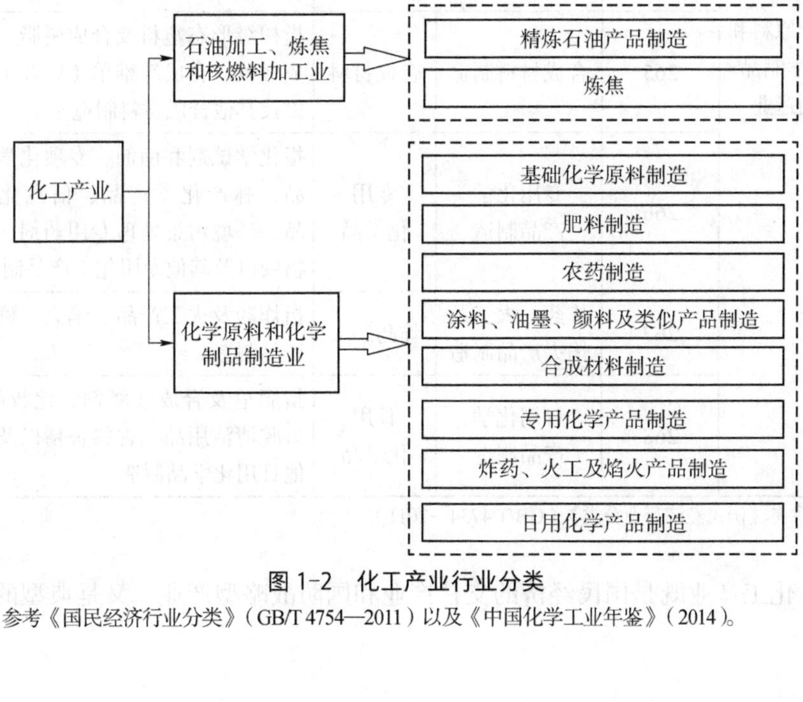


图 1-2　化工产业行业分类

注：参考《国民经济行业分类》（GB/T 4754—2011）以及《中国化学工业年鉴》（2014）。

**表 1-1　化工产业行业划分**

| 行业大类 | 行业代码 | 行业小类 | 小类简称 | 行业内容 |
|---|---|---|---|---|
| 石油加工、炼焦和核燃料加工业 | 251 | 精炼石油产品制造 | 炼油 | 指从天然原油、人造原油中提炼液态或气态燃料以及石油制品的生产活动；从油母页岩中提炼原油的生产活动 |
| | 252 | 炼焦 | 炼焦 | 指主要从硬煤和褐煤中生产焦炭、干馏炭及煤焦油或沥青等副产品的炼焦炉的操作活动 |
| 化学原料和化学制品制造业 | 261 | 基础化学原料制造 | 化学原料 | 指无机酸、无机碱、无机盐、有机化学原料等的生产活动 |
| | 262 | 肥料制造 | 肥料 | 指氮肥、磷肥、钾肥、复合肥、有机肥及微生物肥料制造 |
| | 263 | 农药制造 | 农药 | 指化学农药、生物化学农药及微生物农药制造 |
| | 264 | 涂料、油墨、颜料及类似产品制造 | 涂料 | 指涂料、油墨、颜料、燃料、密封用填料及类似品制造 |
| | 265 | 合成材料制造 | 合成材料 | 指初级形态塑料及合成树脂、合成橡胶、合成纤维单（聚合）体以及其他合成材料制造 |
| | 266 | 专用化学产品制造 | 专用化学品 | 指化学试剂和助剂、专项化学产品、林产化学产品、信息化学品、环境污染处理专用药剂、动物胶以及其他专用化学产品制造 |
| | 267 | 炸药、火工及焰火产品制造 | 炸药焰火 | 指炸药及火工产品、焰火、鞭炮产品制造 |
| | 268 | 日用化学产品制造 | 日用化学品 | 指肥皂及合成洗涤剂、化妆品、口腔清洁用品、香料香精以及其他日用化学品制造 |

注：参考《国民经济行业分类》（GB/T 4754—2011）。

化工产业既是国民经济的支柱产业和国防战略型产业，又是典型的环境污染密集型产业，其行业特点与发展趋势主要包括以下四个方面：

（1）深厚的国防与政府背景，政府主导占据重要地位

化工产业具有深厚的国防背景，生产的合成橡胶、合成纤维、甲苯、航空煤油等作为战略物资，为军队提供日常补给；乙烯被用来生产芥子气，而苯和硝化纤维等则被用来制造炸药。第一次世界大战和第二次世界大战推动了化工产业技术工艺极大提升和快速发展，历史经验表明，化工产业与国防具有不可分割的关系（刘鹤，2011），且化工产业的国防与军事特征也影响其空间布局，许多国家在早期一般将大型化工产能布局在战略纵深较好的地区。由于化工产业的国防特征与国民经济核心产业的特征，政府主导的重要企业占有较高比重。以中国为例，石化和基础化工行业由中石化、中石油、中海油主导，在产业布局方面考虑市场效益的同时，也充分考虑国防需求、国家战略、区域战略等战略层面的因素。同时，中央及地方政府也通过出台各项规划、政策来引导和约束化工产业的空间布局，因此政策因素在化工产业布局中起着重要的作用。

（2）资本与技术密集，产业联系强大

化工产业是一个技术高度密集的部门，涉及有机化工、机械设计、材料科学、自动控制、微电子等诸多高精尖领域。技术创新是化工行业竞争力的重要因素，除了传统产业改进工艺甚至改变原料路线、节能、改善环境保护外，性能优异的新材料、新产品也加快了传统产品的更新换代，同时迅速兴起的现代生物技术、信息技术等也对化工行业技术革新形成冲击。化工行业的高投入主要体现在科研基础设施、产品研发设计投资和建设成本等方面。化工产品的研发需要时间和资金的巨大投入，生产工艺复杂，石化和基础化工项目建设成本较高，形成了化工产业较高的进入门槛。同时，化工产业作为基础性产业，在现代经济体系中发挥着主导产业的作用，与上下游产业之间存在密切联系，仅三大合成材料便关联着诸多关系国计民生的重要产业。

（3）原料多元化，产品高端化，行业发展大型化、一体化及基地化

随着石油成本上升和环保、绿色理念的兴起，化工行业原料正由传统的

石油、天然气为主向生物质、非常规油气、煤炭等多元化转型，其中，生物质被欧洲、美国等发达国家或地区的化工公司高度重视，新型煤化工技术在煤制烯烃、煤制乙二醇等方面已取得重要突破，对化工的原料依赖和空间布局具有一定影响。大宗基础化工产品需求增长的同时，高端化工产品和专用化学品需求也将快速增长。欧洲、美国、日本等发达国家或地区已经向先进和高性能的专用化工产品转型，化工产业高端化趋势明显。石油化工跨国公司以资产重组为主要特征的兼并联合，加速了生产要素在全球范围内的流动，特别是向发展中国家的流动，不仅造就了新一代巨型跨国公司，而且促进了发展中国家石油化工产业的快速发展（朱英明，2006）。建立高度一体化的大型生产体系、提高产业集中度，是世界化学工业的主要趋势之一。化工基地（园区）、化工产业带成为化工产业发展的主流模式，目前全球已经形成了荷兰鹿特丹、比利时安特卫普、美国墨西哥湾、日本东京湾、韩国蔚山、新加坡裕廊岛等一批大型化工基地，中国长三角、珠三角、环渤海地区也正在成为一批新兴的石化化工基地和产业带。化工产品从原料到产品的发展特征以及发展模式的趋势同样是化工产业布局的重要背景。

（4）污染排放特征显著，环境关切成为重点

化工产业是环境污染较为严重的部门，从原料到产品，从生产到使用，都有造成环境污染的因素。化工产业由于使用化学原料数量大、种类多，生产过程中排出的“三废”[①]也就具有数量大、成分复杂、含危害物质多的特点。自20世纪五六十年代起，世界化学工业（尤其是石油化学工业）的兴起和迅速发展加剧了环境污染的危机。化工生产各个环节（反应、冷却、加热、蒸馏、蒸发、萃取、吸收、过滤、结晶和熔解）都要排放废液或大量废水，生产装置和包装容器的冲洗过程也有一定量废水产生（何润霞等，2014）。化工废水中的污染物，一种是含有直接对人体和生物有毒性作用的污染物，如一些重金属和类金属及其化合物酚类和氰类

① “三废”是指工业污染源产生的废水、废气和固体废物。

等。另一种所含污染物不直接造成危害，但导致水中产生色泽、味道、臭味和增加耗氧量，恶化水质会间接损害水生生物。化工产业中排出的工业废渣主要包括硫酸矿渣、电石渣、碱渣、煤气炉渣、磷渣、汞渣、铬渣、盐泥、污泥硼渣、废塑料以及橡胶碎屑等。同时，大量化工产业集聚是否带来新的更大的环境风险也成为争议的地方。在全球保护环境的呼声日益高涨的时期，化工产业成为各界关注的重点，甚至造成“谈化色变”的困局。

### 1.2.2 环境规制

（1）环境规制的概念与内涵

国际文献中一般用“Regulation”表示规制的含义[①]，1992年日本经济学家植草益在《微观规制经济学》一书中将规制定义为对构成特定社会的个人和构成特定社会的经济主体的活动，依据一定的规则采取的限制行为（植草益著，朱绍文译，1992）。早期对环境规制（Environmental Regulation）理解为对于破坏生态环境的社会个人和经济活动，将采取一系列规则、措施对其进行干涉限制的活动。随着环境规制的实施主体、实施手段不断改善，环境规制的具体含义也在逐步拓展与深化。最初，学者们认为环境规制是政府采取强制性手段，具体表现为违章禁令、关闭污染企业等行政手段，也被称为命令—控制型环境规制。随着市场经济的发展，政府的垄断性控制出现了失灵，一些与市场机制相结合的环境规制手段相继出现，如环境税、交易排污权及污染许可证、押金返还制度、补贴等。自20世纪90年代以来，生态标签、自愿协议、环境认证等自愿规制途径

① 关于“Regulation”对应“规制”还是“管制”一直存在争议。学者们一般认为二者的区别在于，“管制”是源于产业组织理论中的概念，强调政府运用法律和行政手段对微观经济主体行为的管理，具有强制性；而“规制”强调规范和指引，其主体不限于政府，还包括社会公众和利益团体，甚至被规制者自身，包含管理与激励两个方面的意义，其行为具有一定的主动性（曾文慧，2007；李红利，2012）。

纷纷产生以及社会各界环保意识不断提高，使环境规制的内涵进一步拓展（赵玉民等，2009；张红凤等，2012；李红利，2012；刘伟明，2013；Becker et al.，2013；Debnath，2015）。

环境规制定义：以环境保护为目的而制定实施的各项政策与措施的综合体，是以环境保护为目的、个体或组织为对象、有形制度或无形意识为存在形式的一种约束性力量（赵玉民等，2009；李红利，2012；吴伟平，2014）。

环境规制的主体主要是具有强制执行力的政府和环保部门，但是随着公众参与环境保护意识以及参与度的不断提高，公众和环保 NGO（非政府组织）也逐渐成为环境规制的微观主体之一。因此，人们通常所说的环境规制应该分为以政府和环保部门为主体的正式环境规制及以公众和环保 NGO 为主体的非正式环境规制两类（李红利，2012；吴伟平，2014）。此外，随着环境问题的严重性和复杂性不断加剧，环境规制手段也在不断丰富和改进，逐渐由命令—控制型、市场激励型转向了政府、企业和公民合作型的多元规制手段（徐成龙，2015），且自愿型环境规制（Voluntary Environmental Regulation）逐步凸显（Blackman et al.，2010）（表 1-2）。

**表 1-2　环境规制含义的拓展**

| 规制含义 | 规制主体 | 规制对象 | 规制手段 |
|---|---|---|---|
| 最初含义 | 政府 | 个人和组织 | 命令—控制型 |
| 第一次拓展 | 政府 | 个人和组织 | 命令—控制型、市场激励型 |
| 第二次拓展 | 政府、企业、协会 | 个人和组织 | 命令—控制型、市场激励型、自愿型 |
| 第三次拓展 | 政府、企业、协会、公众 | 个人和组织 | 命令—控制型、市场激励型、自愿型、隐形规制型 |

资料来源：赵玉民等（2009）；刘伟明（2013）。

因此，本书从政府、企业、公众三个方面来理解环境规制，政府方面重点考虑相关法律法规、基于环境保护和改善的相关产业政策、排污费收费标准、环保部门对企业污染排放的检查力度、企业污染治理的强度、公众参与监督力度等内容（表1-3），采用定性与定量相结合的方法，综合考察地区环境规制水平及其区域差异，以便识别其与化工产业的空间关系与影响。

表1-3 环境规制因素考量

| 大类 | 中类 | 因素 |
|---|---|---|
| 政府 | 规章制度 | 法律法规、排污收费标准、产业政策 |
| | 执法力度 | 环保部门执法力度 |
| 企业 | | 治污减排强度与效果 |
| 公众 | | 公众环保意识、公众参与及监督 |

（2）环境规制发展历程

自20世纪30年代以来，全球先后出现的“八大公害事件”[①]使发达国家开始重视环境问题，并相继建立起环境规制。世界各国的环境规制主要有以下发展历程：第一阶段主要依靠命令与控制政策进行规制；20世纪80年代以后，命令与控制型环境规制在某些情况下导致的高成本、低效率受到批评，基于市场型环境规制开始得到重视；自20世纪90年代以来，以信息披露为特点的环境规制创新成为主要发展趋势（张红凤等，2012）。

中国环境规制也经历了不断发展与变革的过程。中华人民共和国成立之初，缺乏专门的环保机构和环保法律法规。1972年6月，我国政府代表团参加联合国人类环境会议，会议通过了《人类环境宣言》，并且以此为契机；1973年8月我国召开了第一次全国环境保护工作会议，通过了《关于保护和改善环境的若干规定（试行草案）》；1978年3月，“国家保护

① “八大公害事件”是指比利时马斯河谷烟雾事件、美国多诺拉镇烟雾事件、伦敦烟雾事件、美国洛杉矶光化学烟雾事件、日本水俣病事件、日本富山骨痛病事件、日本四日市气喘病事件、日本米糠油事件。

环境和自然资源，防治污染和其他公害”列入《中华人民共和国宪法》；1979 年 9 月，《中华人民共和国环境保护法（试行）》通过立法；1983 年第二次全国环境保护工作会议将环境保护正式确定为国家的一项基本国策，且《水污染防治法》（1984 年）等一系列相关法律制度相继订立和实施。从“七五”（1986—1990 年）开始，逐步将环境保护任务纳入国民经济和社会发展计划，并提出环境保护工作同经济建设和社会发展相协调（刘伟明，2013）。1992 年，党的十四大召开，确立中国建立社会主义市场经济体制，随着社会主义市场经济体制改革进程的加速，中国社会性体制体系初步形成，环境规制成为其中一个重要方面，自 20 世纪 90 年代以来，相继出台了《固体废物污染环境防治法》（1995 年）、《环境噪声污染防治法》（1996 年）、《节约能源法》（1997 年）等法规，并对一些环境规制的法律法规进行了修改和修订（张红凤等，2012）。

虽然中国环境规制相关法律法规不断完善，但是地方政府在环境规制实施以及平衡经济发展与环境保护方面仍然处于不断发展的过程中。中国经济增长方式的一个最重要特点，就是地方政府在区域竞争中为了招商引资，通过“竞次式”的方式，为制造业投资者提供低价土地、补贴性基础设施，并降低劳工基本权益和环境保护等方面的标准（陶然，2013）。1994 年的分税制改革是我国地区竞争模式演变过程的“分水岭”，它标志着地区竞争开始从以地方保护主义为主的竞争模式向以地方政府争相吸引流动性资本的“竞次”模式的转变。随着发端于 20 世纪 90 年代中期的国有、乡镇企业改制、重组乃至破产逐渐完成，地方政府开始掀起一波又一波建设工业园区的热潮。首先从沿海发达区域开始，到 2005 年前后，蔓延到沿海欠发达地区和中部一些省份。过去相当长的一段时间内，中西部地区进行大规模招商引资，形成一个包括化工园等在内的工业园区全国全面开花的局面。

自 20 世纪 90 年代我国实施财政分税制改革以来，财政分权便不断地给予地方政府“为增长而竞争”的激励（肖彦昊，2015）。财政分权制度的激励扭曲和约束不足影响了地方政府行为，最终降低了环境质量，并且收入分权通过地区产业结构渠道比支出分权通过节能环保投入渠道所起的作用更大（吴俊培等，2016）。一方面，我国现行的分权促使地方政府对产值大、利税高的重工业格外偏爱，导致地方在经济发展上存在短视性的缺陷，降低地方政府的环境管制水平，不利于整体环境保护目标的实现；另一方面，公众的环境偏好难以得到地方政府充分重视，也不利于环境的保护（丁杨鑫，2013）。过去一段时间以 GDP 为主导的晋升机制和环境管理体制不能确保环保部门管理的能力以及力度，财政收支体系约束了地方政府的环境保护行动（毕军，2014）。

近年来，环保战略得到提升。2014 年新修订的《环境保护法》被誉为“史上最严环保法”，大大增加了企业偷排等违法行为的风险成本、改善了政府部分环保执法不严的情形、为公众参与环保提供了实践机会。中国环境规制总体上实行统一规制下的地方政府负责制，以命令—控制型手段为主（环境影响评价制度、“三同时”制度、排污许可证、城市环境综合整治定量考核等）、经济激励型手段为辅（排污收费制度、排污权交易制度等），信息披露型（公众监督等）不断发展。

## 1.3 理论基础

本书从产业空间布局、基于环境规制的产业发展与布局两个方面展开相关理论基础的回顾与梳理。首先，区位理论作为产业布局的基础与核心，产业梯度推移学说一定程度上解释了产业空间转移，而产业集群理论是区位理论的深化。

其次，污染天堂假说与环境竞次假说旨在解释产业在不同环境规制空间上的迁移，而庇古理论与科斯定理重点聚焦在政府针对企业环境污染进行管制的手段上，该管制手段是环境污染外部性的内部化的重要途径。而这些理论不仅是产业空间布局的基础理论，亦反映到了环境规制与产业转移、环境规制手段方面，为本书进一步探讨环境规制视角下的化工产业空间布局理论与实证研究奠定了良好的基础。

### 1.3.1 区位论与工业地理发展

区位论是关于区位选择与空间组织的理论，揭示了人类经济活动的基本空间法则。区位论的核心原理，即寻求对经济活动的空间位置作出解释的一般原理，其主要框架是考虑相关的条件，按照逻辑推理的方法，来寻找合理的区位；成本最小、收益最大或使决策者获得最大满意的区位就是经济活动发生的位置（李小建，2013）。杜能被认为是“区位论之父”，在1826年出版的《孤立国同农业和国民经济的关系》第一卷中，对农业生产合理布局问题深入思考，揭示出农业生产的布局规律，后人称为“农业区位论”。韦伯在杜能农业区位论基础上提出工业区位论；随后，克里斯塔勒的中心地理论对产业区位论有了进一步研究；而廖什的市场区位论则对城市区位研究作出贡献。其间，马歇尔、俄林、胡佛以及艾萨德等区位论者、地理学家或经济学家阶段性地改进了区位论。1949年，艾萨德指出区位和空间经济的一般理论包含经济活动的总体空间排列，关注投入、产出的地理分布以及价格与成本的地理变化。1956年，艾萨德在《区位与空间经济》一书中整合了古典及新古典区位论的观点，提出了空间结构理论。自20世纪90年代以来，克鲁格曼在借鉴经典区位理论的基础上，引入了世界贸易、新经济增长理论的最新研究成果，改造并创新了传统区位理论，在此基础上构造出一套新的空间区位理论——新经济地理学。克鲁格曼在研究中，发现这些理论只有落实到空间上才能得到实证，进而激起了对经济活动的空间区位问题的研究兴趣，并展开深入研究，为经济活动的区位选择和经济空间发展过程进行科学解释（Krugman，1991；张文忠等，1999；段学军等，2010；梁滨等，2014）。工业区位论和工业地理学发展经历了由古典区位论到文化转向和制度转向的过程（图1-3）。

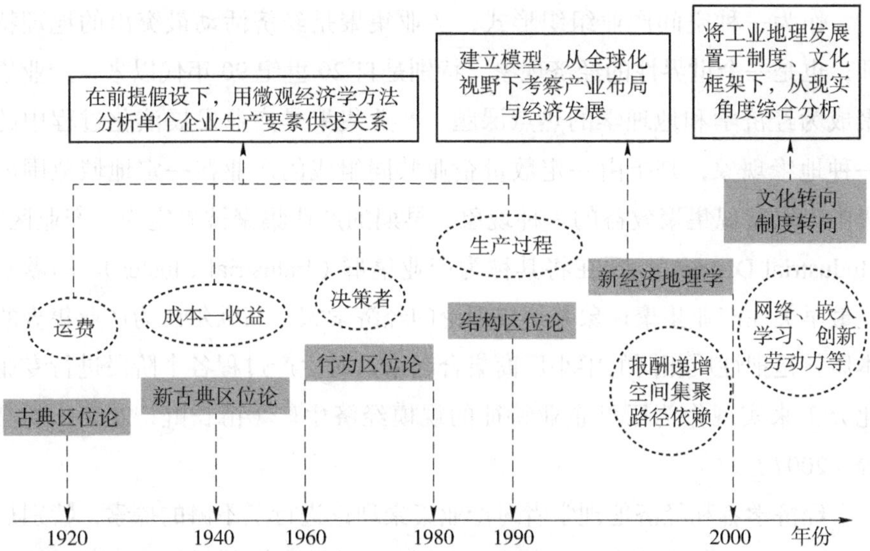


图 1-3　工业区位论及工业地理学发展历程（高菠阳等，2010）

## 1.3.2　梯度推移学说与产业集群理论

梯度推移理论，源于弗农等的“工业生产生命循环论”。该理论认为，工业各部门及各种工业产品，都处于生命周期的不同发展阶段，即经历创新、发展、成熟、衰退四个阶段；无论是在世界范围内还是在一个国家或一个地区的范围内，经济技术的发展是不平衡的，客观上形成了一种地区间的经济技术梯度；创新活动是决定区域发展梯度层次的决定性因素，而创新活动大都发生在高梯度地区。随着时间的推移及生命周期阶段的变化，生产活动逐渐从高梯度地区向低梯度地区转移，而这种梯度转移过程主要是通过多层次的城市系统扩展开来的。梯度推移理论主张生产力的空间推移，实质上是一种非均衡发展理论。梯度推移理论也有一定的局限性，主要是难以科学划分梯度，在实践中容易主观地扩大地区间的发展差距（李小建等，2006；刘丽娟，2009）。梯度推移学说为产业在不同发展阶段地区的转移提供了理论参考。

作为一种空间产业组织形式，产业集聚是经济活动最突出的地理特征，也是一个世界性的经济现象，特别是自 20 世纪 90 年代以来，产业集聚成为经济学和地理学的热点课题。产业集聚是产业发展演化过程中的一种地缘现象，是指由一定数量企业共同组成的产业在一定地域范围内集中，以实现集聚效益的一种现象。早期的产业集聚被界定为“产业区”（Industrial District），现在将其称为产业集群（Industrial Cluster）。马歇尔是最早关注产业集聚现象并形成理论的经济学家，马歇尔认为产业集聚的本质就是把性质相同的中小厂商集合起来，对生产过程各个阶段进行专业化分工来实现作为巨型企业特征的规模经济生产（苗长虹，2006；刘磊等，2007）。

经济学者和经济地理学者对产业集聚理论进行了不懈的探索，特别是自 20 世纪 90 年代以来，克鲁格曼应用不完全竞争、规模报酬递增、路径依赖以及累积因果关系来解释产业集聚，波特从创新和竞争力角度对产业集聚展开研究（钻石理论），引起了国内外学术界的极大关注。产业集聚实际上是企业微观区位选择的宏观表现，产业集聚也是区域产业空间布局的一种形式（朱英明等，2006；张华等，2007）。产业集群网络是区域产业集群的一种空间组合形式，也是一种具有生产效率和创新效应的经济空间组织模式（余斌等，2007）。产业集聚理论是基于区位论的一种空间布局形式的延伸。

### 1.3.3 “污染天堂假说”“环境竞次假说”与“波特假说”

越来越多的经济学家、地理学家开始关注资本流动、产业转移可能造成的环境问题，“污染天堂假说”便是其中一个热点。自 20 世纪 80 年代以来，学者们通过对发达国家产业转型升级以及污染密集型产业转移现象进行考察，提出了“污染天堂假说”（又称“污染避难所假说”，Pollution Haven Hypothesis），即污染密集型企业倾向于从环境规制严格的地区向环境规制宽松的地区迁移，使后者成为“污染天堂”（Walter et al.，1979），较好地阐释了外国直接投资、污染密集型产业在环境管制标准不同的地区间转移的规律，也从空间上反映环境规制与产业转移的相互关系。该理论假设发达地区一般具有较高的环境意识，因而这些地区通常会实施相对严格的环境管理制度和执行较高的环境管制标准，从而推动污染产业生产成本上升，因此，环境标准较低地区的企业将获得明显的成本优势，追求利润最大化的企业自然会选择到环境管制标准较低的地区，进而引发发达地区的高污染产业向欠发达地区转移（List et al.，2000；王军，2008；侯伟丽等，2013）。虽然污染天堂仍然存在很多争议，但为理解环境规制视角下的产业区位选择提供了良好的理论铺垫。

基于“污染天堂假说”，如果每个地区都担心其他地区采取更低的环境标准，使本地工业处于不利竞争地位而向外迁移，本地税源流失，可能会竞相采取更低的环境标准，形成环境管制的“竞次”现象，出现类似“囚徒困境”的集体非理性行为，称为“环境竞次”（又称环境竞底）（Wheeler，2001；侯伟丽等，2013）。“竞次”（Race to Bottom）由美国Louis Brandeis于1933年首次提出，在中国，“竞次”一词是由经济学者袁剑首先用于经济学领域研究（崔志强，2012）。环境竞次演化为区域竞次，不仅降低环境规制的标准，同时在社会福利、资源利用等各个方面采取低标准来获取产业引入、经济发展的竞争优势；其以剥夺本地区劳动阶层的各种劳动保障、压低他们的工资、放任自然环境的损害为代价，从而赢得竞争中的价格优势的增长模式，这种发展模式已带来了一系列经济、社会乃至环境方面的严重负面影响（刘瑞强等，2014）。Olney（2013）形象地指出竞次如同魔法，使区域经济迅速崛起，但也如同咒语，使区域经济局限于低层次的发展，缺乏转型的动力。同时，由于竞次的种种弊端的出现，人们开始关注竞优的思想（赵希男等，2006）。

“波特假说”与“污染天堂假说”及“环境竞次假说”相反，认为适当严格的环境管制将促使企业技术创新，以抵消环境管制造成的成本，从而使企业更具有竞争优势，因此“波特假说”并不支持企业区位受到环境管制影响的观点（Porter et al.，1995；沈静等，2014）。1991年，波特首次提出环境保护能够提升国家竞争力的主张，1995 年，波特与林德进一步详细解释了环境保护经由创新而提升竞争力的过程（Porter，1991；Porter et al.，1995；熊鹏，2005）。

### 1.3.4 庇古理论与科斯定律

庇古理论，又称“经济外部性理论”，由经济学家马歇尔和庇古在 20 世纪初提出。英国经济学家庇古在对外部性根源进行大量的研究分析后提出，由于市场机制不能解决外部性引起的边际私人成本和边际社会成本相偏离的问题，而要真正解决这个问题就必须引入外力，要依靠政府力量通过对负外部性生产者进行课税或罚款从而对外部性问题进行干预和解决（Pigou，1932），并提出著名的庇古税（Pigou Tax），即环境税的起源。各国实施的污染税、补贴、排污费等环境管制政策正是对庇古税的应用（崔宇明等，2007；苏子铭，2011；杨蓓蓓，2013）。

科斯定律由英国经济学家科斯在 20 世纪三四十年代提出，是一种基于产权来治理外部性的理论（Coase，1937，1960），该理论指出，把外部效应作为一种产权明确后，在市场交易成本为零的情况下，初始的产权分配并不会影响资源的优化配置，通过对初始产权重组，可使外部性问题内在化。科斯定律的经典应用是排污许可证，意味着企业为取得排污权需要付出成本，达到外部成本内部化的目的。污染许可证、排放许可证、交易许可证等环境管制措施都是对科斯产权理论的应用（崔宇明等，2007；苏子铭，2011；杨蓓蓓，2013）。

## 1.4 研究进展

从制造业与化工产业空间布局及驱动机制、环境规制与产业空间布局、产业布局的环境效应三个主要方面对已有相关实证研究展开回顾与综述。基于本书研究的主题与问题，制造业空间布局及驱动机制研究的综述分别从一般制造业和化工产业两个方面开展；环境规制与产业空间布局研究的综述分别从环境成本内部化、环境规制测度指标、环境规制与产业布局以及环境规制对产业布局驱动机制等方面进行；最后，对产业布局的环境效应展开综述。

### 1.4.1 关于制造业空间布局及其驱动因素的研究

随着世界工业发展及工业区位理论的演进，许多地理学者与经济学者开展了诸多关于制造业空间布局的实证研究。全球化及区域一体化不断深化过程中，新的国际贸易竞争和合作格局凸显，在产业布局理论指导下各尺度上的产业空间布局研究内容越发丰富，研究结论也更具针对性（魏后凯，2008）。贸易自由度的提升促使开放性地区的产业集聚程度迅速提高，如墨西哥边境城市的出口扩张带动制造业由美国内部迁移到了美墨边境地区，并打破了封闭状态下的墨西哥城制造业带，促进了墨西哥北部新的制造业中心出现（Hanson，1998），而针对罗马尼亚的相关研究也证实了这一观点（Crozet et al.，2004）。不仅是各国的比较优势产业具有类似的状况，非比较优势产业也具有类似的特点，从而更加验证了贸易自由度对产业集聚的影响。当然，也有其他学者提出不同的观点，由于一个行业在一个地区的集聚通过前后向关联吸引其他行业加入，加拿大各省的专业化水平出现了一定程度的下降，促进了多元化经济格局的出现（Beine et al.，2004），而欧洲14国的实证研究也发现由于大国生产比重的下降和小国生产比重的上升，致使制造业的集聚度下降（Aiginger et al.，2006）。

国内关于制造业空间布局的研究亦是方兴未艾，大量的实证研究从全国省级尺度、典型城市尺度等各尺度展开。针对全国制造业整体上的空间分布和集聚的变化趋势，都得出了制造业地理格局分布不均衡的结论（王缉慈，2003；梁琦，2003；贺灿飞，2010），基本表现出一个向东部沿海地区集聚且集聚程度呈不断上升的趋势（徐康宁，2006），特别是珠三角、长三角地区以及环渤海地区等地区高度集聚（贺灿飞等，2006），并呈现出梯度分布格局（范剑勇，2004；郑耀群等，2009）。在长三角地区的实证研究表明，区域制造业集群组织方式与产业特性相关，资本密集型集群易采用以大企业为主的轮辐式产业集群的组织方式，而技术密集型集群采用外资企业为主的卫星式产业集群的组织方式，劳动密集型制造业集群采用了以中小企业为主的马歇尔式产业集群组织方式（袁丰，2015；袁丰等，2015）。陈诚等（2011）以江苏沿岸地区为例，在提取生态功能保护区和产业分布空间信息的基础上，运用矩阵分类和空间分析方法研究了生态保护与产业分布的空间匹配特点，结果表明大部分地区生态保护与产业分布空间匹配较为协调。并且研究显示，江苏长江临江地区制造业用地占全区的 54.49%，呈现制造业在临江地区集聚的特征。

在全国尺度的研究中，污染型制造业转移是制造业空间布局研究的热点。学者们研究了全国尺度下污染密集型产业的空间分布与转移路径（仇方道等，2013；何龙斌，2013；贺灿飞等，2014b）；并重点从转移机制方面展开了较多研究（沈静等，2012；崔建鑫等，2013；何龙斌，2013；）。周沂等（2014）对深圳市污染企业空间分布特征进行了研究，研究表明，深圳废水与固体废物污染严重企业具有明显的靠近城市外围边界但远离香港特别行政区分布的特征，以邻为壑的污染转嫁将辖区内的环境负外部性扩展到邻近城市，以避免对本城区的污染；同时，废水排放较多的污染企业也有明显的靠近城市环境功能较低的外流河分布的特征。而在全国尺度的研究并未支持上述观点，Yang 等（2015）对中国的污染型企业区位选择进行研究发现，污染型企业的边界效应（Border Effect）不如集聚效应（Agglomeration Effect），研究中假设污染型企业布局在临近行政区边界地区的则有利于污染物转出本地区，但从中国全国尺度上的实证研究难以支持该假设，现实中污染型企业更愿意通过集聚来提升综合竞争力。

此外，Yin 等（2016）指出经济与环境看起来就像硬币的两面，难以兼得，而污染型产业的转移便像二者之间的悖论，其促进经济发展，同时引起污染转移与扩散。污染转移是空间维度的环境冲突的重要表现形式，也是我国生态环境质量局部改善而整体难以根本好转的重要原因（肖宏，2008）。赵大平等（2013）的研究结果表明中国内陆地区不具有承接高污染产业的比较优势，采掘业、制造业具有相对更高的污染，不适合以直接搬迁的方式向内陆地区转移；并指出制造企业的优势在于内部规模经济效应，不在于网络集聚效应，制造业向内陆地区转移不应该由政府主导建立类似高新区的制造业产业集聚基地，只需要在交通运输便利、区位成本较低、有利于形成内部规模经济效应的地方集聚即可。大量已有研究不可否认的是，污染产业集中于东部，并有从东部向中西部转移的倾向（王昭等，2014），但是值得注意的是部分污染型行业亦存在反梯度转移（Anti-Gradient Transfer）的情况，从中国中部和西南地区向南部沿海地区转移（Yin et al.，2016）。贺灿飞等（2014b）认为，产业转移正在重塑中国产业地理格局，同时也推动环境污染的扩散和转移。另外，污染密集型企业的迁移有两种形式，即主动迁移和被动迁移，前者是企业根据自身要素和各种外部区位因素的变化主动做出的区位调整行为，后者则是企业由于所在地环境门槛提高或丧失市场等难以生存下去而被迫进行的区位调整（肖宏，2008）。而影响污染型制造业转移的因素具有多种，学者们也指出了环境成本与环境规制发挥的重要作用（王彦斐，2015）。

在典型城市的研究中，学者们更加关注中观尺度制造业空间布局变化的驱动因素与机制。王法辉等（2010）针对芝加哥制造业发展过程及区位因素的研究表明，制造业需要政府的政策与规划，不是完全依赖于市场的调节；制造业的发展跟城市的交通地理位置息息相关，交通地理位置又随着技术的进步而不断变迁；不同制造业的区位倾向不一；劳动力成本是重要的驱动要素，制造业趋向于布局在低工资区。芝加哥制造业变迁反映了传统的原材料、能源等因素对制造业分布的影响逐渐减弱，而一些如工资差异和劳资关系、政府优惠政策、劳务与市场机制等新区位因素越来越重要。刘永进（2005）针对武汉及武汉城市圈的研究发现，特大城市的制造业空间布局存在这样一个规律：依托现有产业基础，原地重组；制造业逐步向郊区集中；依托交通轴线，形成点状聚集；区域联动，形成产业连绵带；产业按门类聚集，形成专业园区；依托智力资源，高科技产业基地出现。研究表明，影响特大城市制造业空间布局的主导因子包括级差地租、劳动就业、交通运输、集聚效益。樊杰等（2009）针对洛阳市50家工业企业的实证研究表明，土地成本和距离成本是企业在洛阳市域范围内选址时考虑的主要因素，并强调企业经济收益的最大化，寻求生产成本（包括机会成本）最小、效益最大的区位点是企业调整布局指向的主要动力。

此外，陈雯等（2009）针对无锡市区制造业区位决策的影响研究表明，制造业需要土地、原材料、劳动、资本的投入，要考虑企业通勤便利、用地充裕、配套集聚良好等自身发展的布局要求，也受到资源耗竭、生态占用的约束影响以及农业和服务业空间的挤占影响，并指出制造业区位选择主要受生态约束、开发引导和其他空间功能协调等因素作用影响。吕卫国等（2009）针对南京制造业空间布局的研究表明，南京制造业总体呈现沿江、沿高速公路扩散和集聚，在开发区集聚的特征，制造业企业在市场、政策要素的双重作用下寻找合适的微观区位，并验证了自然环境的约束及环境保护的压力对制造业总体区位选择产生了显著的制约作用。张晓平等（2012）针对北京制造业空间布局的研究表明，北京市的制造业在中心城区的集聚度明显减弱，呈显著的郊区化集聚特征；主要集聚区位于距市中心半径为15～35 km的空间范围内，总体空间格局呈现出大都市区尺度上的扩散以及产业园区尺度的再集聚特征。主要驱动因素是区位通达度、集聚经济、科技园区规划与政策引导，且不同区位因子的作用强度存在行业间差异。研究强调了北京市的制造业空间重组机制是政府规划引导下的市场经济作用机制。蒋丽（2014）针对广州制造业布局影响因素的研究表明，重要因素包括我国土地有偿使用制度的实行、广州市政府宏观调控政策的制定、广州制造业园区的建设和制造业集聚效应四大因素，前两个因素是制造业郊区化发展的推力，后两个因素是制造业郊区化发展的拉力。

学者们还从其他方面对制造业布局与影响因素进行了研究。Lanaspa等（2016）发现中间生产性服务业（Intermediate Producer Services）与制造业的区位特征呈现显著的关联。Grether等（2014）针对中国省级尺度的实证研究认为能源对制造业区位选择具有显著影响，特别是对能源密集型（Energy-Intensive）行业。地区的产业专业化、产业多样性和市场潜能等都对该地区期望进入的企业数量有着显著的影响，从而证实了企业区位选择中集聚经济效应的显著存在性（刘修岩等，2010）。刘剑等（2014）针对我国农药制造业空间格局演化的研究表明，对外贸易、市场关联、集聚效应、内部规模经济对其布局集聚性的增强具有正面影响。而某一区域的环境规制加强会抑制农药制造业在该区域集聚，表明农药生产企业在环境规制约束下更倾向于向环境规制水平较低、环境成本较低的区域迁移集聚。此外，颜燕等（2014）指出土地价格在影响企业区位选择中亦具有地区差异性，在全国尺度和东部地区内部，由于集聚经济的存在，土地价格竞争对企业区位选择的影响十分有限。虽然低地价总是有利于吸引投资，但集聚经济的影响会超过土地价格竞争的影响，在企业区位选择中具有核心地位。然而，在欠发达的中西部地区进行竞争时，由于集聚经济都比较弱，土地价格成为影响企业区位选择的重要因素。宋周莺等（2012）指出信息时代信息技术的飞速发展使经济的"地点空间"越来越为一种新的、非地方性的"流的空间"所取代，从而对传统区位论提出了挑战。强调了时间成本的重要性，并强调信息技术引起了企业区位因子的变化，从而影响企业区位选择及其空间布局。高爽等（2012）以无锡为例的实证研究认为，环境规制、土地使用制度、开发区规划以及交通因素是制造业区位的主要影响因素。

制造业空间布局驱动因素呈现地域性，同时亦在不断变化之中。随着经济发展，解释经济地理现象发生的影响因素逐步增多，并且由硬到软、由单纯的地理或经济因素到社会、文化、制度因素（李小建，2013）。除了传统的自然、经济等因素外，地方化规则、制度和习俗也是影响制造业空间布局的关键因素（Patchell，1993；魏后凯等，2002；童昕等，2001；

贺灿飞等，2010）。随着全球竞争因素（Global Competitive Conditions）的变化，主要包括消费者区位、自然灾害、货币估值（Currency Valuation）、劳动力成本及交通便利度等因素，Tate 等（2014）对美国 319 家制造业的研究表明，企业区位选择更趋向于消费者市场。传统意义上，产业布局区位选择时为了降低成本往往考虑市场（消费者）、原材料（供应商）等因素，随后技术和知识的可进入性（Access）成为产业布局需要考虑的新的因素（Ferdows，1997；Vereecke et al.，2006；Feldmann et al.，2013；Chen et al.，2014）。

而随着生态环境问题及可持续发展逐步引起全球的重视，可持续（Sustainability）因素成为产业布局的重要影响因素。环境和社会问题在企业寻求竞争优势的过程中变得越来越重要（Kleindorfer et al.，2010；Seuring et al.，2008；Dou et al.，2010）。对利润、人类与地球（Profit，People and Planet，3P）关系的解释上，经济、环境与社会构成了所谓的三重底线（Triple Bottom Line）。经济因素包括成本、市场、经济稳定性、供应商、增长，环境因素包括生态活力（Ecosystem Vitality）、环境污染导致的健康问题（Environmental Health）以及生产环境的资源环境因素（Chen et al.，2014）（图 1-4）。企业选择区位的同时，需要整合各项可持续性的因素，与当地消费者及供应商合作，为当地经济发展、社会福利与环境保护作出贡献（Theyel，2012；Chen et al.，2014）。

诸多实证研究表明，制造业空间布局的影响因素中，除了传统资源、成本、市场等因素，集聚与外部性集聚效应以及制度因素发挥越来越重要的作用（Fujita et al.，2004；吕卫国等，2009；张书明等，2012），特别是在全球化时代、信息时代、环保时代的今天，国际贸易、信息要素、环境规制要素越来越发挥着不可忽视的作用。同时，学者们也强调在中国特色经济地理学框架下，政府在经济活动区位中的特殊作用（李小建，2013）。制造业区位选择的主要影响因素包括资源因素、成本因素等（表 1-4）。

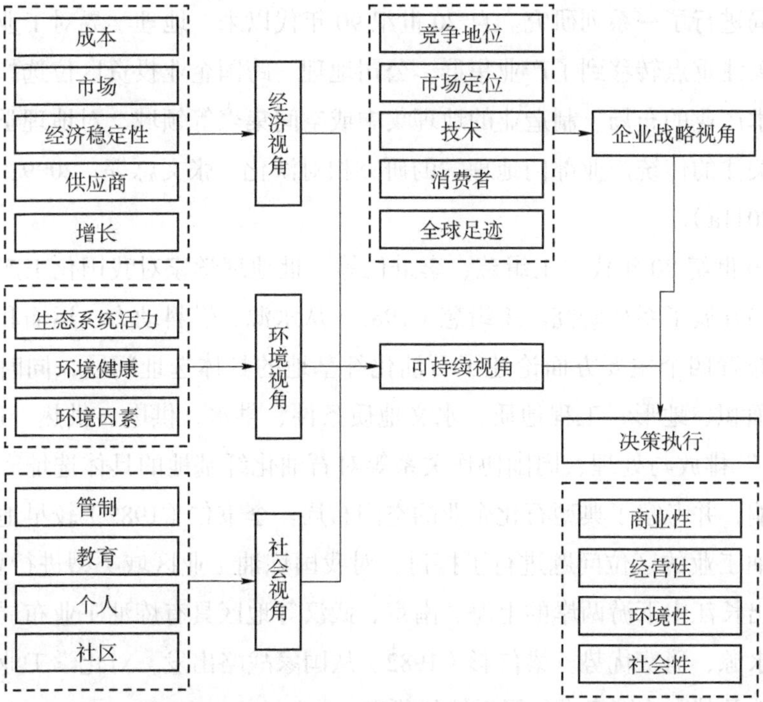


图 1-4 基于可持续视角的制造业区位选择决策框架（Chen et al., 2014）

表 1-4 制造业区位选择主要影响因素

| 因素类别 | 因素内涵 |
|---|---|
| 资源因素 | 接近资源 |
| 成本因素 | 运输成本、劳动力成本、土地成本、信息成本、交易成本 |
| 市场因素 | 市场规模、市场距离、市场潜力 |
| 集聚经济 | 规模经济、产业联系、知识溢出 |
| 制度因素 | 产业政策、环境规制 |

资料来源：Fujita 等（2004）；吕卫国等（2009）；张书明等（2012）。

### 1.4.2 关于化工产业空间布局及其驱动机制的研究

20 世纪 90 年代以前，地理学家从工业地理学的视角对化工产业的空间布局进行了一系列研究。自20世纪90年代以来，地理学界对工业地理学的关注重点转移到了产业集群、公司地理、跨国企业投资区位选择、高新技术产业的布局、制造业的地理集中或空间集聚等领域，对地理学过去长期关注的传统产业部门地理学的研究相对淡化（张文忠等，2009；刘鹤等，2011a）。

20世纪80年代，王缉慈、李秉仁等一批地理学家对我国化工产业空间布局开展了系列研究。王缉慈（1982）从水源、燃料动力、运输和生活区的布置四个主要方面论述了石油化纤基地的具体选址问题，同时强调用地面积、地形、工程地质、水文地质条件、供水、供电、供热、运输、"三废"排放与处理、周围协作关系等对石油化纤基地的具体选址产生重要影响，并考察了典型石化企业的空间布局。李秉仁（1982）较早地对我国炼油工业的区位问题进行了探讨，对我国炼油工业区域类型进行划分，并指出长江中下游两岸的上海、南京、武汉等地区具有炼油工业布局的水运、水源、消费优势。梁仁彩（1982）从国家战略出发，对化学工业布局合理性及其影响因素进行了系统的研究。

随着石化产业日趋成熟，石化企业规模不断扩大，炼化一体化趋势日益明显，集聚因子对石化产业空间布局的影响受到学者的广泛关注（蔡炜等，1999），化工产业集聚与集群的研究相继展开。孙康等（2014）对中国化工产业的集聚水平的研究表明，多数重工业产业集聚水平下降，化工产业集聚变动显示出先上升后下降的特征；化工产业集聚与工业增长有较强的相关性；化工产业上游的石油天然气开采业为高集聚；中游的石油加工、炼焦及核燃料加工业为中度集聚；下游的化学纤维制造业为极高集聚，化学原料王缉慈及化学制品业则处于中度集聚。原明明（2009）对东北地区化工产业集聚发展与布局的实证研究表明，东北地区化工产业集聚发展受老工业基地基础、国家政策、资源分布、市场转型和经济全球化等因素的综合影响；产业内部集聚表现为产业结构演进、规模扩张和组织模式升级；地域空间上，化工产业进一步向辽中南及沿海地带集聚。林丽钦（2011）对新加坡裕廊化工产业集群的发展经历与经验进行了分析，发现裕廊化工产业集群的发展离不开跨国公司的投资，同时，新加坡的石油化工发展战略、招商引资政策、跨国石化公司的全球布局和东盟区域一体化进程对裕廊化工产业集群的发展也起到了非常重要的作用。

化工产业园是化工产业空间集聚的重要表现，亦成为学者们关注的热点。Reniers 等（2010）认为建立可持续的化工产业园（Sustainable Chemical Industrial Parks）有利于促进化工产业的合作。穆建新（2006）对长三角地区大型石化企业及石化工业园区空间分布进行了研究，指出导致该地区石化工业空间格局形成和演化的动力机制包括石化工业自身的发展规律、企业投资主体的主导力量、产业结构和消费结构的升级规律以及城市产业布局的调整因素。许铭等（2014）对我国省级以上化工园区分布特点进行了研究，研究表明华东地区省级以上化工园区个数最多（占 40%），国家级化工园区中以医药为主的化工园区个数占 49%，医药等高产值化工已成为化工园区产业布局的重要方向。周新迁（2006）指出面对国内市场开放后愈演愈烈的国际竞争，国内化工产业可持续发展不仅受到自身体制的制约，还受到资源禀赋、产业政策、消费习惯、环境条件、技术支持等多种因素的影响，并提出“生态工业园、企业、产业/社会交叉循环的基地化集约型”的发展模式。此外，石化企业的临港布局指向以及向专业园区集聚的区位选择特征凸显（张文忠等，2009）。

针对中国全国层面化工产业空间布局的规律与态势，学者们从多方面开展了研究。中国化工产业空间布局经历了内陆分散布局、沿海局部快速集聚及沿海全面加速扩张三个阶段（刘鹤等，2012），同时刘刚等（2012）的研究结论也支持随着重化工业化进程的加速，中国重化工业的空间布局形态呈现越来越明显的沿海集聚趋势，即中国重化工业的空间分布由 20 世纪 90 年代前的矿产地和传统工业城市布局转变为向沿海新兴城市聚集。此外，中国石化工业的空间格局呈现出“东西强、中部弱”“北方强、南方弱”“沿海强、内地弱”的分布特征；辽中南、京津冀和沪宁杭等八大石化产业基地已成为支撑中国石化工业发展的基础（张文忠等，2009）。而刘鹤等（2012）指出我国沿海化工产业带已初步形成，无序扩张态势初现端倪。刘小丽等（2009）认为石化布局的环境危局在于布局分散，石化企业“遍地开花”；缺乏规划，石化屹立在居民区内；考虑不周，加剧了环境资源压力；临近环境敏感区，时刻威胁原生态安全，并将危局归咎于财政体制及规划的不合理与执行困难。

关于化工产业空间布局的影响因素与机制，不同学者结合实证研究提出了不同的观点。学者主要从政策因素、自然因素、市场因素、交通因素等传统布局因子和集聚因子、环保因素等新兴布局因子方面考虑其对化工产业空间布局的影响。21 世纪之前，学者们更加关注技术、市场、原材料、土地、交通等因素。Chapman（1991）在回顾世界化工产业的发展历程的基础上，分析了政府政策、国外投资、市场需求等要素对北美、欧洲、日本等地区化工产业的影响，认为技术、市场等要素都会对化工产业布局产生影响，而原料的供给与成本是影响化工产业布局的决定性因素。蔡炜等（1999）对我国石油化工基地的开发与布局进行了探讨，指出石油化工生产的三大鲜明特点是土地需求量大、用水量大、运输量大，并指出大面积廉价的可供基地建设使用的土地、充裕的可供工业生产使用的水源、满足大运量运输的交通条件是石化基地选址的三大要素。此外，影响要素还包括电力、环境、协作等方面。同时，Powe 等（1998）以英国卡斯尔福德（Castleford）化工产业为例，研究了化工产业布局对当地居民生活与健康的影响，以及在区位选择过程中与居民的博弈过程。值得注意的是，企业与居民的博弈正作为一种新的规制力量影响着如今的石化企业区位决策制定与实施，正如刘小丽等（2009）指出，化工产业布局的不合理将极大加剧公众环境需求与环境形势间的矛盾，这也是环境事件和环境纠纷快速递增的重要诱因之一。

而自 21 世纪以来，随着全球化的加快，学者们更加关注化工产业新的布局规律与影响因素。在国际分工的背景下，化学工业的布局已经越来越脱离传统的靠近原料地的布局原则，更加趋于经济发达地区，趋于沿海、边境地区，趋于大枢纽、大港口地区（杨屹，2006）。技术、市场、政策、原材料、跨国公司是影响全球化工产业发展与扩散的主要因素，并且各因素在不同阶段的作用强度不同（刘鹤等，2012）。杨蕴丽（2014）指出重化工业的特点与布局要求包括资源、能源、水源“三源”依赖；运输保障力和环境承载力“两力”依存；资本、技术和劳动力需求“两高一低”；高产业关联性和高资产专用性；弱空间可移动性和高政策可控性。

同时，随着全球环境问题日益严峻，环境保护越来越受到人们的重视，环保因素、环境规制要素逐渐成为影响化工产业空间布局的新兴因子（表1-5）。孟宪玲（2002）对美国炼厂规模和布局发展历程、现状和特点进行研究后，认为环境法规的出台和环保要求的提高影响了美国炼厂的规模和结构，导致很多小炼厂关停并转，化工产业集聚程度提高。经典的产业区位理论认为生产要素和市场需求是影响企业布局的主要因素，然而随着各国政府对环境保护的重视，环境管制开始成为影响国内外污染企业布局的一个重要因素（夏友富，1999；Greenstone，2002）。而化工产业是政策可控性较高的产业，国家可以通过产业政策、环保政策调整来优化其布局（杨蕴丽，2014）。蔡炜等（1999）、孟宪玲（2002）、杨屹（2006）、张文忠等（2009）、龚晓菊等（2013）、Treitl 等（2014）等一批学者通过实证研究皆认为除传统因子外，环保因素对化工产业的布局同样产生重要影响。

**表1-5 化工产业空间布局的影响因子与作用机制**

| 因子类型 | 影响因子 | 作用机制 |
|---|---|---|
| 传统因子 | 政策因素 | 政府通过对化工企业投资、制定产业政策、帮助企业获得行业信息等方式对化工产业的空间布局产生影响 |
| | 自然因素 | 油气原料、土地、水资源、能源等自然因素的供给 |
| | 市场因素 | 石油产品消费量、消费密度和消费结构等市场因素影响 |
| | 交通因素 | 依托于水运的特征，临海临江成为重要的交通优势 |
| 新兴因子 | 集聚因素 | 上游化工企业的建立往往引发相关下游生产单元的共建，由此导致相关生产活动继续在原生产中心集聚，从而强化化工产业空间布局的向心力 |
| | 环保因素 | 环境规制和环保要求影响化工产业空间布局 |

注：根据刘鹤等（2011b）修改。

### 1.4.3 环境成本内部化与产业绿色化研究

自20世纪80年代以来，人们对环境污染问题关注的不断提高以及产业发展与环境保护之间矛盾的突出，进一步提升了关于环境规制对产业发展影响研究的关注。环境负外部性为环境规制提供了理论基础，解决环境污染负外部性的根本办法就是将其内部化（徐成龙，2015），环境成本内部化是环境规制与产业发展研究的重要主题之一。通过生产者或消费者产生的外部费用进入生产和消费决策，由生产者或消费者自己承担或“内部消化”，从而弥补外部成本与社会成本的差额，以解决环境污染外部性问题（杨巧，2009）。安志蓉等（2013）也指出在与发达国家之间的经济贸易往来中，环境保护门槛作为国际贸易壁垒已凸显其增长趋势，这更体现了环境成本内部化对跨越环境规制门槛的基础作用。

在解决环境污染的外部性问题上，综观学术界的研究脉络，其焦点主要集中在如何界定与有效地消除负外部性上。西方经济理论中关于环境负外部性的内部化主要表现为“庇古手段”和“科斯手段”两种途径，以及以这两种途径为理论渊源的排污收费制度和排污权交易制度（崔宇明等，2007；杨巧，2009）。姜迎全等（1999）也认为，污染排污收费制度是最合理的环境外部不经济性内部化手段。而从各国实践来看，环境标准、排污税费征收、排污权交易是环境成本内部化政策的主要途径（黄晓梅，2010）。王彦斐（2015）指出通过一系列措施将环境成本加到原本的生产成本中，体现出环境这一生产所需资源的稀缺性。

在环境成本内部化的途径方面，按照“谁污染，谁治理”的原则，由企业承担相应的环境成本，将环境成本内部化，成为企业生产成本的一部分，通过市场以正确的价格信号为导向配置资源，正在学术界和政策实践层面得到普遍认可（杨巧，2009）。钟茂初（2015）从政府和企业两种不同的角度出发，论述了征收环境税、实施可交易污染许可证、实施环境标志制度和体系这四种主要的环境成本内部化实现途径。杨巧（2009）提出从政府和市场两种方式相结合的角度设计的新方式——排污权交易制度（环境管理当局制定排污量的上限，按此上限发放排污许可证，排污许可证可以在市场上买卖）。而推行环境成本内部化需要解决的问题包括市场化的资源价格、排污费征收制度、环境税问题、排污权交易市场（崔志广等，2015）。贸易与贸易政策对环境的影响反映在规模、结果、产品、技术与规制五个方面，包括正面影响与负面影响。政府环境规制原则包括命令—控制（Command and Control Principle）原则与污染者付费原则（Polluter Pays Principle）。政府通过合适的环境政策，使产品和消费的环境成本“内部化”（Internalize）——排污付费原则（Medalla et al.，2005）。

长期以来，学者们将产业绿色化视为环境成本内部化的生产理念与发展目标，将政策规制视为绿色化的主要驱动力，产业绿色化研究成为新趋向。经济合作与发展组织（OECD，以下简称经合组织）在《可持续制造与绿色创新：面向绿色经济》报告中指出，金融危机与气候变化议题正是由传统经济向绿色经济转变的重大机遇（OECD，2009）。进入21世纪，欧盟（EU）与经合组织（OECD）成为“绿色创新”的主要推动者，从20世纪70—80年代至90年代中期，一直将如税收和交易权许可等具有高成本效率和灵活性的市场政策工具作为基本研究内容（张天悦，2014）。就中国而言，在经济增长的过程中，可持续发展的理念已融入生产、社会的各个环节，绿色生产、低碳农业和循环经济等理念的考虑带来了相关经济地理空间的新变化，也形成经济活动与地理环境关系的新格局（李小建，2013）。陈梅（2013）认为企业要将环境规制内部化，应树立可持续发展理念，构建绿色企业文化，使绿色经营的理念深入人心，并采取全程“绿色化”的生产理念。陈雯等（2003）认为工业绿色化是工业可持续发展的具体体现，是工业企业面对日益增强的政府、公众、市场等环境压力，为减少污染而作出行为决策的响应过程。西方国家企业对环境压力的响应已经从20世纪60年代抗拒回避的基本不合作转变到90年代的主动为之，并逐渐成为企业增强竞争力的主动行为（表1-6）。随着市场压力与社会压力逐步增高，市场与社会正成为环境规制新的方向与主体，且有学者指出“产业绿色化”是从产业层面对“可持续发展”和“生态文明建设”进行响应（钟茂初，2015）。

表 1-6　西方工业化国家的产业绿色化过程

| | 20 世纪 60 年代 | 20 世纪 70 年代 | 20 世纪 80 年代 | 20 世纪 90 年代 |
|---|---|---|---|---|
| 作为企业的一般特点 | 不受约束 | 勉强而为 | 服从 | 自觉行为 |
| | 经济主导 | 有时环境意识占主导 | 经济力量部分被环境意识综合 | 环境保护为经济利益的一部分 |
| 在该时间段内的变化趋势 | 不愿意受到环境法规的约束 | → | | 环境保护的领导力量 |
| | 普通成长模式 | → | | 可持续发展模式 |
| | 追求利润最大化 | → | | 追求良好的信誉 |
| | 缺乏环境知识 | → | | 广泛的 / 内生的环境意识 |
| | 几乎排他的所有者权益 | → | | 不断增长的所有者权益 |
| | 由政府许可运作 | → | | 由全社会许可运作 |
| 市场压力 | 小 | 小 | 小 | 增大 |
| 政府管制压力 | 小 | 增大 | 大 | 减小 |
| 社会压力 | 小 | 增大 | 增大 | 大 |

资料来源：陈雯等（2003）；Soyez（1995）。

### 1.4.4　环境规制与产业发展及布局研究

环境规制是否影响产业区位变化的研究始于 20 世纪 90 年代初（Birdsall et al.，1992）。环境规制是否对产业空间布局与企业区位选择产生作用、环境管制发挥作用的方式和程度在学术界一直存在争论，反对者依据“波特假说”认为适当严格的环境管制将促使企业技术创新，以抵消环境管制造成的成本，从而使企业更具有竞争优势，强调贸易壁垒、技术、信息不对称等因素对企业区位的作用，他们认为企业区位因环境管制而发生变化的可能性比较小（Regibeau et al.，2004；Wu，2004）。支持者依据“污染天堂假说”及“环境竞次假说”进行实证验证（Greenstone，2002；Eskeland et al.，2003；List et al.，2003），认为环境规制会影响企业区位选择与空间布局，企业更愿意选择环境规制更低的地区。同时，对“污染天堂假说”存在与否的实证验证亦成为这方面的研究重点。

大量研究针对环境规制对产业技术创新的影响展开，围绕“波特假说”进行实证研究。Ford 等（2014）针对澳大利亚石油和天然气企业的实证研究表明，企业面对严格的环境规制压力下会进行产业和服务的创新，验证了“波特假说”。Debnath（2015）选择日本丰田普锐斯（Toyota Prius）和日产聆风（Nissan Leaf）两家企业作为案例，研究了环境规制对企业创新的影响，结果表明，环境规制明显有助于企业创新，并验证了环境规制是创新来源这一假设。具体的逻辑表现为由于环境规制企业成本提高，为了抵消因遵守新的环境规制而产生的额外费用，企业选择提升生产工艺甚至通过创新开发新产品；这便为企业提供了机会，来开发效益更高的新的生产工艺或者生态产品类的新产品；随之而来的是企业的技术、人力资源、品牌和竞争力亦得到提升，这样环境规制的“威胁”反而推动了企业创新。但是，部分学者认为“波特假说”的成立需要有环境规制强度的门槛条件。例如，沈能等（2012）认为环境规制对技术创新的促进作用存在地区差异，针对中国的实证研究表明，“波特假说”在较落后的中西部地区难以被支持，而在较发达的东部地区则得到了很好的支持，并指出这种地区差异主要是受到环境规制强度及经济发展水平的影响。环境规制强度和技术创新之间呈现“U”形关系且只有环境规制强度跨越特定门槛值时，“波特假说”才能实现；经济发展水平则存在双重门槛，GDP 跨越的门槛值越高，环境规制对技术创新的促进作用越显著。而且，另一些学者认为环境规制会对技术创新产生积极的作用，对产业绩效以及产业区位的影响具有不确定性（薛伟贤等，2010）。

诸多研究通过分析环境规制对产业布局的影响，来验证各研究区“污染天堂效应”是否存在。一部分学者的研究验证了“污染天堂效应”的存在，Kheder 等（2012）针对法国企业的海外布局进行了实证研究，选取了

1996—2002 年布局在 74 个国家的 1 374 家法国制造业企业为样本，结果明显验证了“污染天堂效应”的存在，表现为大部分发达国家、新兴经济体（Emerging Economies）、中欧和西欧国家不如环境规制水平更低（Lenient Environmental Regulations）的发展中国家对法国制造业布局吸引力大。Mulatu 等（2010）对欧洲 13 个国家的 16 家制造业的实证研究表明，环境规制对工业区位存在影响，并验证了“污染天堂效应”的存在，同时，与农业、教育及研发设计等其他要素的区位进行对比，发现环境规制对工业的影响更为显著，最后，指出相对高的工业污染密度对工业区位有着显著的负效应。虞祎等（2011）在中国省级尺度研究中针对环境规制是否已经影响生猪生产布局的实证研究表明，生猪生产正在发生从环境规制严格地区向环境规制宽松地区转移的现象，从而验证了生猪生产布局中存在“污染天堂效应”。傅帅雄等（2011）对中国区域间的“污染天堂效应”进行了测度，认为在各省（区、市）环境规制力度不同的条件下，污染密集型产业的布局从环境规制力度大的省份向环境规制力度小的省份转移；中西部地区的环境规制力度普遍弱于东部地区。

此外，刘剑等（2014）对我国农药制造业空间格局的实证研究表明，某一区域的环境规制加强会抑制农药制造业在该区域集聚，也就是说，农药生产企业在环境规制约束下更倾向于向环境规制水平较低、环境成本较低的省（区、市）迁移集聚。彭文斌等（2014）基于中国省级尺度下环境规制对污染产业空间演变的影响研究表明，污染产业总是趋向于向政府环境规制和非政府环境规制强度较弱的空间单元集聚，政府环境规制对污染产业空间演变的影响方向与非政府环境规制的影响方向基本相同，但平均影响效应要强于非政府环境规制。余莱花等（2015）对环境规制对中国化学原料及化学制品制造业空间分布影响的实证研究结果表明，环境规制对化学原料及化学制品制造业空间分布的影响存在“污染天堂效应”，但相对于地理位置、市场规模、劳动力成本和固定资本成本，环境规制对化学原料及化学制品制造业空间分布的影响明显较弱，以及其他相关针对我国的实证研究表明，“污染天堂效应”在中国是存在的（侯伟丽等，2013；

张超，2015）。

另一部分学者的实证研究结果并未支持“污染天堂效应”。Tobey（1990）对国家之间高污染产业的转移是否受到各国环境法规影响的实证研究发现，不同国家环境法规的强弱和严格程度对它们之间的贸易方向和贸易量在统计上并没有显著影响。Levinson（1996）对美国新制造企业区位选择的研究表明，严格的环境规制并没有明显阻碍新制造业的创建。林季红等（2013）对我国36个工业行业的实证研究表明，在将环境规制视为严格外生变量时，“污染天堂假说”在我国不成立，影响外商直接投资流入我国的主要决定因素是我国较低的资本劳动比；而一旦将环境规制视为内生变量，则实证分析的结果表明“污染天堂假说”在我国也是成立的。温孝卿等（2015）针对京津冀污染型产业空间分布的实证研究表明，污染密集型产业的空间分布受当地污染物排放控制标准、地区出口贸易额、在岗职工平均工资及产业分布滞后的影响显著。沈静等（2012）针对佛山陶瓷产业区位变动的实证研究指出，在中国式地方分权的背景下环境管制成为地方政府调控本地产业发展的重要政策手段，但“污染天堂假说”是否成立仍然是一个难题。另有学者另辟蹊径，指出“污染天堂效应”是否成立在于许多学者在研究这一问题时是否混淆了“污染天堂效应”与“污染天堂假说”的概念，指出“污染天堂效应”是指环境规制强度的增大会导致成本收益的变化，从而对产业布局转移产生影响；“污染天堂假说”是指在产品贸易壁垒减少的前提下，污染型行业必然会从环境规制强度大的国家转移到环境规制强度小的国家，该假说成立的前提为环境规制强度是影响产业转移的唯一或最重要的因素（Copeland et al.，2005；傅帅雄等，2011）。

另外，部分实证研究从其他侧面探究了环境规制对产业发展与布局的影响。孙学敏等（2014）以中国制造业企业数据为样本，计量检验了环境规制对中国企业规模分布的影响，研究表明环境规制提高了企业规模分布的帕累托指数，使企业规模分布变得更加均匀。宋晓举（2014）通过对中国省级尺度的实证研究发现，当一个地区环境规制力度较小时，对厂商的集聚不会产生太大的影响，随着环境规制力度的增加，厂商的集聚度会受到削弱，厂商会选择迁移到较为分散的地区，表明环境规制与厂商集聚之间存在负相关关系，尤其是对环境规制更敏感的行业受到的负面影响更大。沈静等（2012）以广东省佛山市陶瓷产业为研究对象，探讨环境管制对产业区位变动作用机制（推动与拉动作用），研究表明环境管制是影响污染产业区位变化的重要因素，并且在迁出地和迁入地之间形成一个相互联系的过程，迁出地环境管制将通过企业行为影响迁入地环境管制。沈静等（2011）针对环境管制影响下的佛山市陶瓷产业集群发展的实证研究表明，在当地政府严格的环境管制措施下，陶瓷产业集群的发展模式发生了转变，环境管制政策正成为产业集群升级的重要政策手段。

Kwon 等（2016）总结了韩国关于化学工业的工艺安全管理管制实施的经验，在化工产业面临巨大的环境风险与环境事故率的情况下，化工企业意识到工艺安全管理（Process Safety Management）管制的重要性，该管制手段由韩国政府于 1995 年修订《工业安全与卫生法》（*Industrial Safety and Health Act*）时出台；结果表明，近 20 年通过工艺安全管制手段的实施，化学工业生产安全事故明显有所改善与控制。Zhu 等（2014）对中国污染密集型产业的环境规制、经济地理与企业战略进行实证研究，认为随着环境规制的提高，区域轴心作用与政治环境同样影响着污染密集型企业通过创新、升级、地理迁移、外包与倒闭等方式来对企业生产进行调整与重构，这些方式在中国沿海地区尤为明显，并指出环境规制（Environmental Regulation）、区域轴心作用（Regional Hub Effect）以及政治环境（Political）与企业生产及布局相互复杂的影响（图 1-5）。

此外，学者们的实证研究表明环境规制对不同规模企业、不同时间段对企业生产布局的影响存在差异。Becker 等（2013）指出，环境规制对不同规模的企业影响也有差异。黄民礼（2008）研究表明环境规制中规制者所面临的信息不对称和环境违规成本过低是导致企业环境机会主义行为的根源，信息不对称对我国环境规制的有效性有着明显的负向影响；同时，污染企业的治理资金和设备投入与环境规制的有效性呈较显著的正相关。

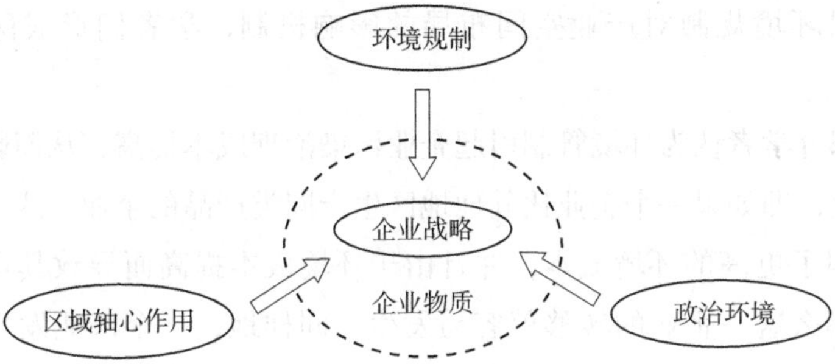


图 1-5 污染型企业战略决策框架

资料来源：Zhu 等（2014）。

Leiter 等（2011）认为环境规制在欧洲产业投资方面发挥着积极作用，但随时间变化作用在下降。高爽等（2012）针对环境规制对无锡市区污染密集型制造业区位选择影响的研究表明，1998—2003 年影响企业区位选择的要素为交通可达性、土地价格、开发区规划等，而环境规制相关要素对其影响不显著；2003—2008 年，表征环境规制影响强度的水质目标、清水通道等因子对制造业区位选择的影响显著，环境规制开始成为影响污染密集型制造业区位的重要因子；研究同时指出在城市视角下，制造业在环境规制影响下的区位选择“空间变形”。张嫚（2005）根据环境规制与企业行为间的关联，将企业决策划分为 4 种类型：规制应对型、预防型、机会追求型与持续发展型，且各类型存在演化的过程（表 1-7）。

表 1-7 环境规制与企业决策关联类型

| 类型 | 特征 |
| --- | --- |
| 规制应对型 | 消极应对环境规制，不主动采取环保治理措施，在监管有限情况下违法排污，主要针对中小型企业 |
| 预防型 | 主动采取环保措施防止民众、环保组织起诉从而影响企业形象，防止污染事故造成经营不利的风险 |
| 机会追求型 | 将环保作为可能引致创新的机会，从积极的环境治理过程中寻找可提高企业获利能力与市场地位的机会 |
| 持续发展型 | 将环境与经营目标进行最佳融合的企业，环境保护已成为其经营管理不可分割的一部分，企业的决策制定过程中已经将环境视为目标因素，主要针对污染密集型企业 |

资料来源：根据张嫚（2005）整理。

针对环境规制对产业空间布局的影响机制，学者们形成两大主要观点。

一部分学者认为环境管制引起企业污染治理成本提高，从而影响企业区位变化，即如果一个企业比其他地区生产同类产品的企业，或者比自身以前承担了更高的环境成本，并且由于环境成本提高而导致其竞争力的下降，那么这一企业的转移就容易发生，同样地，一个产业发生转移的原理类似（王彦斐，2015）。环境规制对企业成本的潜在影响包括两个方面：一个是直接成本，即购买新装备、聘用新员工的成本；其他管理、事务处理、法律成本；改变生产工艺（包括中断生产的成本）；原材料组合变化的成本，例如燃料的变化。另一个是间接成本，即在生产资本和创新方面的投资收益受到负面影响；生产性投资额度受污染治理方面的投资排挤；其他市场和贸易伙伴方面的影响（Söderholm et al.，2015）。金祥荣等（2012）同样认为环境政策的地区差异往往导致高污染行业实际生产成本的地区差异，进而对区域产业转移和各地区的产业结构变动产生重要影响。但环境规制的成本影响亦存在阈值，Feiock 等（1990）发现美国化学工业的区位变化与环境管制存在非线性关系，当治污成本低于临界值时，环境管制对企业的区位变化不产生影响；反之，则产生影响。

另一部分学者认为环境规制引起政府、企业乃至公众之间的行为博弈，从而影响企业区位变化。例如，Hoel（1997）认为企业用区位变动威胁作为与政府环境管制政策博弈的手段。沈静等（2012）认为环境管制对企业区位变化的影响机制从政府和企业行为互动的角度具有很好的解释，而非仅考虑治污成本的影响。部分学者指出，环境情况的恶化或者社会环保意识增强亦是环境规制作用逐步凸显的原因，环境规制对产业布局的影响力也逐步增强（黄民礼，2008；安虎森，2014）。另外，也有学者认为环境规制主要通过成本效应、创新补偿效应、学习效应和竞争效应影响企业分布（孙学敏等，2014）。而贺灿飞等（2013）指出环境规制执行的影响因素包括三个方面：来自被规制对象（主要是企业）的环境规制执行阻力，来自环境规制执行受益方的环境规制执行压力和政策执行主体的环境规制执行能力（图1-6）。然而，也有学者认为化工产业有很强的路径依赖性，历史形成的产业分布难以在短时间内发生改变（田超等，2016）。

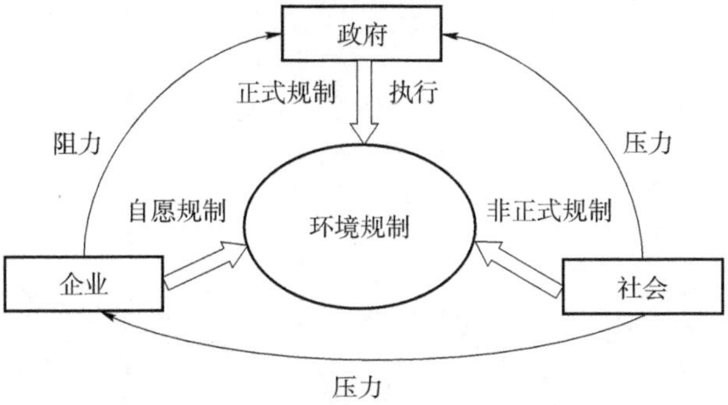


**图1-6　环境规制执行的影响因素**

资料来源：由贺灿飞等（2013）、赵玉民等（2009）、Becker et al.（2013）、刘伟明（2013）整理绘制。

从已有相关研究的回顾不难看出，学术界对制造业乃至化工产业空间布局问题、环境规制对产业空间布局影响等问题研究的理论与实证日益丰富，为本研究提供了有益的借鉴。且可以明显地发现，在环境保护日益受到重视的情况下，环境规制已然成为经济地理学家、经济学家在研究产业区位与空间问题方面新的关注点。虽然环境规制对产业发展与布局的影响存在理论与实证的诸多争论，但不可否认的是环境规制对污染型产业或者说环境敏感型产业的空间区位选择与布局产生不可忽视的影响。

# 第2章

# 化工产业空间布局及演变的理论分析

本章从相关概念的界定出发，依托于相关理论基础与实证经验，进行理论思考与推演，重点从化工产业空间演变格局（规律）、影响机理、主要效应三个方面开展理论分析，指导实证研究。

## 2.1 化工产业的流域集聚

流域经济是一种特殊类型的区域经济，它以江河为通道，以物流为纽带或轴心，通过整合和优化流域内的各种资源而形成具有一定分工协作的经济带（张侃侃等，2013）。从世界范围看，对流域经济问题的研究开端于 20 世纪 40 年代，1933 年美国成立田纳西河流域管理局（TVA），成功制订和实施了田纳西河流域开发计划，其成功经验为后来许多国家所借鉴，并且从此流域经济问题的研究受到各国政府和学术界的重视。纵观国内外流域经济空间开发的历程，许多以流域为基本单元的经济空间开发取得了显著的成绩，如密西西比河、莱茵河等，并且沿河地区形成了著名的产业带。德国早期化工企业主要靠近大河流两岸，仅莱茵河及其支流两岸建立的化工企业数就占全国的 60% 以上（化学工业部科学技术情报研究所，1979b）。

韦伯（Alfred Weber）在构建工业区位论的过程中，注意到了水运（运河）对工业区位的影响，并认为水运具有工业指向。原料地 M2 比 M2′ 更接近消费地 C，就会形成一个由生产地 P 供应消费地 C 的区位三角形；然而，由于河流的存在，从经济意义上来说，就使 C 到 M2′ 的距离短于 C 到 M2 的距离；在此情况下，利用 M2′ 和生产地 P′ 的区位三角形就会起作用；相较于 P，生产地区位选择更倾向于 P′。韦伯认为，受到水运较强影响时，一个原料地消失而另一个原料地出现，区位图发生变化，区位迁移（[德]韦伯著，李刚剑等译，2010）（图 2-1）。同时，韦伯注意到影响某类特殊工业的特殊区位因子对该类型工业区位选择的影响，如湿度对纺织业、净水对于化学工业等的影响（魏心镇，1982）。应该说韦伯的研究和演绎最早关注到了河流对工业布局的影响以及流域经济活动布局的特殊性。

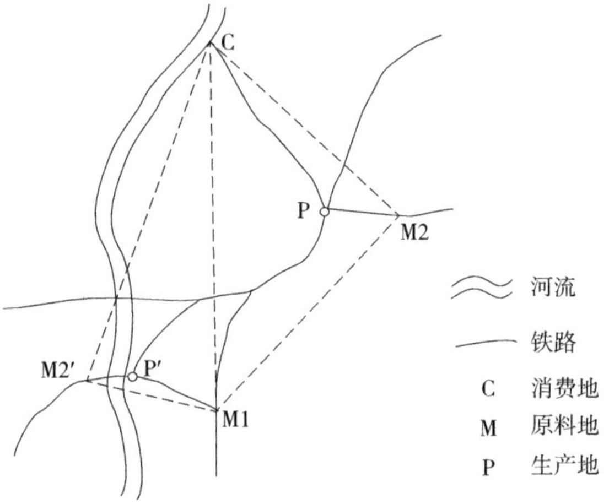


图 2-1 水运对工业区位的影响

资料来源：[德]韦伯著，李刚剑等译（2010）。

化工产业生产具有大耗能、大耗水、大运量的特点，且是污染密集型产业，水环境污染物排放强度高，非常依赖水资源与水运条件，同时可以通过水环境容量消解一部分生产过程中排放的废水，因此依托于河流的水运、水资源、水环境容量是化工产业非常特殊的区位因子。由于化工产业污染排放强度高，对环境规制较为敏感，为了降低因环境规制提高带来的生产成本上升，会优先选择环境规制较低的地区。因此，在韦伯构想的基础上构建不同环境规制强度下的区位选择情形，那么，相对于生产地 P′，趋向选择生产地 P″（图 2-2）。

虽然随后的工业区位理论等较少将运河作为特殊地理因子进行考虑，但是也融入运费等区位因子间接考量。在早期，运河仅作为运输成本考虑，而目前来看大型运河不仅为工业布局提供运输优势，还为工业生产提供宝贵的淡水资源（特殊因子），同时提供工业废水污染物消解的水环境容量等，且沿河地区由产业分工、航运、环境保护等方面形成联系，进而影响区域（流域）产业格局（图 2-3）。因此，在工业化加速期化工产业应存在临近江河布局的特征规律；企业密度上，越临近江河密度越高，越远离江河密度越低，呈现在江河两岸一定范围内集中布局的格局，且理想状态下企业趋向于向沿江沿河低环境规制地区布局（图 2-4）。

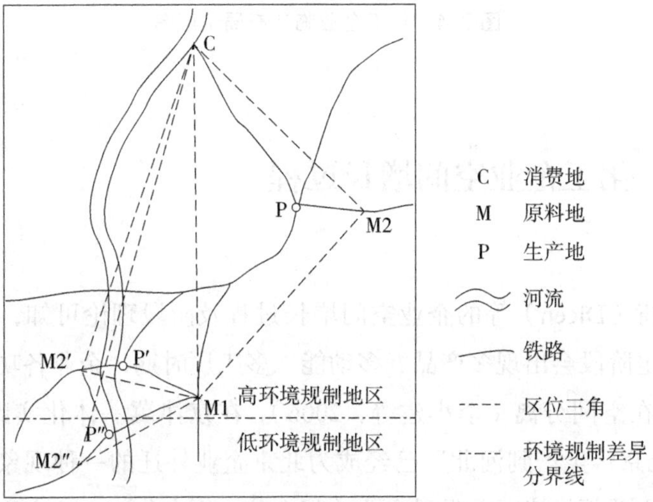


**图 2-2　环境规制对工业布局的影响**

资料来源：根据［德］韦伯著，李刚剑等译（2010）改绘。

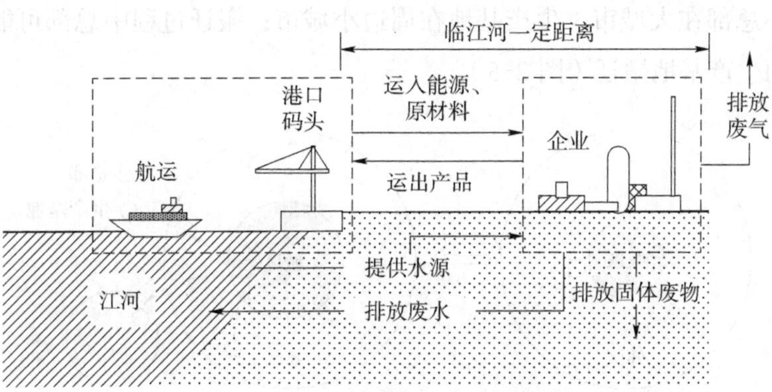


**图 2-3　化工企业临江生产示意图**

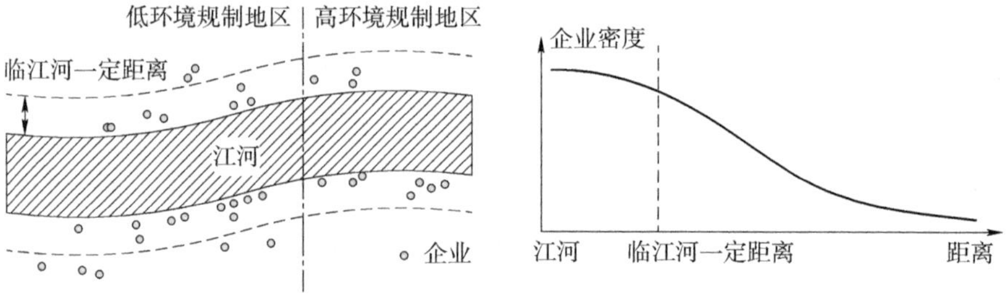


图 2-4　化工企业临江布局示意图

## 2.2 化工企业空间增长过程

从迪肯（Dicen）等的企业空间增长过程及阶段理论可知，制造企业发展到一定阶段会出现多产品、多动能、多工厂时期，企业各功能部门之间也会存在空间分离（李小建等，2006）。在京津冀一体化实践过程中，“总部在北京，生产到河北”已经成为北京企业外迁的一种现象；南京化工园也设立总部经济区，吸引企业总部入驻。而在化工企业方面，特别是随着环境保护与环境规制的加强，企业生产基地与总部也会出现空间分离现象。企业总部和生产基地分离表现在，总部可能在市区，而生产基地在郊区；总部在大城市，生产基地在周边小城市；搬迁过程中总部可能不搬迁，而生产基地搬迁（图 2-5）。

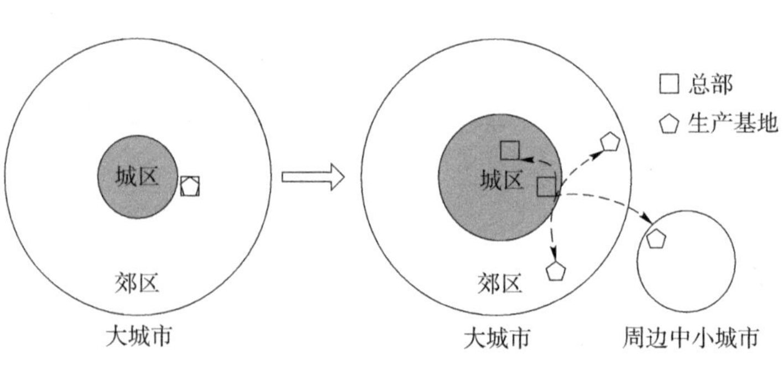


图 2-5　化工企业生产部门空间分离过程

随着城市中心城区扩张及环境规制的提高，化工产业布局可能存在郊区化、园区化、周边化的过程。郊区化设想化工产业逐步向郊区迁移，园区化设想化工产业逐步向园区（化工园、化工集中区）集中，周边化设想化工产业向城市（特别是大城市）周边中小城市迁移。从城市内部来看，化工企业布局由早期的在城市范围内“遍地开花”式的布局逐步发展成向园区（集中区）集中布局，由主城区布局发展成向郊区搬迁，再同时向周边城市梯度转移，转移过程中可能遵循距离临近原理，选择就近转移（图 2–6）。

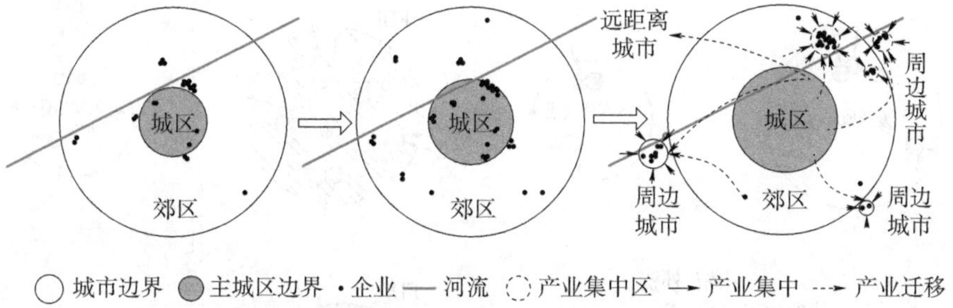


图 2–6　城市内部化工企业空间增长过程

## 2.3 产业梯度转移与结构演进

依据区域经济发展中的梯度推移学说，可以将化工产业划分为基础化工和精细化工，精细化工技术密集度高、产品附加值高，是梯度推移学说和产品周期理论中的“兴旺部门”。区域之间存在经济技术梯度，发达地区为高梯度，欠发达地区为低梯度；推动经济发展的创新活动主要发生在高梯度地区，并依据产品周期循环的顺序由高梯度地区向低梯度地区转移。

结合中国发展的实践来看，高梯度地区优先实行对外开放政策、早期获得国家重点扶持、优先引进先进的生产技术并消化和吸收，然后依次向低梯度地区转移，同时高梯度的发达地区是外资优先选择的区域，而从化工产业来看，外资投资的精细化工行业技术密集程度高，进一步造成了区域间产业梯度转移与行业结构格局的演进。除了技术梯度的差异以外，区域环境规制的梯度是污染密集型产业转移与行业结构演进的重要因素，“污染天堂假说”已经较为充分地阐明了这一梯度要素影响产业转移的可能性。在技术经济梯度和环境规制梯度的双重影响下，将化工产业梯度转移与行业结构演进划分为三个阶段（图 2-7）。

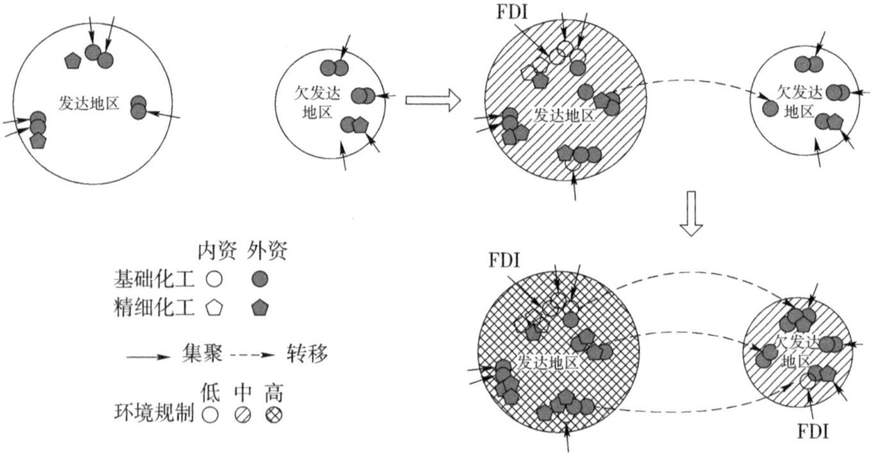


图 2-7　化工产业梯度转移与结构演进

第一阶段：初级均衡阶段。这一阶段以内资企业为主，基础化工行业占比较高，精细化工处于初步发展阶段。整体上发达地区化工产业发展规模与水平稍高于欠发达地区。

第二阶段：均衡分散阶段。由于发达地区拥有较好的基础设施、产业基础、消费市场等条件，在吸引产业布局方面具有先天优势，特别是一些 FDI（外商直接投资）优先选择发达地区进行布局。这一阶段由于大量 FDI 在发达地区的投资，引进先进技术，导致发达地区技术优势进一步上升；同时由于化工产业发展规模的扩大和环境保护意识的初步崛起，发达地区环境规制开始提升，区域的环境规制梯度差异开始形成。发达地区行业结构逐步向精细化方向快速发展，同时少量基础化工行业向欠发达地区进行梯度转移。

第三阶段：再均衡阶段。随着发达地区经济社会快速发展，产业发展已经达到相对规模和水平，FDI 投资已经占据相当比例。产业发展与环境污染的矛盾愈加突出，环境保护已经在各界形成较高的战略共识，环境规制水平进一步提升，同时产业密度较大、城市改造需求、土地价格上涨、劳动力成本上升等原因，对发达地区化工产业退出形成推力；欠发达地区处于环境规制洼地和技术水平的低谷，而其他各项成本的优势对承接化工产业的进入形成引力。化工产业会从发达地区向欠发达地区转移，因为技术门槛和环保因素，先期转移的产业是基础化工，进而是精细化工，从而导致发达地区化工产业进一步精细化，欠发达地区进一步基础化，在总量上由发达地区向欠发达地区转移，形成再均衡趋势。

## 2.4 区域布局指向性与阶段性

流域是区域经济社会发展的载体，且通过水系将区域内诸多经济活动、环境活动进行关联。以化工产业为代表的污染密集型产业因为污染排放强度高，往往在流域经济发展、环境治理等方面具有独特的空间布局规律。结合前面分析，假如化工产业具有明显的临水性布局特征，那么围绕化工产业布局的区域范围往往具有明显的流域特征，因此对化工产业的整体布局指向与阶段的理论性分析基于流域视角展开。

将流域划分为两大区域：上游地区和下游地区（图 2-8）。初始条件假设：流域内主干河流可以通航，下游地区靠近港口。初始条件分析：一般下游地区以冲积平原为主，上游地区以丘陵山区为主，下游地区具有交通优势的潜力；资源的空间差异会形成专业化分工；一般上游地区特色原材料资源更丰富，而下游地区可以通过港口从其他区域进口原材料。

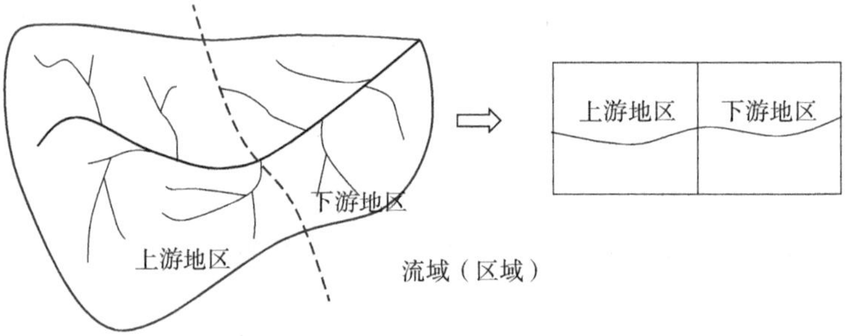


图 2-8　流域上游和下游地区概念图

理论基础与实践经验反映了工业布局是一个多指向性、多阶段的过程，在不同指向下发生偏移和演变。韦伯（Alfred Weber）工业区位论建立了运费指向、劳动力指向和集聚指向的三阶段理论体系；帕兰德（Tord Palander）、胡佛和廖什进一步强调工业布局中市场指向的重要性；而20 世纪末 21 世纪初，诸多学者将工业布局置于制度框架下，引起工业地理学的制度转向；随着全球化背景下工业化进程加速和环境问题越来越突出，包括环境规制、环境容量、环境管理在内的环境要素对工业布局的影响成为经济地理学重要的研究议题。

实践方面，美国化工产业主要布局在墨西哥湾沿岸地区，主要因为该地区的原料资源和能源丰富、水源丰富、运输条件便利等优势；同时美国化工产业经历了由东北部向西进、南下的扩散过程，第二次世界大战前主要集中在大西洋沿岸中部、北部等美国早期工业发达的地区；第二次世界大战后随着石油化学工业的迅速发展，化学工业向南部转移，得克萨斯州和路易斯安那州直至佛罗里达半岛的墨西哥湾沿岸成为重要的化学工业集聚地区（化学工业部科学技术情报研究所，1979a；耿雷华等，2005）。

德国的化工产业早期主要布局在鲁尔区，该地区具有丰富优质的煤炭资源，莱茵河河流交织、交通便利，既是生产中心又是消费中心，淡水资源丰富，工业部门齐全，基础设施完善，工业集聚效益显著。整体上德国的化工产业布局反映了靠近原料产地和销售市场、靠近大河流两岸的特征，而随着石油、天然气的广泛使用，煤炭的能源地位下降，新技术革命的冲击、莱茵河环境治理等诸多原因，使鲁尔区逐步向高科技和服务中心转型，化工产业逐步退出（化学工业部科学技术情报研究所，1979b；杨桂山等，2005；席酉民等，2009）。同时，国内外相关实证研究表明污染型产业布局会在环境规制因素下发生偏移，环境指向或将成为污染型工业布局的偏移。

将化工产业空间布局指向划分为五个阶段，首先以原料指向为主进行布局，进而分别在市场、交通、集聚、环境等要素的影响下产生区位与布局的偏移（表 2-1）。

表 2-1　不同阶段化工产业布局一般规律

| 阶段 | 指向 | 布局 | 流域布局 | 示意图 |
| --- | --- | --- | --- | --- |
| 初始阶段 | 原料 | 靠近原料地 | 全流域 | 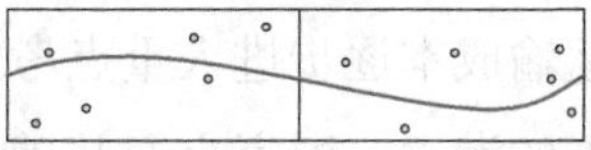 |
| 第二阶段 | 市场偏移 | 向市场需求地转向 | 转向下游 | 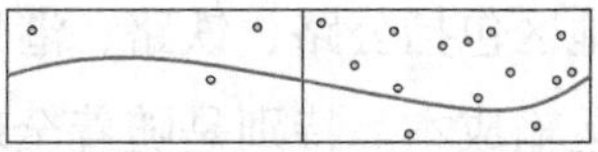 |
| 第三阶段 | 交通偏移 | 向交通便利地转向 | 下游 | 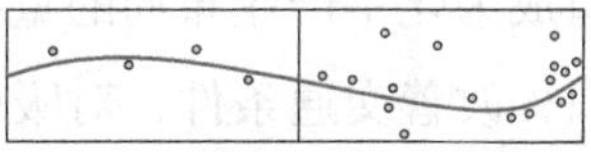 |
| 第四阶段 | 集聚偏移 | 集聚转向、由分散转向集中化 | 下游 | 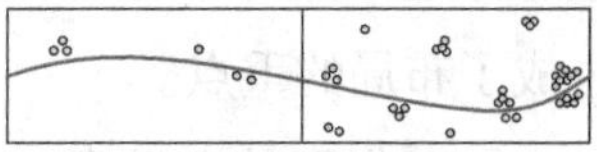 |
| 第五阶段 | 环境偏移 | 向环境规制低、环境容量大的地区转向 | 转向上游 | 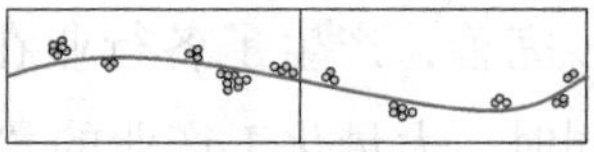 |

（1）原料指向阶段：化工产业生产一般采用石油、天然气、生物质和矿物资源（煤、原盐和化学矿石）等为基础原料，对原材料依赖度高，同时生产过程中耗水量大。因此，化工产业布局初期主要考虑生产原料要素，靠近生产原料地布局，同时靠近取水方便、水资源丰富的地区布局，

“临水布局”是化工产业的基本规律，在后期各阶段中依然发挥重要作用。在发展初期，化工产业在流域内布局相对均衡，上游依托于特色资源及原材料发展相关化工产业，下游依赖港口从外地（境外）进口原材料发展产业。

（2）市场偏移阶段：由于下游地区靠近港口，具有区位优势，加上政策扶持、偶然因素等其他因素，人口、经济要素优先向下游集聚，下游地区部分城镇优先形成经济增长极。同时上游地区人口向下游流动，国家投资和政策向下游地区倾斜。下游地区人口集聚形成了对化工产业的消费拉动，同时下游相关产业的发展也加大了对化工产品的需求。下游地区化工产品的市场需求逐步扩大，上游地区市场相对萎缩。那么，在这一阶段，化工产业初步趋向在下游布局。

（3）交通偏移阶段：随着产业进一步发展，生产规模逐步扩大，交通运输成本逐步进入重点考虑的范畴。由于下游地区具有港口基础、交通发展的潜力、国家交通基础设施的投入、地方经济实力的上升等优势，下游地区包括公路、铁路、港口的综合交通水平会快速提升，从而降低原材料运输成本。特别是随着全球经济化的影响和进出口贸易量的加大，临江港口成为化工产业布局的重要影响因素，同时，上游地区也积极建设内河港口，改善交通条件，对吸引化工产业布局起到了一定作用。这一阶段，产业总体进一步向下游布局，上游一些交通便利特别是水运交通便利的城镇也成了布局的重点。

（4）集聚偏移阶段：由于化工产业进一步发展，化工各行业系统逐步完善，产生了各行业在空间上集中、形成分工协作的产业链的需求。同时，大量化工产业的“全面开花”型布局造成了环境污染的失控和环境风险的增大，进一步促进了化工产业集聚发展的趋势。随着工业园区的建设，化工企业逐步向化工集中区（化工园）布局。而这一阶段，环境污染问题初步显现，环境要素初步成为化工产业布局考虑的方面。总体来看，这一阶段仍然主要布局在下游地区，但由分散布局转向集中布局。

（5）环境偏移阶段：随着化工产业大规模发展，对环境污染造成越来越严重的影响，环境污染问题突出，引起各界对环境问题的关注。这一过程中，下游环境恶化更严重，并采取一系列污染治理、环境保护、产业调整等环境规制措施。由于各地环境容量的差异、经济发展阶段的差异、地方政府和公众环境保护意识的差异，使得流域内形成环境规制空间差异。随着环保成本及规制强度的提高，企业更趋向于在环境规制低的地方布局。而上游地区环境质量相对较好、环境容量相对较大、环境规制强度相对较低，成为这一阶段化工产业布局的重点区域。同时下游地区周边流域沿海地区也成为布局的重点区域。在一定的经济发展阶段、生产技术和污染治理技术制约、环境保护意识有限等条件下，化工产业布局会产生环境指向偏移。

## 2.5 化工产业空间演变机理

化工产业空间布局形成及演变是一个复杂的系统工程和空间过程。微观上来看，企业成本与利润高低会影响企业的区位选择，而影响企业成本与利润亦是多方因素的共同驱动。由企业区位选择偏好的变化、新建企业的区位选择、已有企业的“关停并转”、外商投资的区位选择、国有企业的国家战略反应等诸多微观企业区位选择形成了宏观产业布局格局的基础。化工产业空间布局演变是原材料供给、市场需求、交通区位、集聚因素、产业政策、环境规制等要素综合作用的结果，但是随着近些年来环境保护日益受到重视，环境规制要素以及基于环境保护配套的产业政策要素逐步发挥重要的驱动作用。

基于对环境规制要素的重点考察，将影响要素划分为非环境规制要素和环境规制要素两大类。非环境规制要素主要包括原材料、交通、市场、集聚经济、跨国公司、劳动力等方面；环境规制要素主要从政府、企业、公众三个方面来考量，包括环保法律法规、环保部门执法力度、企业污染治理强度、企业排污收费政策、公众环保意识及参与监督力度、基于环境保护配套的产业政策等方面（图 2-9）。

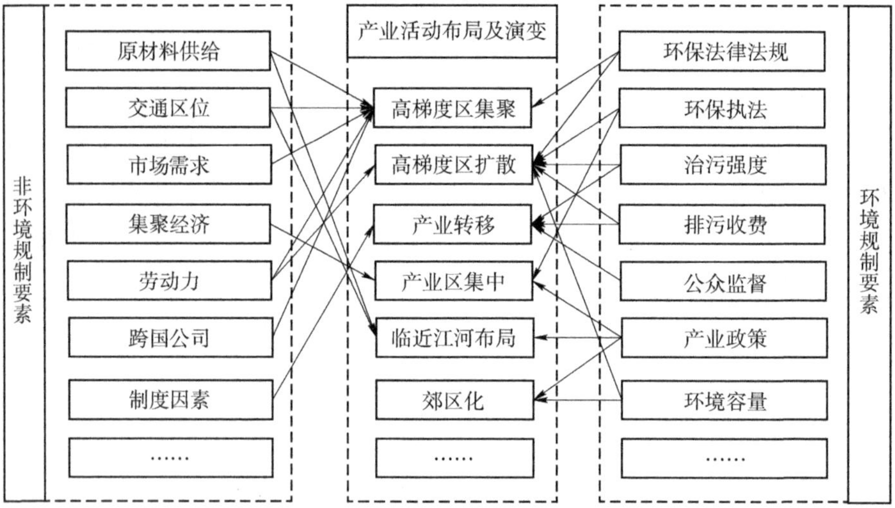


图 2-9　化工产业空间格局演变驱动要素

进一步从非环境规制和环境规制两大方面对化工产业空间格局主要影响因素进行理论性分析。

原材料对于化工产业来说极其重要，化工产业既是资本、技术密集型产业，也是典型的资源密集型产业。化工产业的基础原料包括石油、天然气、煤等天然资源，也包括无机矿物质、生物质、水等，这些基础原料经过一系列化学加工，得到化工产品或新的化工基础原料。在化工生产成本中，通常原材料成本占比最高。石油资源的分布在一定程度上影响化工产业布局，随着港口运输的发展与石油管线的建设，更多的是石油资源获取节点（运油港口、石油管线节点）来影响产业布局。国际经验表明，化工行业由煤炭向石油的资源利用转变也改变了世界的化工格局。化工行业是高耗水行业，水资源的丰裕程度是其布局考虑的重要因素，因此化工行业一般临水（临海、临江河）布局。而一些特殊盐卤资源、矿物质也是化工某些行业布局重点考虑的因素。

交通作为联系地理空间中社会经济活动的纽带，是影响经济活动区位选择的重要因素之一，古典与现代区位理论无不以给定的交通技术与手段为前提。生产与消费的空间分离是现代经济活动的一个重要特征，交通运输过程中产生的运费成本以及交通便利程度成为影响区位选择的重要因素。化工产业是大运量产业，无论是生产所需的石油等原材料，还是产生的化工原料和化工产品，对运量皆具有较高要求。而对于依赖石油进口的国家来说，临近港口地区成为化工产业布局的重点地区，而综合立体交通网络的完善也有利于产业布局的演进，石油管线的建设对区域化工产业布局与发展具有重要作用。

市场规模影响产业活动的存续。任何经济活动都必须达到一定的规模需求才能支持其基本的运营成本，即需求门槛，而化工行业等资本密集的装置型传统工业的需求门槛较高。另外，化工产品类型较多，其中化学原料和化学中间品具有易燃、易爆以及不稳定的特点，不便于长途运输，因此接近消费地成为影响化工布局的重要因素。而且化工行业后向关联效应显著，其生产的诸多化学原料及中间品是其他行业的生产原料，如生产的合成橡胶是汽车行业重要的生产原料，因此，下游产业的布局地同样对化工产业区位选择产生影响。化工生产的日用化学品等与大众密切相关的行业，对人口密度等市场条件极其敏感。

集聚经济能够产生外部规模经济和外部范围经济。企业在空间上的聚集有利于相互之间开展分工与合作，促进知识的传播与学习，从而使众多的企业特别是中小企业通过外部的合作获得规模经济效应。同时，集聚使企业相互之间建立垂直或者水平联系，节约运输费用和降低原材料价格，形成产业链，将能源、原料、产品循环利用起来。如南京化工园围绕“碳一化工”，形成了一条循环经济产业链，在这条产业链上，上下游企业间几乎所有的产品都环环相扣，其中一家企业的产品一氧化碳、氢气、甲醇等正好作为其他企业的原料，并且可以通过管道输送；甚至有些企业的废弃物也是其他企业的生产原料。同时，产业集聚有利于对企业生产、排污等环节进行统一管理，但是集聚是否会带来生产安全及环境风险增加值得商榷。我国已经针对化工产业集中进园区布局出台了诸多政策，对化工产业整体布局格局产生了深远的影响。

经济全球化背景下的跨国化工公司在转变经营策略、联合重组的同时，纷纷将投资转移到中国、印度等发展中国家。特别是2000年以后，随着中国加入世界贸易组织（WTO），跨国化工企业纷纷调整对华策略，进一步全方位大规模推动对华投资。拜耳、杜邦等企业在以上海为重点的中心城市建立研发中心与地区总部，并通过与国内大型石化公司合资方式在长三角、珠三角地区投资炼油、乙烯等大型石化项目（董科国，2008）。跨国公司已经成为我国化工行业的重要投资主体，强烈地影响着化工产业的空间格局。

污染天堂假说与环境竞次假说较好地阐释了污染密集型产业在环境规制标准不同的地区间转移的规律，也反映了环境规制对污染密集型产业空间布局的驱动。环保相关法律法规也日趋完善和严格，2014年新修订的《环境保护法》被誉为“史上最严环保法”，大大增加了企业偷排等违法行为的风险成本、改善了政府部分环保执法不严的情形。企业排污收费政策有效抑制企业污染排放，同时高排污费不断挤压污染排放量大的企业，对化工行业尤为明显。政府环境规制决策的失灵导致了公众参与环境保护的呼声高涨，而环境问题冲突的复杂性为公众参与环保提供了实践机会。

公众参与环保作为“政府中心过程”或“命令—控制”政策的转变方式，其成效更高、更可靠，逐步成为解决环境污染问题越来越普遍的方式。公众不仅通过上访和示威等途径向政府和污染产业表达自己的环境诉求，而且开始利用大众传媒等途径宣传环保理念、披露环境污染现象，公众参与环保意识和意愿的出现不但加重了污染产业的生产成本和负担，还在一定程度上遏制了污染产业的生存和发展，也开始成为推动污染产业空间格局演变的重要影响因素（吴伟平，2014）。随着公众环保意识的提高，环保类群体性事件也逐年增多，并对项目建设及政策制定产生了重大影响（毕军等，2015）；对环境问题实时举报，对化工企业选址形成公众舆论压力，例如我国诸多 PX 项目群体性事件，反映公众环保意识增强与参与监督对化工等污染密集型产业区位选择的影响。另外值得注意的是，随着国家对环境保护战略的重视，基于环境保护配套的产业政策、针对化工产业布局的相关政策的实施对化工产业布局产生深远影响。综合来看，由上述诸多因素共同组成了影响化工产业布局的环境规制驱动因子。具体来看，环境规制迫使化工行业淘汰落后的生产技术、更新落后的生产设备，甚至强制性地关闭一些重污染小型企业；经济发展到一定阶段时，高强度规制也势必会催生“腾笼换鸟”现象，挤压发达地区的化工产业发展空间，使得其向环境规制较弱的欠发达地区转移。

基于以上理论分析，本书构建了化工产业布局的影响机制框架（图 2-10）。原材料、交通因素直接影响生产成本，而市场因素直接影响产品销售及利润，集聚因素能形成产业链、降低成本、提高利润，全球化因素能带来先进的技术、扩大产品的出口销路，但同时也带来本地生产的竞争；环境规制通过政府、企业、公众等多种渠道，以及法律法规、环保执法、排污收费、污染治理、公众监督等多种途径，提高产业污染排放的成本、提升生产设备与技术成本，挤压高环境规制地区的产业发展空间，迫使其关停或者向低环境规制地区转移；而国家战略通过产业政策、环保整治措施引导产业向环境容量高、国家战略区进行布局，共同构成了化工产业布局的综合影响机制。

产业活动布局及演变格局由非环境规制、环境规制两大方面的各因素共同作用，而在经济发展不同阶段、产业发展不同阶段，各因素的作用强度也应不同，从两个大的方面来看，环境规制因素作用强度可能处于不断增强的趋势中（图 2-11）。

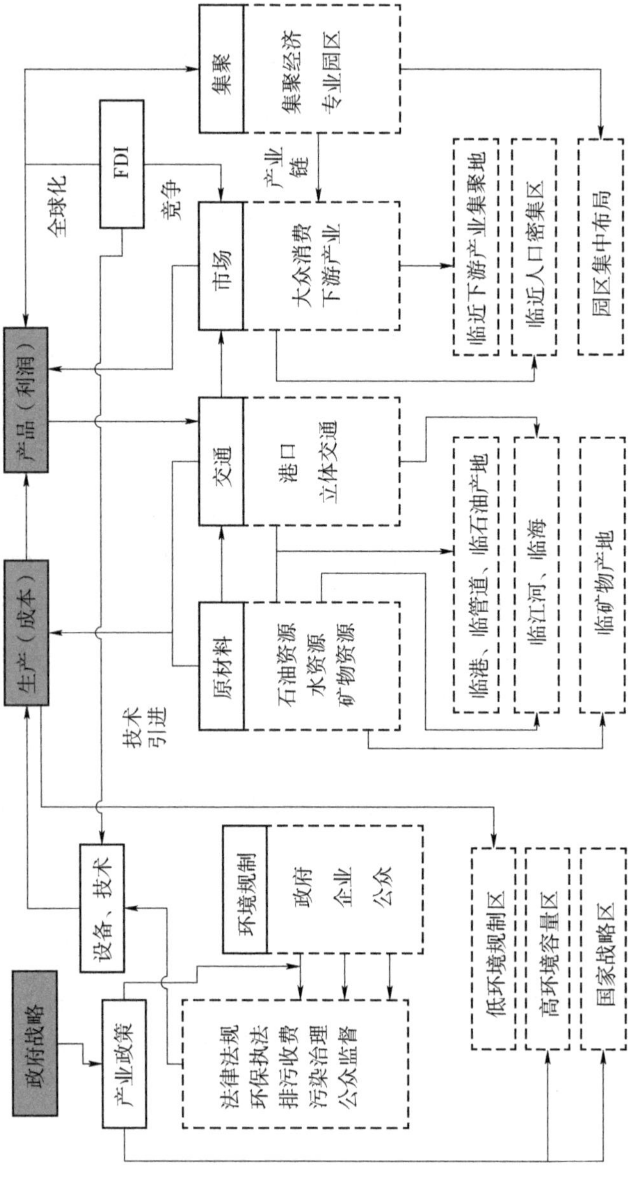


图 2-10　化工产业布局影响机制

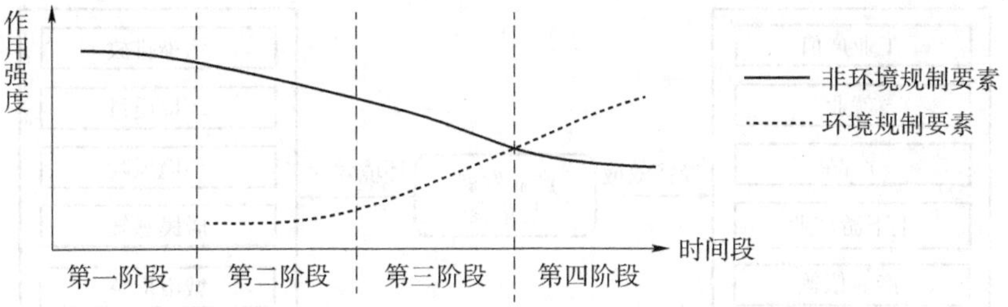


图 2-11　非环境规制要素和环境规制要素作用阶段变化

## 2.6 化工产业空间演变效应

化工行业在世界各国国民经济中都占据重要地位，是很多国家的基础产业和支柱产业，其为工农业生产提供重要的生产原料，而且肩负着国防安全的重任，为国防提供常规战略物资、生产高技术材料。各地为何“热衷”于发展化工产业，主要原因之一是看中其经济效应，能为地方 GDP、税收等作出一系列贡献。当然，这种现象的产生与我国分税体制、目前所处的经济发展阶段密切相关，也是经济发展过程中难以回避的阶段。学术界对这一现象尝试用“竞次增长”、“区域竞次”来进行阐释，其内涵主要是依靠包括各地政府以廉价土地、补贴性基础设施、企业所得税减免、降低劳工基本权益和放松环境政策在内的优惠政策吸引资本，采取竞次式的发展方式。化工产业是地区经济发展的重要推动力，同时也对地区环境污染和环境质量造成了不利影响。

化工产业对地区经济发展的贡献存在区域差异，对上游和下游的经济拉动存在差异，对下游地区经济贡献可能存在先增大再缩小的情形，对上游部分地区经济贡献越加突出，各地对化工产业的依赖程度也不同。化工产业污染物排放对地区环境污染排放、环境质量与周边人居环境具有不同程度的影响（图 2-12）。

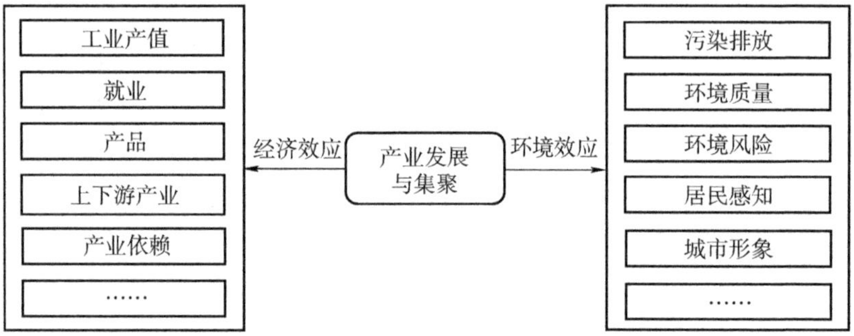


**图 2-12　化工产业空间格局演变的经济效应与环境效应**

化工产业作为最重要的基础工业之一，一般对地区经济发展的贡献较大。从国际经验来看，化工产业都是地区工业化阶段的重要产业门类和经济发展的助推器。我国许多城市将化工产业作为主导产业，积极发展化工产业。化工产业的超额发展和过度集聚对地区环境造成影响，大量的污染物排放会致使地区环境质量恶化，特别是水环境质量的降低。同时化工产业有着临近大江大河布局的规律，存在着严重的环境安全风险，“松花江污染事件”便是案例。另外，随着化工园区的集聚集中，可能会对集中区周边的居民生活造成巨大影响。当然对化工产业集聚地的搬迁和改造也应该会改善地区环境状况，提高居民生活质量，提升地区城市形象。而且，产业布局与环境差异存在着一个交互的空间关系，产业布局影响环境，环境变化也会反馈到产业布局的驱动力之上。

由于地区发展阶段的不同，对化工产业的经济效应、环境效应认知也应该存在差异。环境库茨涅兹曲线（EKC）理论揭示出环境质量开始随着收入增加而退化，收入水平上升到一定程度后随收入增加而改善，即环境质量与收入为倒 U 型关系。那么，发达地区应该优先利用化工产业的经济效应，在发展到一定阶段后优先认识到化工产业的不良环境效应并采取措施，而欠发达地区在经济效应和环境效应上存在一定程度的滞后。

产业的空间布局、驱动机理及空间效应又是相辅相成、相互影响的关系。机理推动着布局格局的形成及演变，布局及演变推动着效应的产生，效应的结果又反馈到机理要素的形成与变化，形成“机理—格局—效应—机理”的循环互馈体系。

# 第 3 章

# 长江沿岸化工产业发展阶段与历程

自古以来，长江流域地区便是全国农业及早期工商业经济的重要支柱，后成为中国现代工业的发源地。中华人民共和国成立以来，在国家工业布局、改革开放等国家经济发展战略背景下，以及经济全球化的浪潮中，长江沿岸化工产业亦随着整个工业及经济布局调整、市场化进程不断发展。本章基于历史文献、各地区的工业志等资料，结合各年份新建企业数量的定量统计，重点分析近现代以来长江沿岸化工产业的发展阶段与历程，并对各阶段典型企业的发展进行回顾。

化工企业建设“高潮”与“低谷”，都与国民经济发展形式、时代背景、国内外经济形势密切相关。如改革开放之前，化工企业建设与五年计划投资密切相关，改革开放也使得产业发展增速，但长江沿岸化工产业的真正发展是从浦东开发、开放开始的，20 世纪 90 年代虽然受国内外经济形势的影响存在一定的波动，但在 2000 年以后化工企业建设数量迅速大幅增加，在 2003 年达到顶峰，随后化工企业建设数量增加趋势逐步放缓。2000 年以来，虽然长江沿岸化工新建企业数呈现先增加后减少的趋势，但是规模以上企业总产值一直处于不断增加的态势。产值从 2000 年到 2008 年呈高速增加，2009 年与 2010 年出现一定幅度的回落，2011 年后回归到之前的增速态势。基于沿岸地区化工企业发展历程，将其划分为 1949 年以前、1949—1978 年、1979—1999 年以及 2000 年以来四个阶段（图 3-1）。

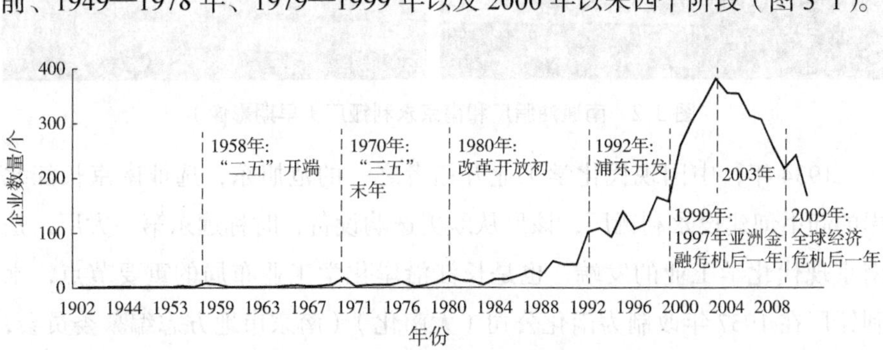


**图 3-1　长江沿岸新建化工企业情况**

注：数据采用工业企业数据库（2013）中的企业开业年进行统计。

## 3.1 萌芽阶段

我国是一个文明古国，化学工艺开发较早，诸如酿酒、染料、油漆、火药等早有生产。在 19 世纪以前，化工生产都是手工作坊式的。随着西方近代化学知识与工艺的传入，诸如制酸、制碱、肥皂等一批民族工业逐步兴起（周嘉华等，1998）。清光绪二十七年（1901 年）民族资本家张謇在江苏南通唐家闸创建南通油脂厂（原名广生油厂），油厂以大生纱厂轧花下来的棉籽为原料生产油料，并利用棉油下脚料生产肥皂、皂烛（杨震宇，2014）。南通油脂厂是重要的民族工业企业，也是近代以来长江沿岸化工企业的开端（图 3-2）。1915 年上海开林造漆厂创建，是我国第一家油漆制造企业，也是我国油漆工业的发源地，并于次年创建了上海振华造漆厂。同时在 20 世纪 30—40 年代，上海成立了上海京华化工厂、上海彭浦化工厂、上海染料化工厂、上海硫酸厂、上海制笔化工厂等化工企业。

图 3-2 南通油脂厂和南京永利铔厂（早期影像）

1934 年，中国现代化学工业开拓者之一的范旭东，选址南京长江北岸的卸甲甸建设永利铔厂，该厂从欧美选购设备，时称远东第一大厂，是南京现代化学工业的发端，也是长江沿岸化学工业布局的重要节点，永利铔厂在 1957 年改制为南化公司（大南化）（南京市地方志编纂委员会，2010）。同时，1936 年，当时的国民政府资源委员会在南京燕子矶成立中央化工厂筹备处南京工厂，1949 年更名为南京化工厂（小南化），是我国重要的有机化工基地（南京化工厂志编辑办公室，1997）。大南化与小南化分别于1998年和1999年并入中石化，并在2005年重组为中石化南京化学工业有限公司。1946年，在苏州和无锡分别建成苏州化工厂（苏州精细化工公司）、无锡市化工厂（高润杰化学公司）。而在长江中上游沿岸地区，武汉、重庆、宜宾、泸州分别建立了较大型的化工企业，主要包括武汉化工厂、重庆油漆厂（重庆三峡油漆公司）、重庆前进化工厂、长寿化工总厂、泸州化工厂（泸州北方化工）、宜宾氯碱厂（宜宾天原）。

这一阶段主要是1949年以前，长江沿岸化工企业形成了以上海、南通、苏州、无锡、南京、武汉、重庆、泸州、宜宾为核心城市的分布格局，也为之后的整个长江沿岸化工产业布局奠定了基础。

## 3.2 起步阶段

中华人民共和国成立后，我国对民族化学工业企业进行了改造，一些闲置设备也恢复了正常生产。“一五”时期国家重点建设项目主要布局在内地，而这一时期长江下游地区主要化工企业以地方政府主导建立为主。1964年开始“三线建设”，长江中上游沿岸地区化工企业布局也相对增多，特别是重庆、武汉、宜宾、岳阳等城市。这一时期，上海焦化厂、上海吴泾化工厂、上海农药厂、上海皮革化工厂、上海白鹤化工厂相继在上海成立；江苏沿岸地区有南京金陵化工厂、南通农药厂、扬州农药厂等；安徽沿岸地区成立了安庆化工总厂、安庆氮肥厂；江西沿岸地区成立了江西赣北化工厂、彭泽县化工厂等；湖北沿岸地区成立了武汉石油化工厂、武汉无机盐化工厂、武汉葛化、武汉有机、祥云化工等；湖南沿岸地区成立了巴陵石化、长岭炼油化工厂、岳阳磷化工总厂、云溪镇化工厂等；重庆、四川沿岸地区成立了川庆化工厂、长风化工厂、长江制药厂、泸天化、火炬化工等一批化工企业。

这一时期主要集中在1949—1978年，化工布局结合之前的化工企业布局特征，如对南京大南化和小南化的改造与发展，并以国家工业布局的大方针为指导。这些化工企业成为长江沿岸化工工业的主要力量，也进一步优化了化工产业布局。这一时期，上海及江苏沿岸地区呈现一定的增长优势，但是以重庆、武汉、宜宾、泸州、岳阳、宜昌为代表的中上游地区城市也作为重点进行布局，整体来看，这一时期已经表现出下游沿岸地区和上游沿岸地区的差距（图 3-3）。

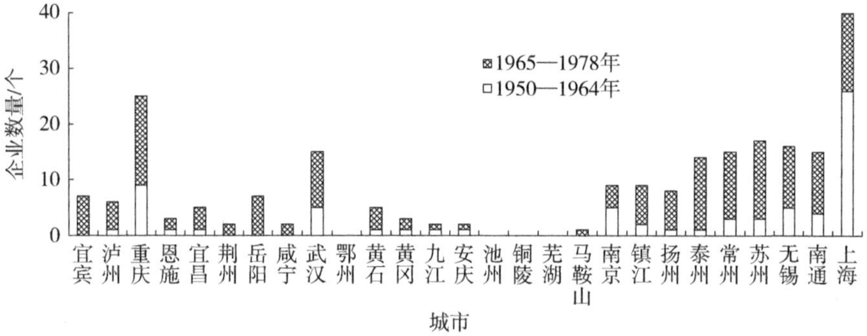


图 3-3　1950—1978 年长江沿岸化工企业成立情况

注：数据采用工业企业数据库（2013）中的企业开业年进行统计。

## 3.3 快速发展阶段

1978 年实行改革开放以后，长江沿岸化工企业发展呈现逐步增长的势头，不同于之前阶段仅在五年计划的前两年建厂，反而呈现逐年增加的趋势，并由 1977 年年增加 6 家企业增长到 1991 年年增加 91 家企业。20 世纪 90 年代初，随着浦东开发、开放，1992 年长江沿岸化工企业“突变式”增长，1992 年年增加企业 174 家，并在 1999 年达到近 300 家（图 3-4）。这一时期，以跨国公司投资为主要特征。

这一时期主要集中在 1979—1999 年，沿岸地区成立了一批重要化工企业。石化方面，成立了中国石化上海石化、中国石化武汉石油化工厂、

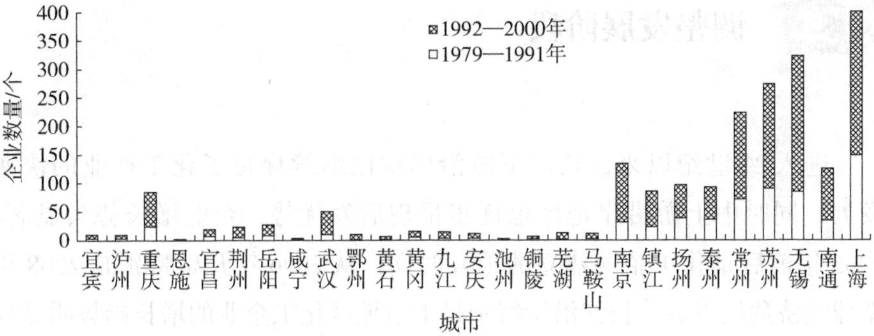


图 3-4　1979—2000 年长江沿岸化工企业成立情况

注：上海这一时期新建企业个数总数达 660，图中仅体现 400。

中国石化九江分公司、上海金地石化、岳阳兴长石化、张家港东华优尼科能源、埃克森美孚（太仓）、扬州石油化工厂、南京扬子石化炼化等重要企业。化工方面，包括扬子石化、江苏隆力奇、湖北宜化、上海氯碱化工、金陵石化、上海宝钢化工、上海高桥石化、红太阳、湖北楚源、江苏苏化、江苏三木、四川维尼纶厂、扬子巴斯夫等一批布局在长江沿岸的重要化工企业，其中，巴斯夫等外资加入并合作（图 3-5）。这一时期，上海及江苏沿岸地区的化工产业发展明显与中上游拉开距离，特别是上海与苏州、无锡和常州地区新建企业数占整个沿岸地区 60% 以上，而中上游重庆、武汉等区域中心城市也与下游差距较大，同前一阶段相比，这一阶段整体处于快速发展阶段，而下游发展更加迅速。

图 3-5　金陵石化（1987 年）和扬子巴斯夫（1998 年）

图片来源：《南京市志（第 5 册）》（南京市地方志编纂委员会，2010）。

## 3.4 调整发展阶段

进入 21 世纪以来，长江下游沿岸地区继续保持了化工产业的快速发展，同时中上游沿岸地区也逐步呈现后发优势，企业增长势头显著。2005 年前后是化工企业建立的顶峰时期，从 2006 年开始特别是 2008 年全球经济危机以后，长江沿岸特别是下游地区化工企业的增长趋势明显放缓。而 2006 年以后中上游沿岸地区化工企业增长势头迅猛（图 3-6）。

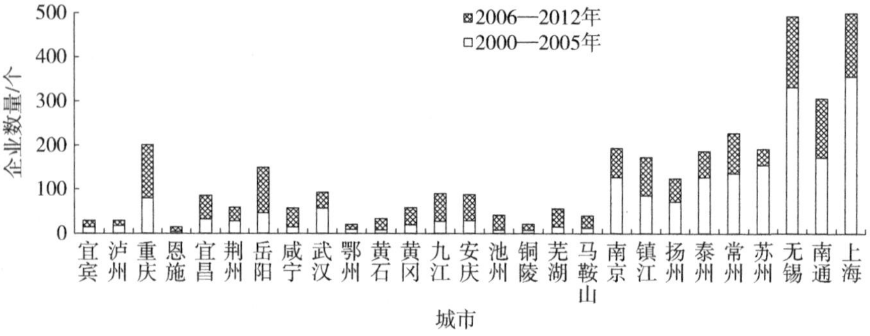


图 3-6 2000 年以来长江沿岸化工企业成立情况

这一时期，成立（组建）了金陵石化、上海高桥石化、长岭石化、武汉石化、安庆石化、上海赛科石化、拜耳材料、中海油气（泰州）石化、华润包装材料、常州新日化工、岳化、重庆宜化等重要企业。这一阶段特别是 2006 年以来与上一阶段存在明显差异，改变了由上海及江苏沿岸地区占绝对主导的发展地位，中上游地区呈现快速发展的势头，整个沿岸地区化工产业发展处于调整阶段。

综上，长江沿岸化工产业发展分为四个阶段，从 20 世纪 90 年代起长江沿岸化工产业迅速发展，2003 年开始增长速度逐步放缓。从化工部门可以一定程度上反映区域经济均衡发展—非均衡发展—均衡发展的历程。

# 第 4 章

# 长江沿岸化工产业空间分布格局演化

## 4.1 流域尺度化工产业格局与集聚扩散

为了从上、中、下游的流域视角考察化工产业的空间分布格局，本书将长江沿岸划分为上游地区、中游地区、下游地区（安徽沿江地区、江苏沿江地区及上海）等 5 个大的子区域。为了便于比较分析，上游地区包括宜宾、泸州、重庆；中游包括湖北沿江地市、岳阳、九江。

从比例总量上来看，江苏沿岸地区占据 50% 以上的份额，份额排序依次为江苏沿江＞上海＞中游沿江＞上游沿江＞安徽沿江（图 4-1）。上游沿江地区企业个数份额和产值份额变化并不显著。中游地区从 2005 年开始企业个数份额增长明显，但是产值份额的显著增长从 2011 年开始。安徽

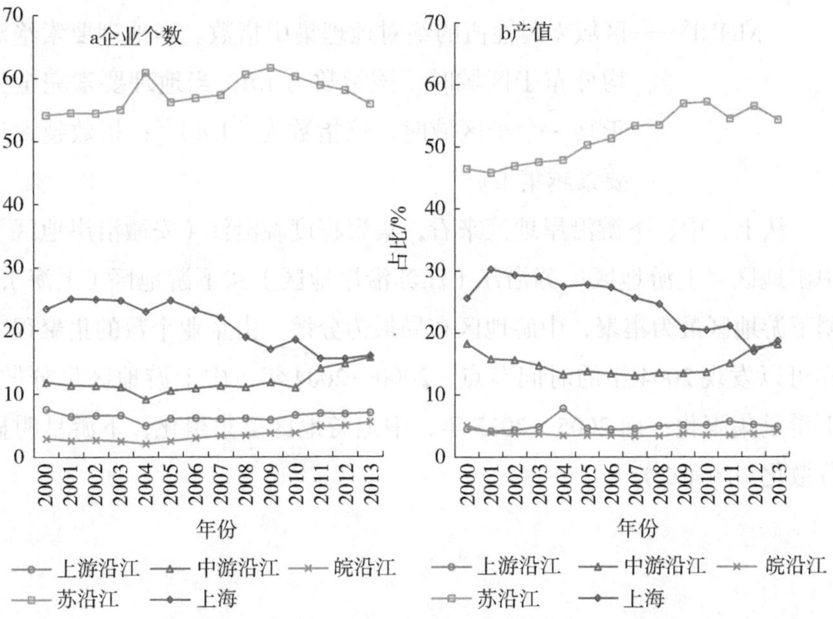


图 4-1　长江沿岸上中下游各子区域化工产业格局

沿江地区企业个数份额从 2005 年起呈现不断增长的态势，但产值份额增长并不明显，可知上游地区新增的企业主要以中小企业为主。江苏沿岸地区企业个数份额在 2009 年以前整体保持增长趋势，从 2010 年开始企业个数份额明显降低，产值份额也呈现波动下滑的趋势。

采用绝对地理集中指数（MHHI）表征地理集中度，以衡量本书中产业要素的空间分布特征。MHHI 是赫芬达尔指数的简单正规化变体，其计算公式如下（王庆喜等，2014）：

$$c_i^k = w_{i,k} / \sum_{i=1}^{n} w_{i,k}, \quad \mathrm{MHHI}^k = \sqrt{\frac{\sum_{i=1}^{n}\left(c_i^k\right)^2}{n}} \tag{4-1}$$

式中，$n$——区域内子区域个数；

$w_{i,k}$——子区域 $i$ 中的 $k$ 属性值（产业产值）；

$c_i^k$——子区域 $i$ 中的 $k$ 属性值占总区域 $k$ 属性的份额；

$\mathrm{MHHI}^k$——区域 $k$ 属性值的绝对地理集中指数。当地理要素绝对平均分布于区域时，该指数为 $1/n$；当地理要素完全集中于某一个子区域时，该指数为（$1/n$）$^{0.5}$；指数越大反映要素越集聚。

从上、中、下游沿岸地区来看，集聚程度皖沿江（安徽沿岸地区）＜中游地区＜上游地区＜苏沿江（江苏沿岸地区）＜下游地区（上海），说明下游地区最为集聚，中游地区布局最为分散。由企业个数的集聚程度同样可以发现 2004 年的时间节点，2000—2004 年，中上游地区呈分散化，下游呈集聚化；而 2005—2013 年，中上游地区呈集聚化，下游呈明显的分散化（图 4-2）。

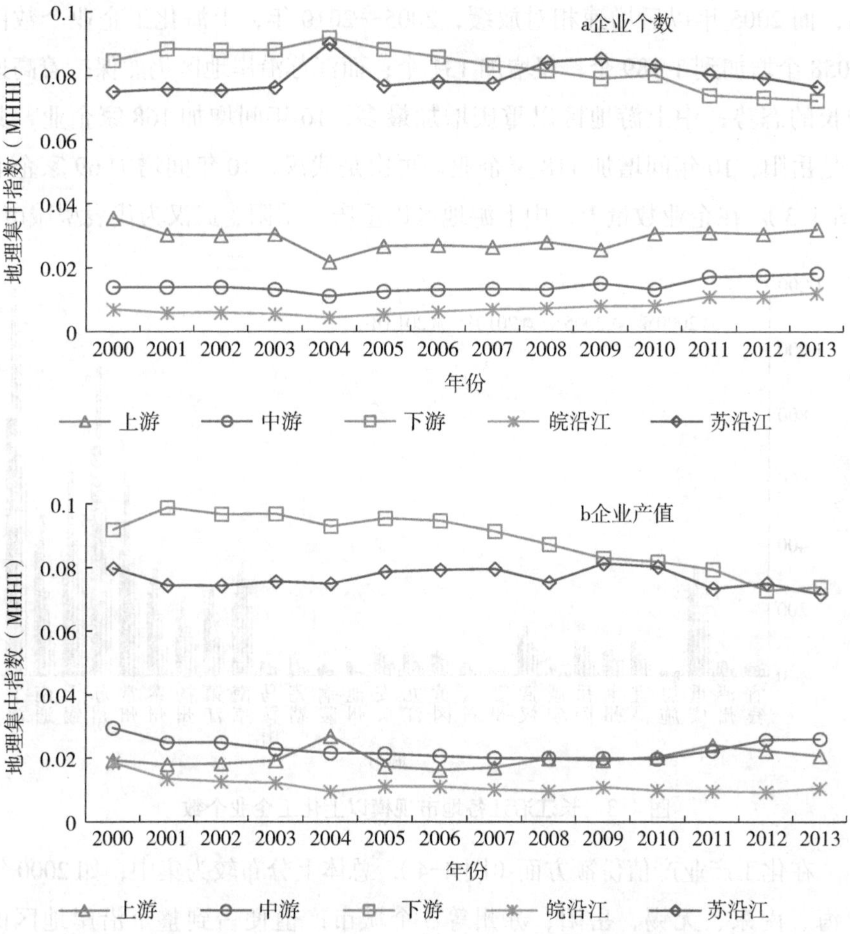


图 4-2　长江沿江上、中、下游化工产业集聚程度

## 4.2 地市尺度化工产业格局与集聚扩散

通过 4 个典型年份地市级尺度化工企业分布结果可知，化工企业个数方面，企业个数较多的地市主要分布在上海、江苏沿岸地区、武汉、重庆、岳阳等地区。2000—2010 年，上海在 2000—2005 年企业个数增速迅

猛，而 2005 年以后增速相对放缓，2005—2010 年，上海化工企业个数由 1 058 个增加到 1 189 个，仅增加 131 个；而江苏沿岸地区仍然保持着高速增长的态势；中上游地区以重庆增加最多，10 年间增加 168 家企业，其次是岳阳，10 年间增加 118 家企业，再次是武汉，10 年间增加 69 家企业（图 4-3）。在企业数量上，中上游地区以重庆、岳阳、武汉为代表型城市。

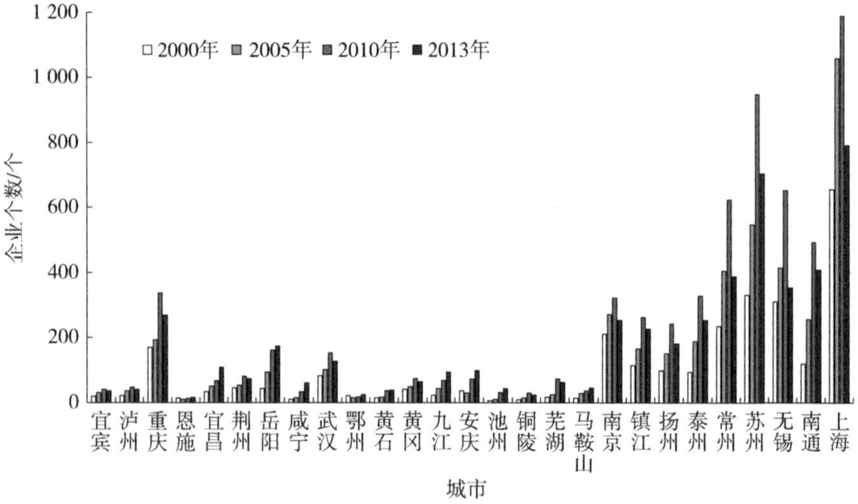


**图 4-3　长江沿江各地市规模以上化工企业个数**

在化工产业产值份额方面（图 4-4），总体上分布较为集中，如 2000 年上海、南京、无锡、岳阳、苏州等 5 个城市产值便占到整个沿岸地区的 70.0%；而 2013 年排序前 5 名的上海、南京、苏州、南通、无锡等占整个沿岸地区的 52.0%。可知，从产能上来看，2000—2013 年沿岸地区化工产能处于分散化的状态。从变化趋势来看，增幅较大的城市包括南通、宜昌、扬州、镇江、泰州、常州，2000—2013 年产值增幅都在 2% 以上，其中南通增幅达到 4.8%；而降幅较大的城市包括上海、南京、岳阳、安庆、武汉、无锡，产值份额降幅在 1% 以上，其中上海、南京降幅都大于 6%，降幅显著。

值得注意的是，岳阳虽然企业个数在显著增长，但是产值份额明显下降，从 2000 年的产值份额第一梯队中退出。这可能与岳阳近十多年来引入的化工企业主要为中小企业相关。

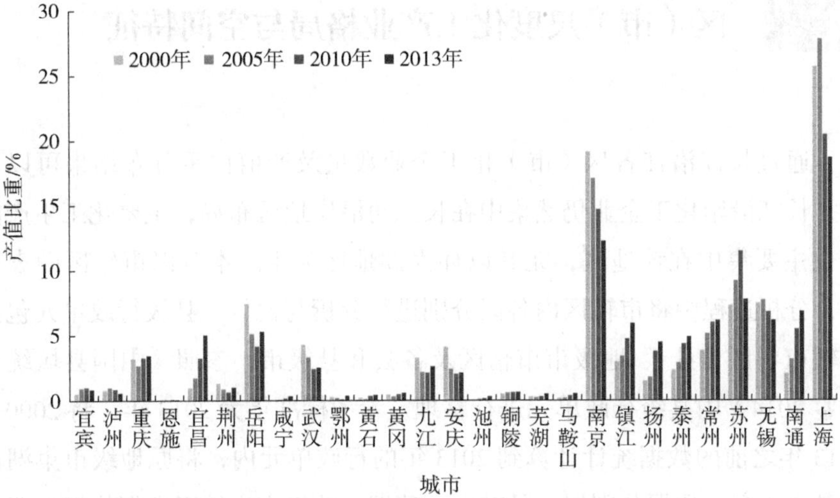


图 4-4　长江沿江各地市规模以上化工产业产值比重

通过地理集中指数（MHHI）对长江沿江化工产业集聚程度进行测算，结果表明，MHHI 呈先小幅上升后持续下降的趋势，表明长江沿岸整体上化工产业先集聚后扩散的特征。从产值角度来看，2000—2004 年，呈现不断集聚的状态；而 2005—2013 年，呈现持续扩散的趋势；以 2004 年为时间节点，明显存在着集聚和扩散的一前一后两个阶段（图 4-5）。集聚过程主要是向上海和苏南地区集聚，扩散过程主要向苏中和中上游地区扩散。

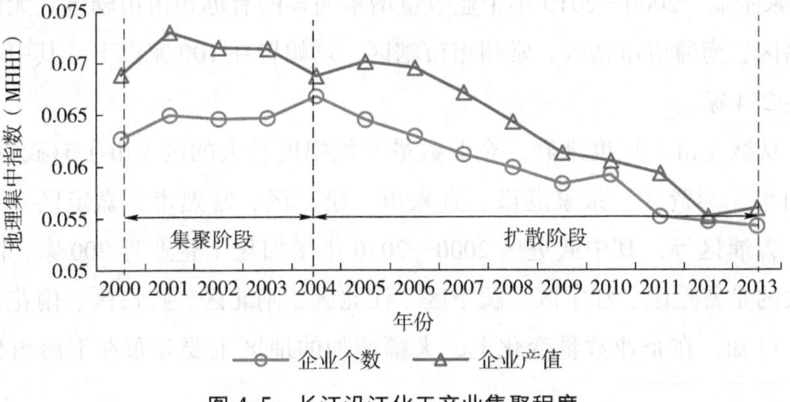


图 4-5　长江沿江化工产业集聚程度

## 4.3 区（市）尺度化工产业格局与空间特征

通过长江沿江各区（市）化工企业数量及产值比重分布结果可以看出，长江沿岸化工企业仍然集中在长三角沿岸地区布局，主要化工生产能力也主要集中在该地区，尤其以环太湖地区为主。本章以市辖区图表展示，分析过程中将市辖区内各区分别进行分析与比较。县级行政单元包括直辖市各区（县）、地级市市辖区及各县和县级市，参照《中国县域统计年鉴 2014》中县级行政单元进行整理，参考标准年为 2013 年，将 2000—2013 年之前的数据统计计算到 2013 年的行政单元内，将原地级市巢湖市的各区（市）数据分别划入马鞍山、芜湖。地级市市辖区数据依据工业企业数据库中相应各区数据进行加总。行政区代码及市县辖区参考国家统计局公布的最新县及县以上行政区划代码（GB/T 2260）。

在市辖区中，上海市市辖区和南京市市辖区[①]产值份额急剧下降，降幅皆大于 4%，且上海市市辖区化工产值份额由 2000 年的 5.7% 下降到 2013 年的 1.1%。份额上升显著的有镇江市市辖区、常州市市辖区、宜昌市市辖区、泰州市市辖区，增幅皆超过 1%。而企业数量上，上海市市辖区 2000—2010 年减少了 25 家企业，截至 2013 年上海市市辖区减少了近 100 家企业。2000—2010 年企业数量增幅明显的有苏州市市辖区、无锡市市辖区、南通市市辖区、常州市市辖区，增幅皆在 100 家以上，其中苏州市达 234 家。

从区（市）尺度来看，企业数量增加幅度较大的区（市）有武进区、昆山市、奉贤区、张家港市、宜兴市、松江区、常熟市、嘉定区、泰兴市、青浦区等，其中武进区 2000—2010 年增加化工企业近 200 家，降幅较大的是普陀区、江宁区、长宁区、江北区、闸北区、虹口区、雨花台区等。可知，在企业数量变化上，大幅增加的地区主要分布在上海市郊区

① 上海市市辖区选取宝山区、虹口区、黄浦区、静安区、普陀区、徐汇区、杨浦区、闸北区和长宁区，南京市市辖区选取鼓楼区、建邺区、江宁区、栖霞区、秦淮区、玄武区和雨花台区。

（如松江区、青浦区）及周边区（市），而大幅减少的地区主要分布在上海市及南京市中心城区。

企业产值份额增幅较大的有金山区、栖霞区、六合区、奉贤区、新北区、仪征市、崇安区、京口区、猇亭区、泰兴市等，其中金山区由 2000 年的 1.0% 上升到 2013 年的 5.2%；降幅较大的区（县）有浔阳区、大观区、岳阳楼区、闵行区、浦东新区、浦口区、玄武区等（表 4-1）。份额变化与企业数量变化同上海、南京两个城市总体表现上相近，同时中游沿岸地区也有区（市）份额发生大幅变化，如宜昌市猇亭区份额增加、九江市浔阳区和岳阳市岳阳楼区份额大幅减少。这反映了沿江各城市化工产业内部结构在城市发展中的深刻变化，如郊区化和区域中心城市向周边转移等，以及沿岸地区各城市环境规制的变化等。

表 4-1　长江沿岸化工企业变化典型区（市）

| 区（市） | 企业个数 / 个 | | | 区（市） | 产值比重 /% | | |
|---|---|---|---|---|---|---|---|
| | 2000 年 | 2010 年 | 变化 | | 2000 年 | 2013 年 | 变化 |
| 武进区 | 113 | 306 | 193 | 金山区 | 1.0 | 5.2 | 4.2 |
| 昆山市 | 56 | 177 | 121 | 栖霞区 | 1.3 | 5.1 | 3.8 |
| 奉贤区 | 42 | 162 | 120 | 六合区 | 2.1 | 5.7 | 3.6 |
| 张家港市 | 41 | 140 | 99 | 奉贤区 | 0.9 | 4.0 | 3.1 |
| 宜兴市 | 104 | 200 | 96 | 新北区 | 0.7 | 2.6 | 1.9 |
| 松江区 | 33 | 127 | 94 | 仪征市 | 0.1 | 2.0 | 1.9 |
| 虹口区 | 10 | 2 | −8 | 大观区 | 3.4 | 1.7 | −1.7 |
| 闸北区 | 12 | 4 | −8 | 岳阳楼区 | 2.9 | 0.4 | −2.5 |
| 江北区 | 17 | 7 | −10 | 闵行区 | 4.6 | 1.3 | −3.3 |
| 长宁区 | 15 | 3 | −12 | 浦东新区 | 11.1 | 5.2 | −5.9 |
| 江宁区 | 52 | 38 | −14 | 浦口区 | 6.5 | 0.2 | −6.3 |
| 普陀区 | 52 | 29 | −23 | 玄武区 | 7.1 | 0.0 | −7.1 |

注：该表选择增幅、降幅前 6 位进行汇总。

全局空间自相关分析：通常采用全局 Moran's $I$ 来衡量全局空间自相关性，其计算公式如下（王庆喜等，2014；赵小风等，2009）：

$$I=\frac{n\sum_{i=1}^{n}\sum_{j=1}^{n}v_{ij}\left(x_i-\bar{x}\right)\left(x_j-\bar{x}\right)}{\left(\sum_{i=1}^{n}\sum_{j=1}^{n}v_{ij}\right)\sum_{i=1}^{n}\left(x_i-\bar{x}\right)^2},\quad \bar{x}=\frac{1}{n}\sum_{i=1}^{n}x_i \tag{4-2}$$

式中，$n$——子区域个数；

$x_i$、$x_j$——子区域 $i$ 和 $j$ 的属性值；

$v_{ij}$——空间权重系数矩阵，表示各空间单元邻近关系。

本书采用 GeoDa 软件结合 ArcGIS 软件进行空间自相关测算，空间权重采用邻接矩阵。Moran's $I$ 取值范围为（-1，1），越接近 1，表明地区间空间正相关程度越强；越接近 -1，表明地区间空间负相关程度越强；接近 0 表明不存在空间自相关性。本书针对县级单元尺度（包括 191 个空间单元）开展空间自相关分析，采用化工产业产值作为属性值。

局部空间自相关分析：局部空间自相关分析可以研究局部区域内的空间自相关的局部空间变异及特定单元与邻接单元间的空间连接方式。本书利用 GeoDa 软件生成 Moran 散点图进行分析。Moran 散点图的第一、第三象限分别代表了高观测值或低观测值的空间单元为同样是高值或低值的空间单元所包围的空间连接形式，表现为正的局部空间自相关；第二、第四象限分别代表了低观测值或高观测值的空间单元为高值或低值的空间单元所包围的空间连接形式，表现为负的局部空间自相关。一般采用 LISA（Local Indicators of Spatial Association）集聚图来进行可视化展示与空间分析。

全局空间自相关分析结果表明，2000—2013 年的 4 个典型年份中基于区（市）级空间尺度的沿江化工产业产值属性表现出明显的空间集聚性，具有明显的空间自相关特征，Moran 散点图表现出明显的正相关关系。2000 年、2005 年、2010 年和 2013 年的 Moran's $I$ 值（$Z$-value）分别为 0.348（6.548）、0.280（5.878）、0.300（6.375）和 0.317（7.005），且皆在 0.01

水平上显著（图 4-6），其空间关联特征：化工产业产值较高的区级单元趋于与产值较高的区相邻，产值较低的区趋于和产值较低的区相邻。大部分样本单元位于第一象限和第三象限内，即热点和冷点区域，属于高—高集聚和低—低集聚类型，位于这两个象限的空间单元存在较强的空间正相关。进一步研究发现，位于冷点区的低—低集聚类型的空间单元较热点区的更多。

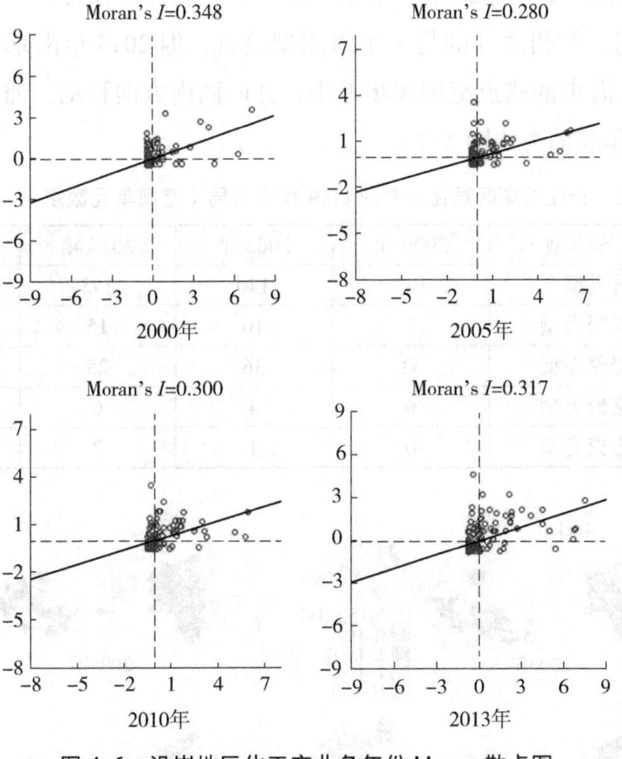


图 4-6　沿岸地区化工产业各年份 Moran 散点图

空间自相关 LISA 集聚结果表明，沿江各区（市）化工产业呈现明显的空间集聚格局。整体上下游以高—高集聚类型（热点区）为主，中上游以低—低集聚类型（冷点区）为主。从单元数量上来看，低—低集聚单元较多，但是 2000—2013 年，低—低集聚单元个数呈不断减少的态势，高—高集聚单元个数呈不断增加的态势。

高—高集聚分布范围主要在下游沿岸地区，分布范围也呈不断扩大的趋势（表 4-2）。单元个数不断增加，2000 年主要热点区仅有六合区、仪征市、无锡市区、常熟市、嘉定区、上海市区、浦东新区等 7 个单元，到 2013 年扩展到六合区、仪征市、丹徒区、扬中市、泰兴市、常州市辖区、武进区、无锡全域、苏州市辖区、常熟市、上海市市区、青浦区、松江区等 15 个单元。值得注意的是，苏州、无锡、常州各地发展成沿岸地区最突出的“热点”地区；2010 年南京市辖区、六合区、仪征市、句容市形成苏州、无锡、常州之外的另一个组团型热点，但 2013 年南京市辖区的热点消失；上海市的热点范围逐步缩小，并向西南方向移动，浦东新区的热点从 2010 年起消失（图 4-7）。

表 4-2　长江沿岸区县化工产业 LISA 集聚格局（空间单元数量）　　单位：个

| LISA 集聚类型 | 2000 年 | 2005 年 | 2010 年 | 2013 年 |
|---|---|---|---|---|
| 不显著类型 | 147 | 140 | 143 | 146 |
| 高—高集聚类型 | 7 | 10 | 15 | 15 |
| 低—低集聚类型 | 31 | 36 | 25 | 26 |
| 低—高集聚类型 | 6 | 4 | 6 | 2 |
| 高—低集聚类型 | 0 | 1 | 2 | 2 |

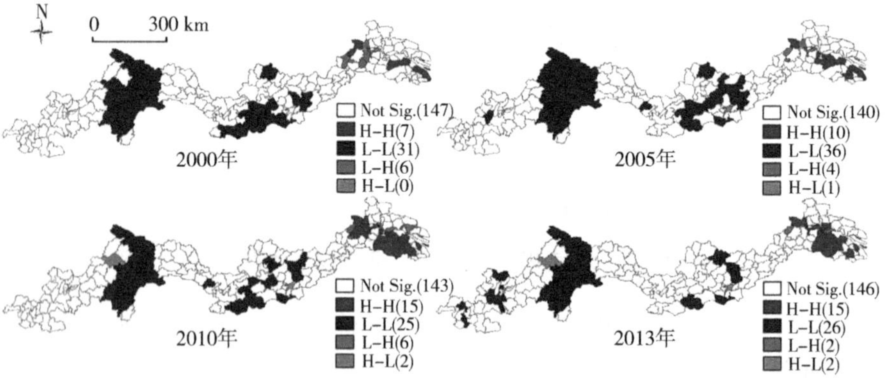


图 4-7　长江沿岸各区县化工产业 LISA 集聚图

注：（1）Not Sig. 表示局部空间自相关不显著的单元，其余单元在 0.05 及以上水平显著；（2）H-H 代表高—高集聚类型，L-L 代表低—低集聚类型，L-H 代表低 - 高集聚类型，H-L 代表高 - 低集聚类型；（3）图例中括号内数字代表该类型的空间单元个数。

低—低集聚类型（冷点区）分布范围主要形成两大组团，第一是中游湘鄂赣三省交界的地区，以山区丘陵地形为主；第二是恩施与重庆交界地带，也是三峡库区所在地。冷点区范围不断缩小，2000 年，中游九江、岳阳、咸宁等市是典型的冷点组团区域，而到 2013 年该范围内仅修水县、永修县 2 个县是低—低集聚区，九江市市辖区从 2005 年起变为高—低集聚区，同时大别山区罗田县、英山县、太湖县、宿松县等 4 个县在 2013 年为冷点区。而上游地区三峡库区冷点范围逐步缩小，特别是重庆市域内表现明显，到 2010 年万州区成为高—低集聚区；2013 年，重庆西部和宜宾部分区（县）出现了新的冷点区。而低—高集聚区主要分布在下游地区，2000 年环南京市形成了低—高集聚圈，而到 2013 年该类型区域逐步缩小，仅剩浦口区和靖江市 2 个行政单元。

可以发现，长江沿岸化工产业表现出空间集聚性，具有明显的空间自相关特征，集聚热点不断扩大，集聚冷点不断缩小。集聚热点（高—高集聚）主要分布在下游沿江地区，集聚冷点（低—低集聚）主要分布在中游湘鄂赣三省交界的地区和三峡库区等生态环境敏感区域。

# 第 5 章

# 长江沿岸化工行业空间格局演变

# 5.1 化工行业布局的时空差异

2000—2013 年，沿江化工产业各行业的企业数量与产值发生了剧烈的变化（图 5-1）。变化最明显的是炼油业对炼焦业的替代。2000 年规模以上炼油业仅上海和南京 2 家，占整个沿岸地区化工行业产值极小。而到 2013 年，规模以上炼油业达到 189 家（占沿江 3.8%），产值份额达 23.4%，反映了炼油业的快速发展，同时反映了炼油业企业规模较大。而相反的是，炼焦业企业数量从 2000 年的 51 家降到 2013 年的 17 家，产值份额从 25% 萎缩到 0.4%，这反映了国家产业政策的导向与转型，即对炼油业

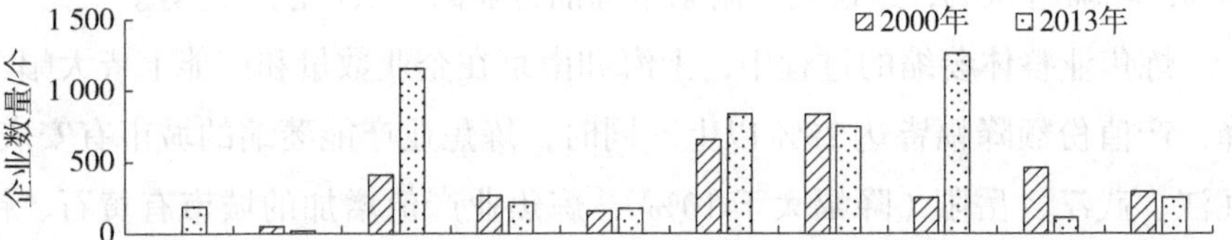


图 5-1　沿江化工各行业企业数量与产值份额变化（2000—2013 年）

注：由于 2000 年数据库中 264 个行业数据缺失，故采用 2003 年数据库中 264 个行业数据替代表征。

的扶持和对炼焦业的淘汰。基础化学原料行业增幅显著，数量从 411 家增加到 1 155 家，产业份额从 7.6% 增长到 25.7%。专用化学品业企业数量增长显著，但产值份额仅小幅增长；日用化学品业企业数量变化不大，但产值有一定程度降低。另外，值得注意的萎缩行业是炸药焰火行业，产值份额从 2000 年 7.0% 降到 2013 年的 0.7%。

炼油业在企业数量上呈现“全面扩散”的态势，由 2000 年南京、上海两家企业扩散到沿江大部分地市，其中，企业数量增幅最大的是上海，增加 37 家，其次为苏州、南京、无锡、武汉、重庆等城市。而产值份额上，增加较为明显的有岳阳、武汉、九江、安庆、泰州，其中岳阳产值份额增加 7%。而南京市产值份额下降明显，从 2000 年的 69% 降到 2013 年的 19%，降幅达 50%，这说明了南京市炼油行业的“去产能”态势。

炼焦业整体萎缩的过程中，上海和南京在企业数量和产能上皆大幅下降，产值份额降幅皆达 25% 以上。同时，炼焦业产能萎缩的城市有安庆、九江、武汉、岳阳（降幅大于 10%），炼焦业产值增加的城市有黄石、铜陵、重庆、镇江，其中黄石炼焦业产值份额增长 40%，成为沿岸地区主要发展炼焦行业的城市。

基础化学原料业在企业数量上整体呈上升趋势，其中，南通市企业数量增幅最为显著，2000—2013 年增加 141 家企业，主要增加的城市位于江苏沿岸地区以及岳阳、重庆等，但产值份额变化相对较小，其中南京增加 10%，无锡降低 10%，其他城市变化幅度皆在 10% 以下。

肥料行业的企业数量中宜昌增幅较大，增加 23 家企业；但在产值增幅上宜昌增幅显著，增加 43% 的份额，2013 年达到 52.4% 的产值份额。企业数量和产能方面，南京、上海、无锡、苏州、镇江等下游地区出现不同程度下降，其中南京企业个数虽然降幅不明显，但是产能份额下降 10%。以湖北宜化、重庆建峰为龙头的企业促进了宜昌和重庆的肥料行业集聚，其中湖北宜化居全国化肥行业之首。

农药行业在企业数量上南通增加 21 家企业，增幅显著，同时产值增幅 9% 的份额，在 2013 年达到 17.7% 的产值份额，居长江沿岸之首。其他城市企业数量没有大幅增减的情况，份额下降明显的有荆州和无锡，分别下降 9% 和 8%。

涂料行业方面，在企业数量上扬州和无锡呈 10 家以上的企业减少幅度，而苏州、泰州、咸宁、常州增幅超过 20 家；在产能份额上，则表现为上海降常州升的显著格局，上海下降 13% 而常州上升 13%，其他城市份额变化较小。涂料业发展相对集中，上海、常州、苏州等 3 个城市占沿岸地区 63% 的比重。

合成材料行业，上海、无锡、常州等城市企业数量降幅显著，其中上海减少了 88 家企业，但产值份额仅减少 7%，南京却降低了 28%，到 2013 年仅占 6.6%。企业数量上苏州增加 47 家，但份额降低了 3%。

专用化学品行业企业数量呈现整体上升的局面，苏州、上海、常州增幅超过 100 家，其中苏州达 171 家。产值份额上，上海降低了 24%，同时降低的还有南京和无锡，皆为 8%；苏州增加 12%，其他城市产值份额变化不明显。

炸药焰火行业方面，上海及江苏沿岸地区全面萎缩，上海、苏州、无锡、常州相关企业数量降幅都在 100 家以上，而增加的企业主要集中在岳阳（增加 35 家）和安庆。而产值份额上岳阳增加 31%，在 2013 年达到 38%，成为沿岸地区的“焰火之都”。安庆在发展炸药焰火行业从无到有，在 2013 年产值份额达到 10%。其次是重庆，该行业的份额占 19%。2000—2013 年，该行业分布格局由长三角—武汉—重庆变为岳阳—重庆—安庆。日用化学品行业整体呈萎缩趋势，其中重庆、上海企业数量降幅超过 10 家，而上海产值份额降低 16%，苏州增加 13%，其他城市变化并不明显。

长江沿岸化工各行业具有不同的分布格局及演变特征。而从 2000—2013 年产业聚集分散过程来看，炼油业、化学原料业等行业不断分散化，炼焦业、农药业、炸药焰火等行业不断集中化，同时炼焦业、农药业、炸药焰火等行业主要分布城市发生了非常大的变化，特别是炸药焰火业的产能绝大部分从下游地区转移到沿江中上游地区。

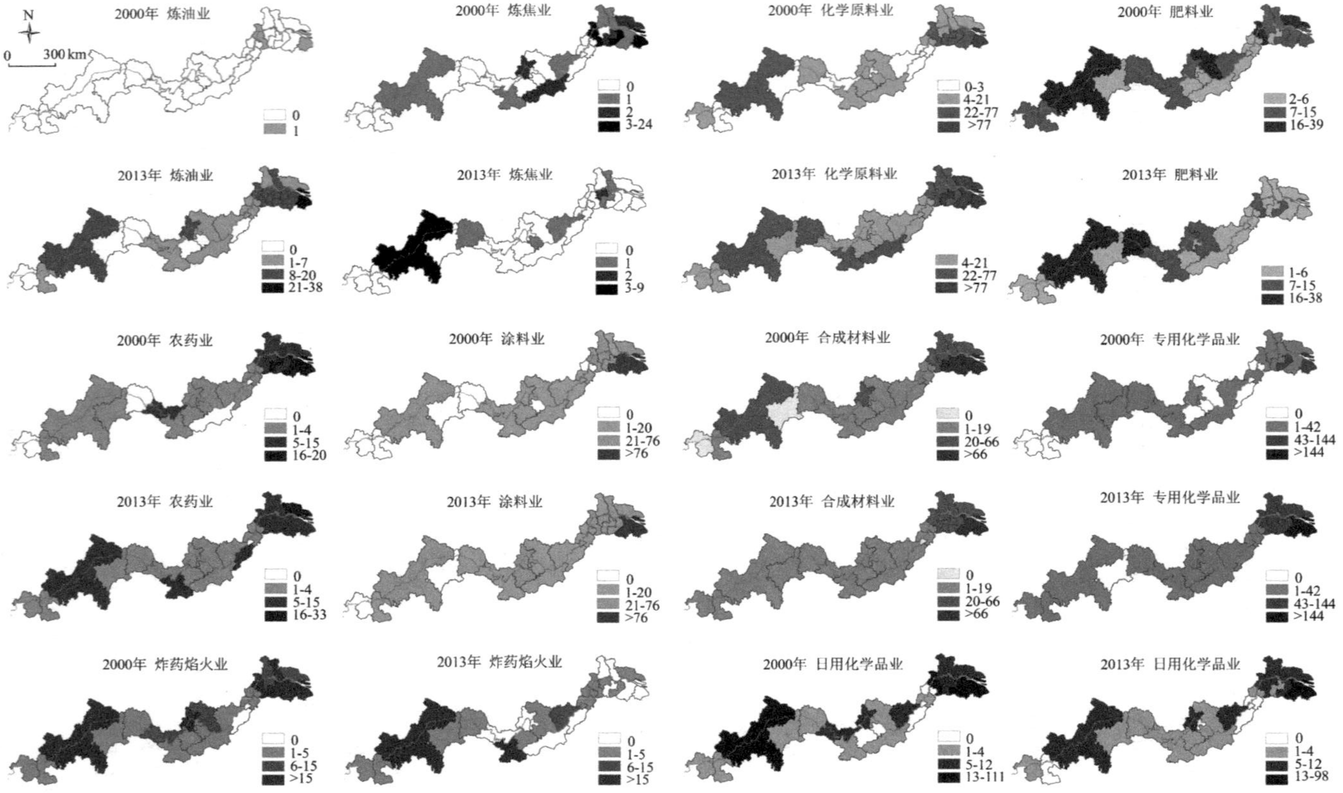


图 5-2　长江沿岸地区化工产业各行业企业数量分布格局演变

注：（1）分级标准一般以 2013 年数据自然断裂点分级；（2）2000 年和 2013 年采用相同等级划分标准；（3）由于 2000 数据库中 264 行业数据缺失，采用 2003 年数据库中 264 行业替代表征；（4）图例表达企业数量，单位为个。

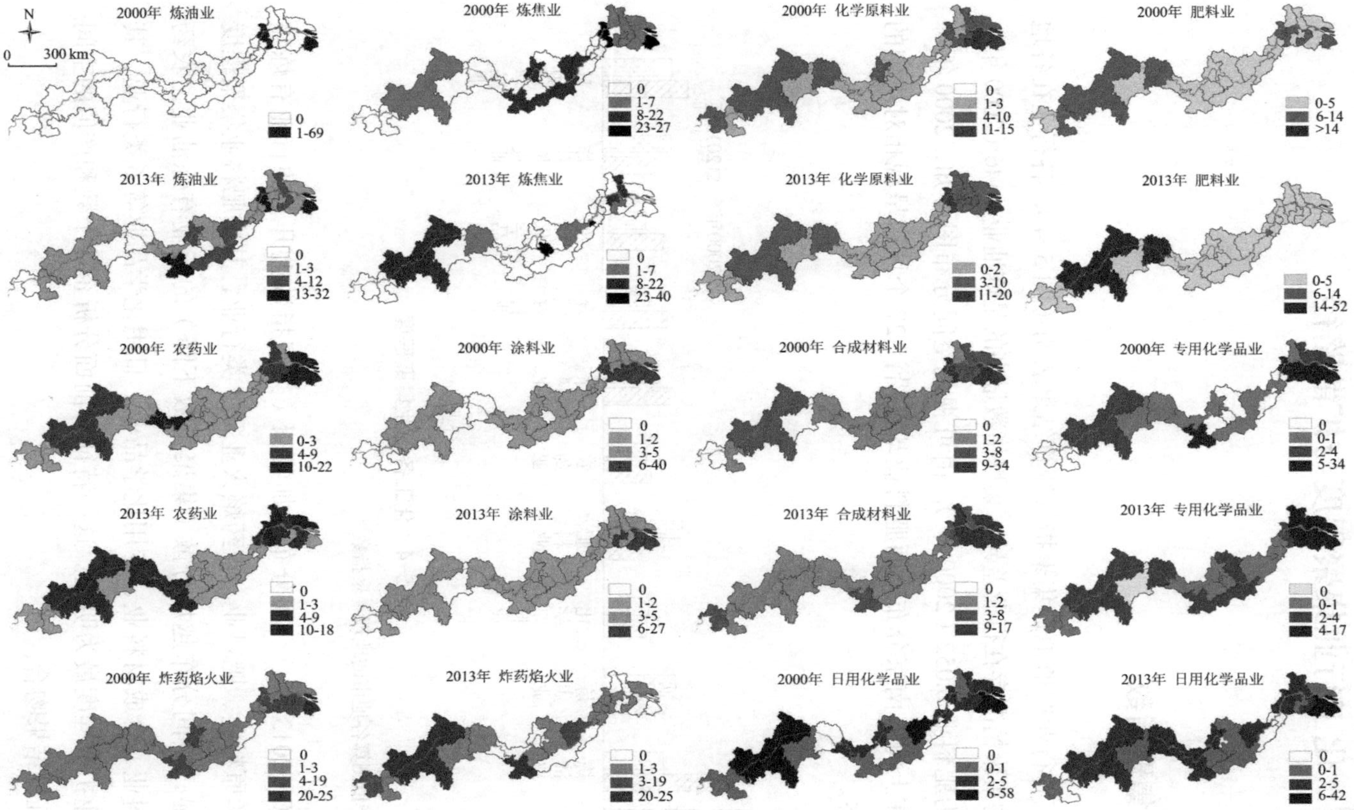


图 5-3 长江沿岸地区化工产业各行业产值份额分布格局演变（邹辉等，2019）

注：（1）分级标准一般以 2013 年数据自然断裂点分级；（2）2000 年和 2013 年采用相同等级划分标准；（3）由于 2000 数据库中 264 行业数据缺失，采用 2003 年数据库中 264 行业替代表征；（4）图例表现产值份额百分比，单位为 %，“0”表示无此类行业，“1-2”表示（0,2] 区间，“3-5”表示表示（2,5] 区间，如此类推。

# 5.2 化工行业集聚程度与扩散路径

## 5.2.1 集聚指数

化工各行业产值地理集聚指数测算结果表明（图 5-4），各行业在各地市分布的集聚情况存在行业差异，集聚指数最高的是炼油业 0.146（2000 年），最低值为肥料业 0.052（2000 年），由可视化空间分布图可知，2000 年炼油业仅在上海、南京分布，而肥料业却在沿江 27 个城市呈现相对均匀的分布状态。

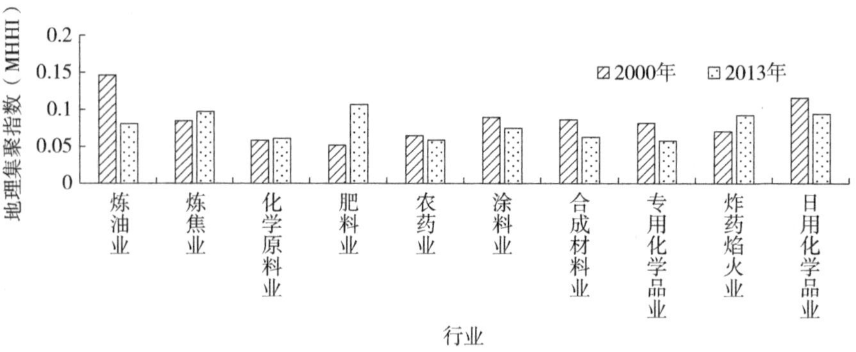


图 5-4　化工各行业集聚程度

注：根据产值测算各地市的地理集聚指数。

2000—2013 年，空间分布愈加集聚（集聚指数上升）的行业有炼焦业、化学原料业、肥料业、炸药焰火业等 4 类行业，其中肥料业集聚程度最为明显；空间分布越加分散（集聚指数下降）的行业有炼油业、农药业、涂料业、合成材料业、专用化学品业、日用化学品业等 6 类行业，其中炼油业扩散程度最为明显。这一特征与前面分析企业个数和产值的空间分布特征的结果吻合。

不同行业层次呈现不同的集聚扩散规律，整体上技术依赖度低、产品附加值低、环境污染大的相对低端行业呈现集聚趋势，反之相对高端（精细）的行业呈现扩散趋势。2000—2013 年，化学原料业等基础化工行业及炼焦业空间分布愈加集聚（集聚指数上升），其中肥料业集聚程度最为明显；合成材料业等精细化工行业及炼油业空间分布越加分散（集聚指数下降）。

## 5.2.2　各行业重点布局城市演变及产能集聚扩散路径

分析化工产业集聚和扩散的格局演化，并结合各行业产值份额变化进行分析，进一步探究化工产业各行业集聚和扩散路径（表 5-1）。

表 5-1　化工产业各行业集聚和扩散路径

| 行业 / 城市 | 2000 年 | 2013 年 |
|---|---|---|
| 炼油业 | 上海、南京 | 上海、南京、岳阳 |
| 炼焦业 | 南京、上海、岳阳、安庆、武汉 | 黄石、铜陵、重庆、镇江 |
| 化学原料业 | 上海、苏州、无锡 | 南京、上海、南通 |
| 肥料业 | 重庆、南京、无锡、泸州 | 宜昌、重庆 |
| 农药业 | 苏州、荆州、上海 | 南通、南京 |
| 涂料业 | 上海、苏州 | 上海、常州、苏州 |
| 合成材料业 | 南京、上海、苏州 | 上海、无锡、南通、扬州、苏州 |
| 专用化学品业 | 上海、南京、无锡 | 苏州、南通、镇江、无锡 |
| 炸药焰火业 | 上海、苏州、无锡、南京 | 岳阳、重庆、宜宾、安庆 |
| 日用化学品业 | 上海、苏州 | 上海、苏州 |

注：通过产值份额判断化工各行业主要分布城市，判断标准为份额大于 10%。

炼油业主要由南京向岳阳扩散，并转移产能。炼焦业主要由南京、上海、安庆、武汉向黄石、铜陵、重庆、镇江扩散。化学原料业由苏州、无锡向南京、南通进行产能转移。肥料业从无锡、南京、泸州向宜昌进行产能转移。农药业从苏州、上海向南通、南京进行产能转移。涂料业从上海向常州进行转移扩散。合成材料业由上海、南京向无锡、扬州、南通转移扩散。专用化学品业从上海、南京向苏州、南通、镇江转移扩散。炸药焰火业从上海、苏州、无锡、南京向岳阳、重庆、宜宾、安庆进行产能转移，集体从下游地区转移到中上游地区，空间布局转变特征明显。日用化学品业主导城市没有变化，只是产能由上海向苏州转移。值得注意的是，2000—2013 年，上海市炼焦、肥料、炸药焰火 3 个行业上从 2000 年的 26%、7% 和 25% 占比到 2013 年完全实现产能转出。

沿岸地区化工由下游向中上游进行产能转移的行业主要集中在炼化行业（炼油业、炼焦业）和基础化工行业中的肥料业和炸药焰火业，精细化工行业的产能转移仍然分布在上海和江苏沿江等下游发达地区。整体上技术依赖度低、产品附加值低、环境污染大的相对低端行业呈现下游地区产能向中上游地区转移，如炼油业、炼焦业、肥料业和炸药焰火业。而相对技术依赖度高、环境污染小的相对高端、精细的行业的产能仍然集中在下游地区或者在下游地区进行产能转移，如化学原料业、农药业、涂料业、合成材料业、专用化学品业和日用化学品业。

研究进一步发现产业链导致的化工产业群集产生的现象。由于炼油业 - 基础化工原料 - 有机化工原料（化学原料业）- 精细化工产业（涂料业、专用化学品业、日用化学品业）的产业链的存在，涂料业、专用化学品业、日用化学品业等精细化工行业很大程度上分布在化学原料行业发达的下游地区。另外，例如南京市与扬州市的石化（炼油业）- 有机化学原料（化学原料业）- 合成纤维聚合体（合成材料业）- 化学纤维的产业链，由于南京化工园的石化、化学原料、合成纤维聚合体与扬州仪征化工园的化学纤维形成产业链，使得二者在空间邻近并形成集群；岳阳由于紧邻“中国烟花之乡”浏阳，在焰火、鞭炮产品生产制造上形成了完整的产业集群，因此炸药焰火业发展极其迅速（邹辉等，2019）。

## 5.3 化工产业行业结构与阶段

为了进一步研究各地区化工产业的行业结构与发展阶段，对化工产业进行行业归类与划分。根据生产技术密集度、产品附加值情况等，总体上依据基础化工和精细化工的思路进行分类。

### 5.3.1 行业结构

精细化工是当今化学工业中最具活力的新兴领域之一，具有技术密集程度高、商品性强、生产批量小、产品附加值高等特点，大力发展精细化工已成为世界各国调整化学工业结构、提升化学工业产业能级和扩大经济效益的战略重点。精细化工率的高低已经成为衡量一个国家或地区化学工业发达程度和化工科技水平高低的重要标志（李小强等，2011）。我国原化学工业部于 1986 年提出的《化工部关于精细化工产品分类的暂行规定》（https://code.fabao365.com/law_234555.html）将精细化工行业分为 11 类：农药、染料、涂料（包括油漆和油墨）及颜料、试剂和高纯物、信息用化学品（包括感光材料、磁性材料等）、食品和饲料添加剂、黏合剂、催化剂和各种助剂、化学药品、日用化学品、功能高分子材料。

将化工产业划分为炼化工业、基础化工、传统精细化工、新型精细化工等 4 类。炼化工业包括炼油业与炼焦业；基础化工包括化学原料业、肥料业、炸药焰火业；传统精细化工包括农药业、涂料业，新型精细化工包括合成材料业、专用化学品业、日用化学品业。通过化工企业个数和产值份额对 4 类行业结构进行判别。

2000—2013 年，各城市在 4 类行业份额上发生了显著变化，且企业个数份额变化与企业产值份额变化特征存在差异。下游沿岸地区，上海的炼化行业在企业个数份额上下降了 10%，但是在产值份额上却增加了 5%，主要是炼焦业的萎缩和炼油业的发展，炼焦业向炼油业转型；而基础化工、传统精细化工和新型精细化工皆表现出大幅的份额降低。南京突出的特征是炼化工业份额大幅降低，特别是炼焦业，新型精细化工产值份额大幅下降，由2000年的22%下降到2013年的5%，其中主要是合成材料业和专业化学品业降低，但大力发展基础化工，基础化工占沿岸地区比例由7%增加到15%。而下游其他城市整体表现为炼化工业小幅增长、基础化工小幅增加（其中苏州、无锡降低）、传统精细化工份额小幅增加（苏州、无锡降低）、精细化工份额整体增加的态势。中上游沿岸地区，九江、安庆炼化行业份额大幅下降，重庆基础化工份额小幅下降，岳阳精细化工份额小幅增加，武汉基础化工份额小幅下降，由于这些行业在沿岸地区份额相对较少，故变化幅度较下游地区低。

沿岸地区化工行业结构研究结果表明，2000—2013年，各城市在四类行业结构上发生了显著变化，且企业个数表征的行业结构与企业产值表征的行业结构及其变化特征存在差异。

从企业个数表征的行业结构来看（图5-5、表5-2），新型精细化工和基础化工行业占据较大比重，整体上分别超过30%和40%，传统精细化工占25%左右，炼化行业企业个数占比较少。从整体格局上看，下游沿岸地区在传统精细化工行业和新型精细化工行业占比较中上游地区更高，以一定程度上反映了下游化工产业在结构上的高阶段化。特别是上海、无锡、苏州、常州等城市在2010年新型精细化行业占比便超过40%，而2013年苏州、无锡、常州等城市新型精细化行业企业个数占比超过50%，反映了化工产业内部的行业升级过程。

而企业产值表征的行业结构及其变化分析结果表明（图5-6，表5-3），在炼化行业占比上呈现与企业个数表征的行业结构截然不同的情形，这是因为炼化行业企业个数占比较少，但规模较大、产值高，从而突出地反映了岳阳、武汉、九江、安庆、南京和上海等炼油基地、黄石等炼焦基地城市的行业结构特征。整体格局上，依然表现出下游沿岸地区特别是江苏沿岸地区精细化工行业占比较高，中上游地区炼化行业与基础化工行业占比较高。特别是宜宾、泸州等上游沿江城市，2000年的行业产值结构以基础

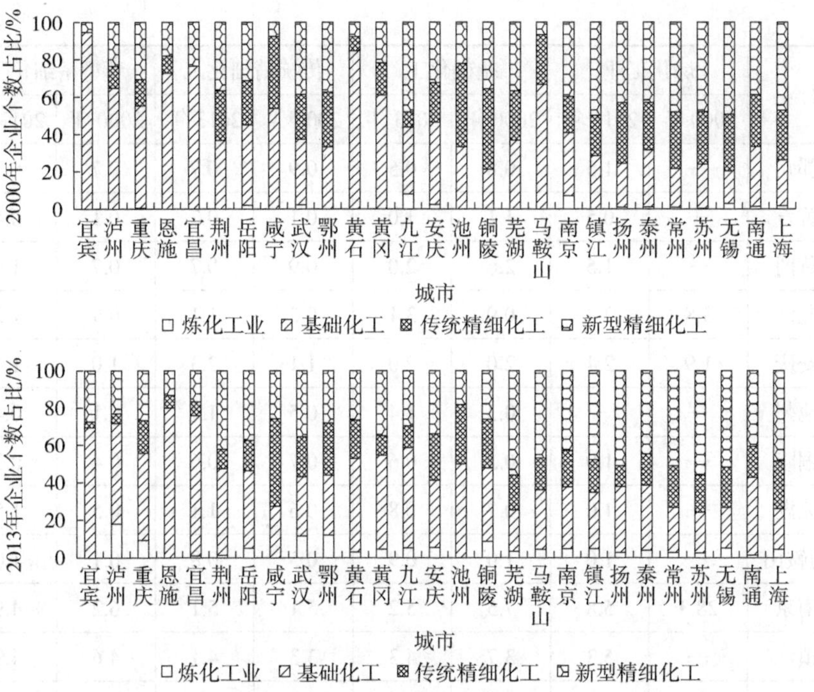


**图 5-5　沿岸地区化工行业结构**

**表 5-2　各城市化工 4 类行业企业个数份额分布**　　单位：%

| 行业 | 炼化工业 | | 基础化工 | | 传统精细化工 | | 新型精细化工 | |
|---|---|---|---|---|---|---|---|---|
| | 2000 年 | 2013 年 | 2000 年 | 2013 年 | 2000 年 | 2013 年 | 2000 年 | 2013 年 |
| 宜宾 | — | — | 1.8 | 1.4 | — | 0.1 | 0.1 | 0.4 |
| 泸州 | — | 3.4 | 1.1 | 1.3 | 0.2 | 0.2 | 0.3 | 0.4 |
| 重庆 | 1.9 | 11.2 | 10.6 | 7.1 | 3.2 | 4.4 | 4.2 | 2.9 |
| 恩施 | — | — | 0.8 | 0.7 | 0.1 | 0.1 | 0.1 | 0.1 |
| 宜昌 | — | 0.5 | 2.7 | 5.0 | — | 0.8 | 0.6 | 0.8 |
| 荆州 | — | 0.5 | 1.9 | 2.2 | 1.6 | 0.8 | 1.3 | 1.4 |
| 岳阳 | 1.9 | 3.4 | 2.3 | 3.6 | 1.5 | 2.3 | 1.2 | 2.3 |
| 咸宁 | — | — | 0.7 | 1.0 | 0.6 | 2.9 | 0.1 | 0.7 |
| 武汉 | 3.8 | 7.8 | 3.2 | 2.7 | 2.6 | 3.0 | 2.5 | 2.2 |

续表

| 行业 | 炼化工业 | | 基础化工 | | 传统精细化工 | | 新型精细化工 | |
|---|---|---|---|---|---|---|---|---|
| | 2000年 | 2013年 | 2000年 | 2013年 | 2000年 | 2013年 | 2000年 | 2013年 |
| 鄂州 | — | 1.5 | 0.8 | 0.5 | 0.9 | 0.7 | 0.7 | 0.3 |
| 黄石 | — | 0.5 | 1.1 | 1.0 | 0.1 | 0.7 | 0.1 | 0.4 |
| 黄冈 | — | 1.5 | 2.6 | 2.0 | 0.9 | 0.7 | 0.7 | 1.0 |
| 九江 | 3.8 | 2.4 | 0.9 | 3.1 | 0.2 | 1.1 | 0.9 | 1.2 |
| 安庆 | 1.9 | 2.4 | 2.0 | 2.0 | 1.1 | 2.3 | 1.0 | 1.4 |
| 池州 | — | — | 0.3 | 1.4 | 0.5 | 1.4 | 0.1 | 0.4 |
| 铜陵 | — | 1.0 | 0.3 | 0.6 | 0.7 | 0.6 | 0.4 | 0.3 |
| 芜湖 | — | 1.0 | 0.7 | 0.8 | 0.6 | 1.1 | 0.5 | 1.5 |
| 马鞍山 | — | 1.0 | 1.0 | 0.9 | 0.5 | 0.8 | 0.1 | 1.0 |
| 南京 | 28.3 | 5.8 | 7.5 | 5.2 | 5.1 | 5.1 | 6.2 | 4.9 |
| 镇江 | — | 5.3 | 3.7 | 4.3 | 3.3 | 4.1 | 4.6 | 4.9 |
| 扬州 | 1.9 | 2.4 | 3.0 | 4.1 | 4.9 | 2.1 | 3.9 | 4.3 |
| 泰州 | 1.9 | 4.9 | 3.0 | 5.5 | 3.0 | 4.4 | 3.0 | 5.1 |
| 常州 | 3.8 | 4.9 | 5.2 | 5.8 | 8.9 | 8.6 | 8.4 | 8.8 |
| 苏州 | 1.9 | 9.2 | 10.3 | 10.1 | 14.5 | 14.9 | 14.5 | 18.7 |
| 无锡 | 17.0 | 8.7 | 5.8 | 4.8 | 11.9 | 7.6 | 11.4 | 8.2 |
| 南通 | 3.8 | 2.4 | 5.1 | 10.7 | 5.2 | 6.8 | 4.3 | 7.4 |
| 上海 | 28.3 | 18.4 | 21.6 | 12.0 | 27.8 | 22.6 | 29.1 | 19.0 |

注：份额分布表征各城市该行业大类占据长江沿江地区总量的比重。炼化工业包括炼油业与炼焦业；基础化工包括化学原料业、肥料业、炸药焰火业；传统精细化工包括农药业、涂料业；新型精细化工包括合成材料业、专用化学品业、日用化学品业。

化工为主，但到2013年，宜宾新型精细化工行业产值占64.2%，泸州炼化行业提高到28.9%，反映了这两个城市化工产业发展的方向差异，前者向下游精细化工行业发展，后者向上游炼化方向发展。

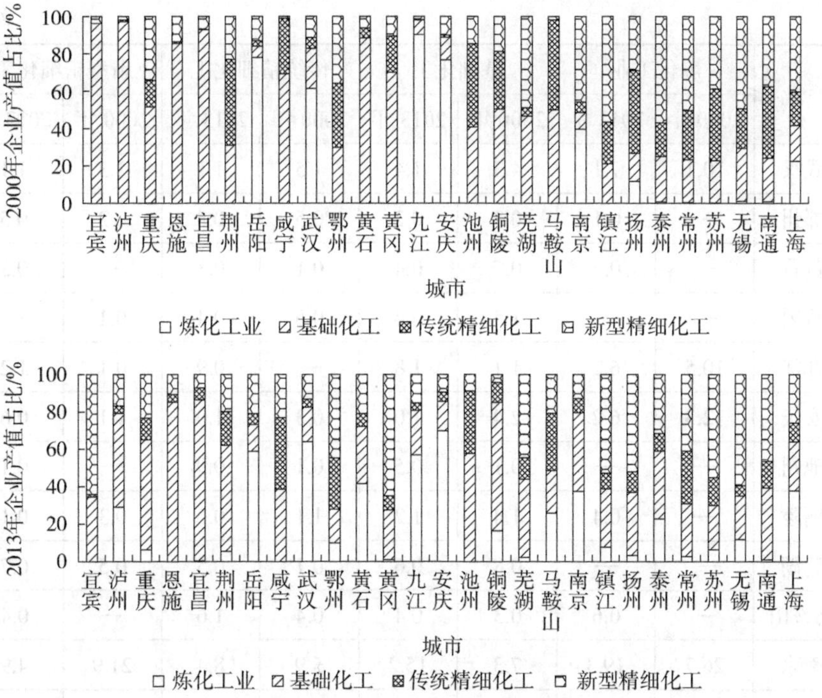


图 5-6 沿岸地区化工行业结构

表 5-3 各城市化工 4 类行业企业产值份额分布 单位：%

| 行业 | 炼化工业 | | 基础化工 | | 传统精细化工 | | 新型精细化工 | |
|---|---|---|---|---|---|---|---|---|
| | 2000 年 | 2013 年 | 2000 年 | 2013 年 | 2000 年 | 2013 年 | 2000 年 | 2013 年 |
| 宜宾 | — | — | 1.8 | 0.7 | — | 0.1 | — | 1.4 |
| 泸州 | — | 0.7 | 3.2 | 0.8 | — | 0.2 | — | 0.3 |
| 重庆 | — | 0.9 | 8.6 | 5.8 | 3.0 | 3.6 | 3.3 | 2.4 |
| 恩施 | — | — | 0.2 | 0.1 | — | — | — | — |
| 宜昌 | — | — | 3.9 | 12.7 | — | 3.0 | 0.2 | 1.1 |
| 荆州 | — | 0.2 | 1.9 | 1.7 | 3.6 | 1.7 | 0.8 | 0.6 |
| 岳阳 | 13.2 | 12.5 | 1.2 | 2.1 | 0.7 | 2.7 | 1.6 | 3.2 |
| 咸宁 | — | — | 0.2 | 0.4 | 0.1 | 1.2 | — | 0.2 |

续表

| 行业 | 炼化工业 | | 基础化工 | | 传统精细化工 | | 新型精细化工 | |
|---|---|---|---|---|---|---|---|---|
| | 2000 年 | 2013 年 | 2000 年 | 2013 年 | 2000 年 | 2013 年 | 2000 年 | 2013 年 |
| 武汉 | 10.1 | 7.1 | 4.3 | 1.4 | 1.5 | 1.1 | 1.3 | 1.1 |
| 鄂州 | — | 0.1 | 0.3 | 0.2 | 0.5 | 0.8 | 0.2 | 0.5 |
| 黄石 | — | 0.7 | 0.7 | 0.4 | 0.1 | 0.3 | — | 0.3 |
| 黄冈 | — | — | 1.5 | 0.4 | 0.5 | 0.4 | 0.1 | 1.1 |
| 九江 | 10.5 | 6.2 | 1.1 | 1.8 | — | 0.9 | 0.1 | 1.2 |
| 安庆 | 12.3 | 6.2 | 2.4 | 1.0 | 0.3 | 1.0 | 1.1 | 0.6 |
| 池州 | — | — | 0.1 | 0.5 | 0.1 | 0.9 | — | 0.1 |
| 铜陵 | — | 0.4 | 1.4 | 1.2 | 1.1 | 0.6 | 0.3 | 0.1 |
| 芜湖 | — | — | 0.8 | 0.6 | 0.1 | 0.5 | 0.5 | 0.7 |
| 马鞍山 | — | 0.6 | 0.3 | 0.4 | 0.4 | 1.6 | — | 0.4 |
| 南京 | 26.7 | 19.3 | 7.3 | 15.2 | 5.9 | 8.4 | 21.9 | 4.9 |
| 镇江 | — | 1.9 | 2.8 | 5.3 | 3.8 | 4.6 | 4.4 | 9.6 |
| 扬州 | 0.7 | 0.6 | 1.1 | 4.4 | 4.2 | 4.5 | 1.2 | 7.2 |
| 泰州 | 0.1 | 4.7 | 2.8 | 5.2 | 2.6 | 4.2 | 3.7 | 4.7 |
| 常州 | — | 0.7 | 4.4 | 5.0 | 6.3 | 15.8 | 5.5 | 7.6 |
| 苏州 | — | 2.2 | 8.7 | 5.8 | 18.7 | 11.4 | 8.6 | 14.2 |
| 无锡 | 0.3 | 3.1 | 8.8 | 4.2 | 8.2 | 3.0 | 8.9 | 11.3 |
| 南通 | 0.1 | 0.3 | 2.7 | 7.6 | 5.7 | 9.0 | 2.5 | 9.7 |
| 上海 | 26.1 | 31.4 | 27.4 | 15.1 | 32.6 | 18.5 | 33.3 | 15.7 |

注：份额分布表征各城市该行业大类占据长江沿江地区总量的比重。炼化工业包括炼油业与炼焦业；基础化工包括化学原料业、肥料业、炸药焰火业；传统精细化工包括农药业、涂料业；新型精细化工包括合成材料业、专用化学品业、日用化学品业。

沿岸地区化工由下游向中上游进行产能转移的行业主要集中在炼化行业（炼油业、炼焦业）和基础化工行业中的肥料业和炸药焰火业，精细化工行业的产能转移仍然分布在上海和江苏沿岸地区。不同区域化工行业结构反映了发展水平和阶段的梯度差异，时序上也反映了化工产业内部的行业升级过程。总的来看，从企业个数和企业产值份额表征的沿岸地区化工行业结构反映了下游较中上游更为精细化、高阶段化的特征。

### 5.3.2　发展阶段

为了进一步判别各城市化工产业所处的阶段，本书构建了化工产业精细化率[①]指标，来反映其行业总体结构与发展阶段（表 5-4）。

表 5-4　化工产业发展阶段及特征

| 阶段 | 精细化率 | 阶段特征 |
|---|---|---|
| 第一阶段（Ⅰ） | 小于 40% | 以炼化与基础化工为主的阶段 |
| 第二阶段（Ⅱ） | 40%～60% | 初级精细化阶段 |
| 第三阶段（Ⅲ） | 大于 60% | 高级精细化阶段 |

化工产业精细化率通过企业个数和行业产值两个方面进行表征，企业个数表征的精细化率较高的有上海、苏州、无锡、常州，在两个典型年份皆高于 70%，另外 2000 年扬州、镇江高于 70%，2013 年咸宁高于 70%；2000 年精细化率较低的有宜宾、黄山、恩施、宜昌等城市，低于 30%，2013 年较低的有恩施、宜昌和泸州，低于 30%。通过行业产值表征的精细化率中，苏州、鄂州在两个典型年份皆高于 70%，2000 年高于 70% 的城市还有常州、无锡、扬州、镇江、南通、泰州，主要集中在江苏沿岸地区；2013 年高于 70% 的城市仅有苏州、黄冈、鄂州，产值表征的精细化率整体为下降趋势，炼化行业与基础化工行业的产值份额为上升趋势，这与精细化工产值相对较低而过于追求 GDP 的各级政府在过去一段时间内并不重视精细化工的发展相关（危丽琼，2011）。而 2000 年产值表征精细

① 结合本书研究内容，化工产业精细化率定义为传统精细化工行业企业个数（或产值）与新型精细化工行业企业个数（或产值）占化工产业总量比重之和，反映化工产业的行业结构与发展阶段。

化率较低的城市有九江、宜宾、泸州、宜昌等，低于 10%，其中九江仅 1.8%；2013 年较低的城市有宜昌、安庆、恩施、铜陵、武汉、九江，皆低于 20%，个别突破了 10% 的低值门槛，最低为宜昌 13.5%。

2000—2013 年的变化趋势结果表明，企业个数表征的精细化率增长幅度较大的城市有黄石、马鞍山、咸宁、宜宾，增幅皆大于 20%，其中黄石增幅达 31%；降幅较大的城市有铜陵、池州、九江、扬州、鄂州、荆州，降幅皆大于 10%，其中铜陵降幅达 26.4%。行业产值表征的精细化率增幅较大的城市有宜宾、黄冈、咸宁、泸州、九江、黄石、岳阳、宜昌，增幅大于 10%，其中宜宾增幅达 61.8%；降幅较大的城市有铜陵、泰州、南京、荆州、上海、镇江、池州、南通，降幅大于 15%，其中铜陵降幅达 34.7%。可知，企业个数表征的精细化率变化较大的城市主要集中在中上游沿岸地区，而产业产值表征的精细化率增幅较大的城市仍然集中在中上游沿岸地区、降幅较大的很多城市则位于下游沿岸地区，如上海、南京、镇江、泰州等，说明中上游地区在化工产业发展与转型过程中引入了一定数量的精细化工企业，但是由于精细化工企业产值与规模相对较小，对行业产值结构的影响并没有企业数量结构影响显著；而下游沿岸地区炼化行业和基础化工发展势头迅猛，相对挤压了精细化工行业的发展空间，以上海和南京为代表的城市精细化率较低，而以苏州、无锡为代表的城市精细化率仍然保持在高位，同时苏州、无锡、常州地区的化工产业发展也代表着沿岸地区化工发展的较高阶段。

进一步依据精细化率来判别沿江各地区化工产业发展阶段，结果表明，上、中、下游呈现明显的发展梯度特征，下游沿岸地区主要表现为第三阶段（高级精细化阶段），而中上游地区大部分城市处于第二阶段和第一阶段。

从未考虑企业规模（企业个数表征）的发展阶段可知，苏沪沿岸地区除南通 2013 年处于第二阶段以外，其他城市两个典型年份皆处于第三阶段；而皖江沿岸地区芜湖、马鞍山 2013 年处于第三阶段，其中马鞍山由第一阶段演变为第三阶段，其余城市为第二阶段；中游沿岸地区除咸宁为第三阶段，其余城市在 2013 年皆为第二阶段；上游城市除重庆为第二阶段，其余城市两个典型年份皆为第一阶段。而荆州、武汉、鄂州、池州、铜陵等城市由第三阶段演变为第二阶段（图 5-7）。

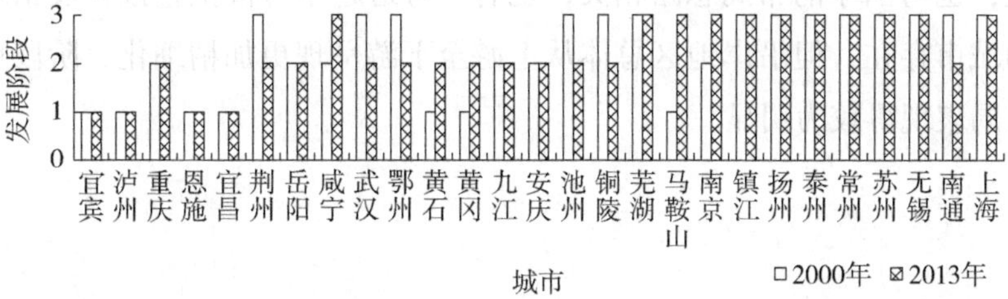


a

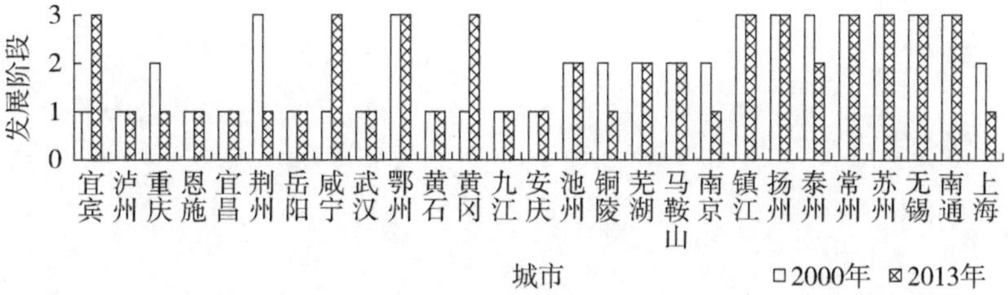


b

**图 5-7　长江沿岸地区化工产业发展阶段分布**

注：纵坐标 1～3 分别代表第一阶段、第二阶段、第三阶段；图 a 采用企业个数计算的精细化率，反映不考虑企业规模情况下的发展阶段；图 b 采用行业产值计算的精细化率，反映考虑企业规模情况下的发展阶段。

从考虑企业规模（行业产值表征）的发展阶段来看，与前者不同的是上海、南京皆由 2000 年的第二阶段变为 2013 年的第一阶段；皖江段整体处于第二阶段，而中上游沿岸地区整体处于第一阶段，其中宜宾、咸宁、鄂州、黄冈等城市在 2013 年处于第三阶段。可知，考虑企业规模情形下的化工产业发展阶段中，苏州、无锡、常州地区、南通、镇江为第一阶梯（第三阶段），整个中上游地区精细化工产值仍处于较低份额，发展阶段较低，但是出现了像宜宾、咸宁、黄冈这样跨越式发展的城市，这与这些城市在发展化工产业过程中直接引入精细化工行业、建立精细化工产业园相关。值得注意的是，第三阶段并不是绝对的高级阶段，只是从行业结构来看具有附加值高、技术密集的优势；阶段的演变规律也并非从第一阶段逐步演变为第二阶段、第三阶段，通常与地区发展化工的行业选择方向息息相关，也与国家的布局思路相关，也有“弯道超车”甚至直接发展精细化工的城市存在，但沿岸地区总体从上游至下游呈现更加精细化、阶段更高的格局表现得较为明显。

# 第 6 章

# 长江沿岸化工企业格局及演化

# 6.1 企业分布及临江布局特征

企业点位数据是利用工业企业数据库中的企业地址和企业名称，借助地址经纬度解析软件 XGeocoding 和 ArcGIS 对企业进行空间化处理，并对地址和空间信息有误的点位进行校对和修正，建立长江沿岸化工企业空间数据库。不同年份化工企业的样本量见表 6-1。

表 6-1　不同年份化工企业样本量

| 年份 | 规模以上企业个数 | 年份 | 规模以上企业个数 |
|---|---|---|---|
| 2000 | 2 787 | 2007 | 5 077 |
| 2001 | 2 949 | 2008 | 6 840 |
| 2002 | 3 171 | 2009 | 4 945 |
| 2003 | 3 430 | 2010 | 6 429 |
| 2004 | 4 868 | 2011 | 4 528 |
| 2005 | 4 275 | 2012 | 4 619 |
| 2006 | 4 543 | 2013 | 4 956 |

注：2000—2006 年，规模以上是指全部国有及年主营业务收入达到 500 万元及以上的非国有工业法人企业；2007—2010 年，规模以上是指年主营业务收入达到 500 万元及以上的全部工业法人企业（包括国有与非国有）；2011 年以来，规模以上企业的标准从年主营业务收入 500 万元提高到 2 000 万元。

通过 2000—2013 年 4 个典型年份的企业点位空间分布结果（图 6-1～图 6-4）可以看出，整体主要集中在上海市及江苏沿岸地区，特别是在 2000 年苏沪沿岸地区呈现绝对的“龙头”地位，而到 2010 年及 2013 年，中上游沿岸地区也逐步布局一定规模数量的化工企业。同时，看到江苏沿岸地区与上海市的化工产业总体呈现“全面铺开”的格局，临江地区也形成了一系列临江化工园区。中上游沿岸地区整体来看临江布局的特征更为明显，特别是在长江安徽段（皖江）南岸，铜陵—芜湖—马鞍山在长江临江地区形成一条化工产业带。

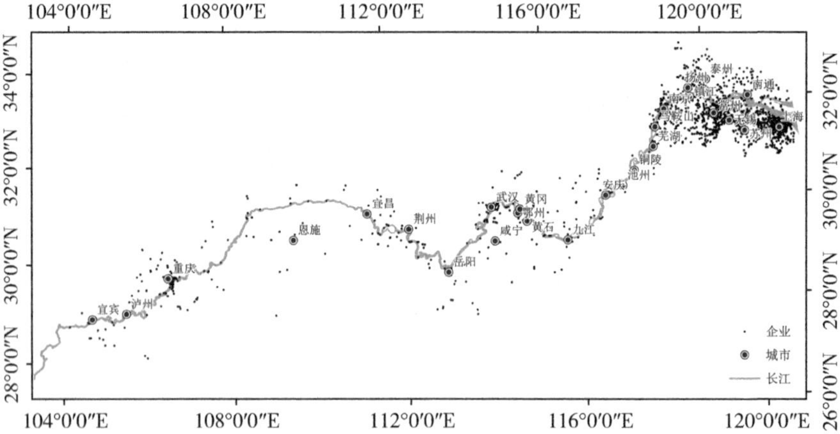


图 6-1　长江沿岸地区化工企业分布图（2000 年）

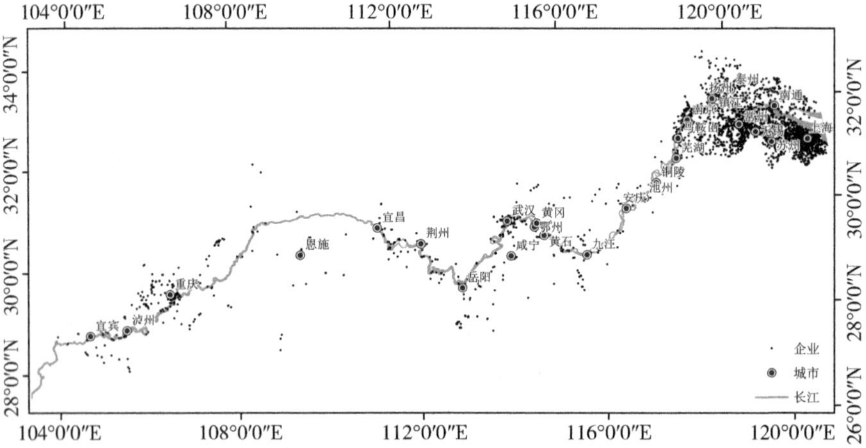


图 6-2　长江沿岸地区化工企业分布图（2005 年）

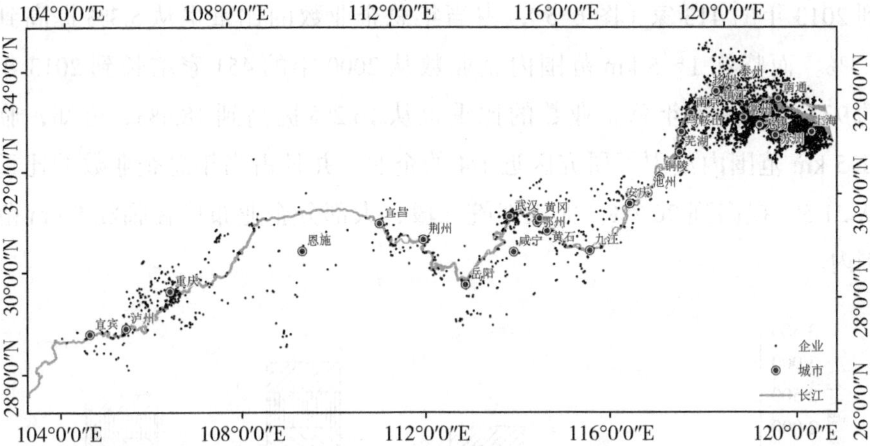


图 6-3　长江沿岸地区化工企业分布图（2010 年）

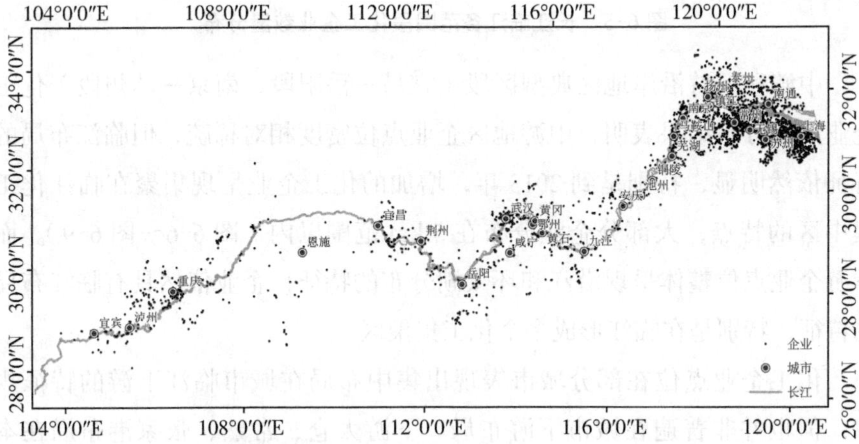


图 6-4　长江沿岸地区化工企业分布图（2013 年）

长江沿岸化工企业表现出临江布局的特点，并且2000—2013年呈现向沿江集中的趋势，临江1 km范围内企业数从2000年的149家增长到2013年的413家（图6-5），占当年总企业数的比重也从5.3%提高到8.3%。而临江1～5 km范围内企业数从2000年的451家增长到2013年的921家，占当年总企业数的比重也从16.2%提高到18.4%。可知，临江5 km范围内集中了研究区近1/4的企业，并且占当年总企业数的比重从21.5%提高到26.7%。尤其在皖江段，大部分企业布局在临江5 km范围内。

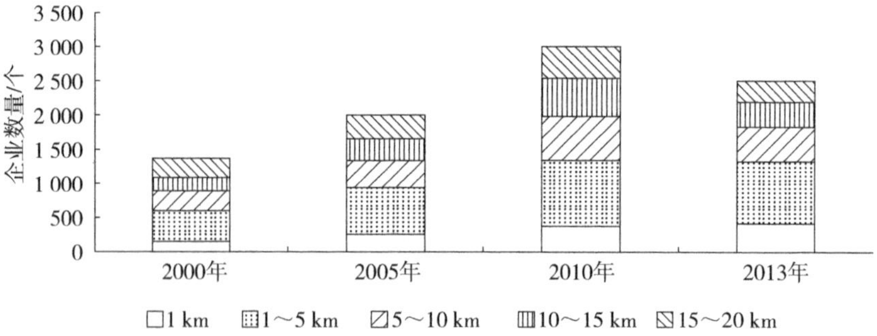


图6-5 长江临江各范围段化工企业数量分布

中游和下游沿岸地区典型区段（宜昌—岳阳段，南京—苏州段）化工企业点位分布结果表明，中游地区企业点位密度相对稀疏，但临江布局的特征依然明显，特别是到2013年，增加的化工企业呈现集聚在临江化工集中区的特点，大部分企业分布在5 km范围以内（图6-6～图6-9）。而下游企业点位整体呈现沿江和环太湖分布的特征，企业依然具有临江布局的特征，特别是在临江形成多个化工集聚区。

化工企业点位在部分城市表现出集中布局在城市临江下游的特征规律，但也并非普遍在城市下游布局。下游太仓、常熟、张家港布局在本地区下游的特征明显，南京市、武汉市化工集中区（化工园）整体布局在城市下游，宜昌、宜宾化工企业在下游布局也较明显。分析结果表明，部分区（县）的下游布局表现显著，大部分城市化工产业布局相对靠近主城区，并不是空间上的“绝对下游”，一定程度上反映了化工产业布局的“邻避效应”，这与已有的对深圳市污染企业研究结论吻合（周沂等，2014）。

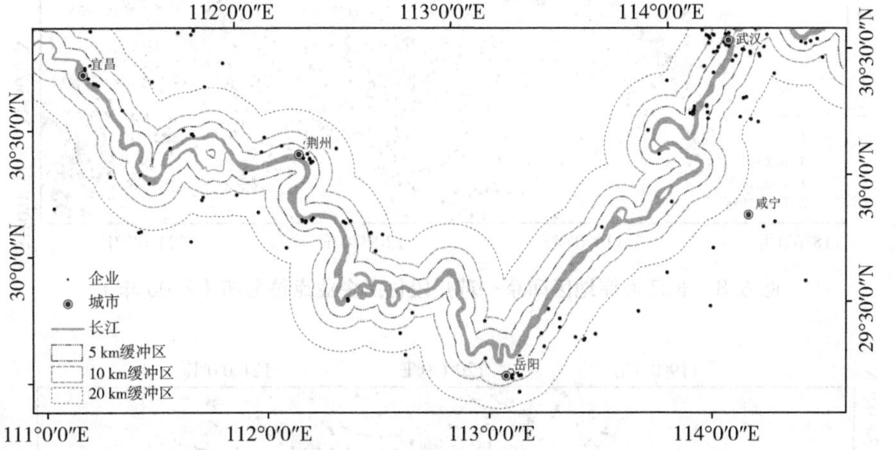


图 6-6　长江沿岸地区宜昌—武汉段化工企业点位分布（2000 年）

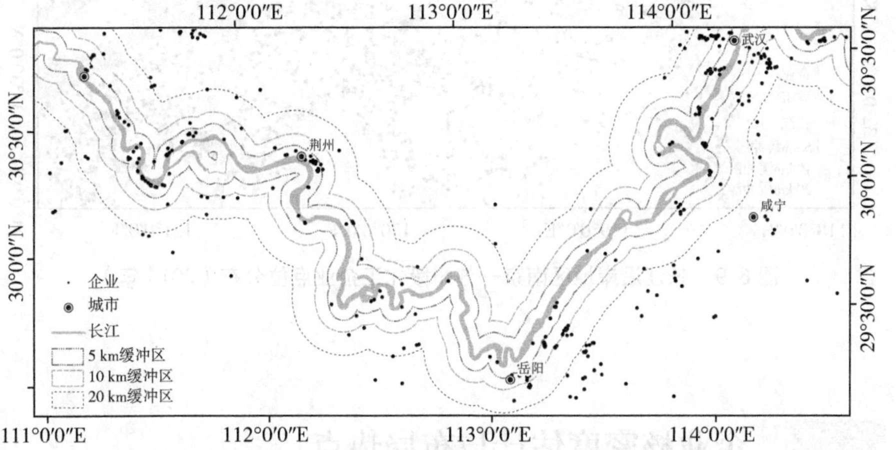


图 6-7　长江沿岸地区宜昌—武汉段化工企业点位分布（2013 年）

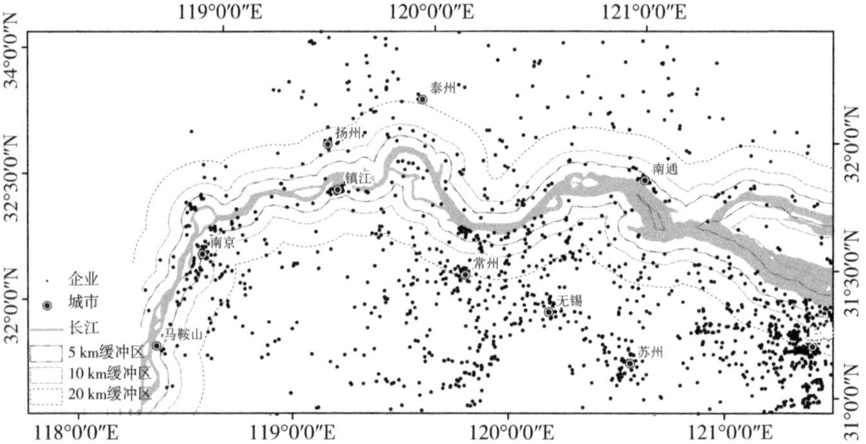


图 6-8　长江沿岸地区南京—苏州段化工企业点位分布（2000 年）

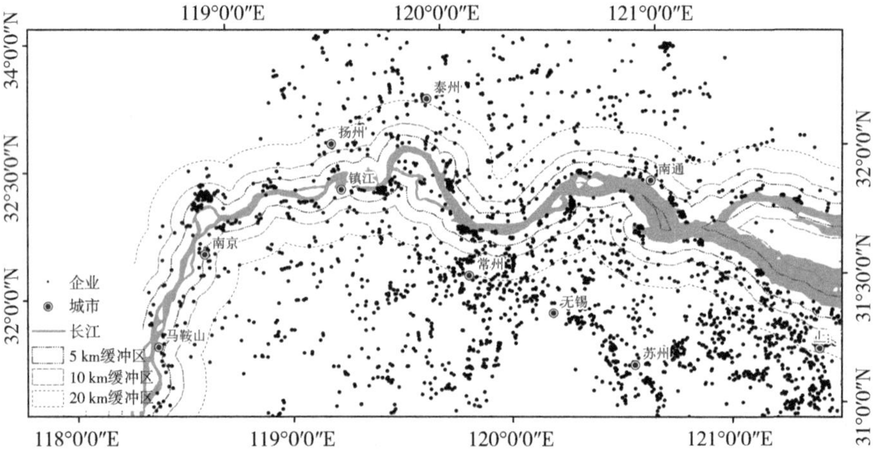


图 6-9　长江沿岸地区南京—苏州段化工企业点位分布（2013 年）

## 6.2　企业核密度估计与布局热点

核密度估计法能够利用数据样本本身的空间属性研究空间数据分布特

征，适合用可视化方法表示空间点模式，该方法通过考察规则区域中点密度的空间变化来研究点的分布特征。Kernel 密度估算方法在地理要素空间分布特征研究中得到了较多的应用，它能够直观、简洁地反映出空间集聚区域（袁丰，2015）。

本书采用此方法，以化工企业抽象为点，对沿岸地区化工企业空间分布及集聚扩散情况进行定量可视化研究。以等值线表示企业分布的空间变化趋势，核密度值越高就意味着企业空间上越集聚。

采用四次多项式核函数来估计，设 $P$ 处的密度为 $\lambda_n(p)$，其估计值为 $\lambda_n^{\wedge}(p)$，具体形式为

$$\lambda_n^{\wedge}(p)=\sum_{i=1}^{n}\frac{3}{\pi h^4}\left[1-\frac{(p-p_i)^2}{h^2}\right]^2 \tag{6-1}$$

式中，$p$——待估计的点的位置；

$p_i$——落在以 $P$ 为圆心、$h$ 为半径的圆形范围内的第 $i$ 个企业的位置，$h$ 代表步长，即以 $p$ 为原点的曲面在空间上延展的宽度，$h$ 值的选择会影响分布密度估计的平滑程度，在具体应用中，$h$ 的取值具有弹性，需要根据不同的 $h$ 值进行试验。

核密度估计分析结果表明，主要企业集聚热点位于上海市和江苏沿岸地区，该地区分布热点集中连片分布，而中上游地区未出现连片热点布局。2000 年，中上游仅武汉市主城区、重庆市主城区（以渝中区为核心）及长寿区 3 个地区呈现分布热点；而到 2010 年及 2013 年，中上游自上而下依次出现了泸州市辖区，重庆江津区、渝中区、长寿区、梁平县、万州区，宜昌市宜都市和枝江市，岳阳市云溪区，咸宁市嘉鱼县，武汉主城区，鄂州市葛店地区，黄冈市黄州区，九江市湖口县、永修县、彭泽县，池州市东至县，安庆市市辖区、怀宁县，铜陵市市辖区，芜湖及马鞍山市市辖区等 20 余个不同规模大小的分布热点，而且其中云溪区、东至县等地的热点值较高（图 6-10、图 6-11）。重庆主城区的企业集聚热点值在 2000—2013 年出现降低的情形。结合前面分析与核密度估计结果可知，岳

阳已经成为中上游沿岸地区化工产业发展的新热点和增长极。

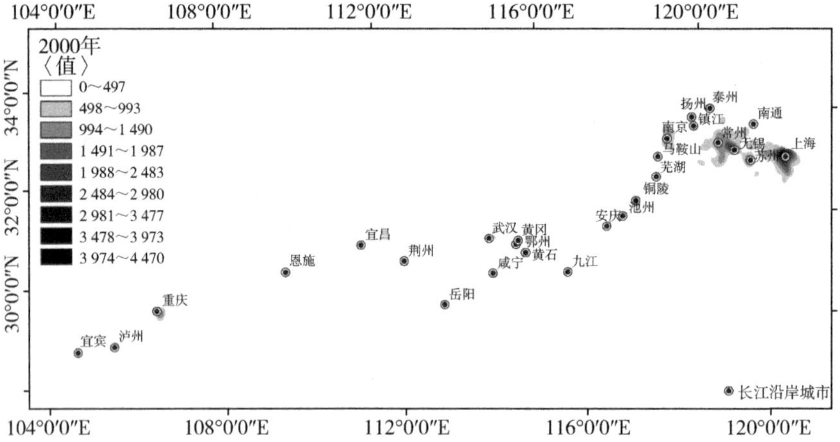


图 6-10 长江沿岸化工企业核密度估计（2000 年）

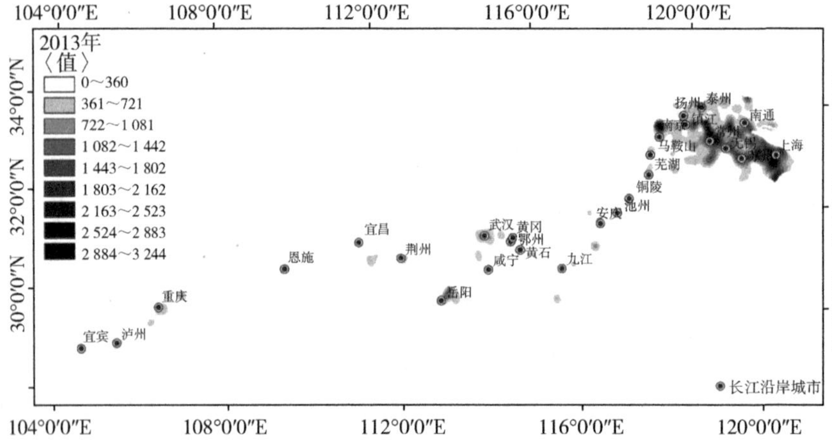


图 6-11 长江沿岸化工企业核密度估计（2013 年）

而下游上海市和江苏沿岸地区 2000—2013 年企业热点演变的“此起彼伏”现象更凸显。苏沪沿岸地区整体呈现“全面铺开”的扩张式发展态势，特别是 2000—2010 年，热点范围不断扩大，集聚热点从长江以南扩张到长江以北，从上海、无锡、苏州等数个代表性城市扩张到整个地区。

2000 年，分布热点显示上海“一家独大”，第二梯队仅无锡、苏州和南京市中心城区。2005 年，上海热点范围进一步扩展，第二梯队中常州市市辖区进入热点且热点范围大、等级高，无锡市市辖区逐步退出第二梯队，并且新加入了宜兴市、昆山市等新的县级市较高等级热点区。2010 年，苏州、无锡、常州地区已经形成集中连片的热点区，太湖北岸形成了化工带；同时长江临江地区除南京六合区以外，兴起了泰兴、江阴、张家港、长寿、南通市区、太仓等新的热点区。而到 2013 年，整体热点值和热点区域范围缩小，呈现南京—常州—上海三大集中聚集区，太湖北岸部分区县热点值明显降低，特别是无锡市区和宜兴市相比之前年份降低明显，值得注意的是，常州—泰州形成了一条跨江的密集带，另外在沿海地区形成了新的集聚热点，如南通市如东县（图 6-12、图 6-13）。

而对于化工产业大市的上海来说，也经历了内部化工企业分布热点的演变。2000 年主要高热点值区域分布在中心城区，呈现明显的中心—外围环状空间结构，上海市仅与太仓、昆山连接成片；而到 2005 年，热点范围明显扩张，且与整个苏州形成连片分布；到 2010 年，上海市热点区已经同昆山市在极高的密度值上连成片区，上海市中心城区、嘉定区、闵行区和昆山市连成一个大范围的集聚热点，同时值得注意的是上海市南部的金山和奉贤区企业集聚热度逐步凸显；到 2013 年，上海市主城区聚集热度急剧下降，呈现闵行区—金山区一大一小两个热点。上海市化工企业集聚热点的演变反映了其化工企业从主城区向城市郊区转移的过程，热点从北向南移动，向杭州湾北岸移动，特别是金山区和奉贤区的上海化学工业区成为国家级经济技术开发区以后，在 2009 年底扩大范围和规模，旨在打造世界级大型化工区，对整个上海市化工企业分布格局变化具有深刻的影响。

另外，南京市的热点变化也充分反映了热点从主城区向江北（六合区）南京化工园移动的过程，且热点值逐步增大。这其中与 2001 年南京化工园的建立以及之后的发展、南京市主城区化工企业“关停并转”并向化工园集中的政策引导与实施密切相关。

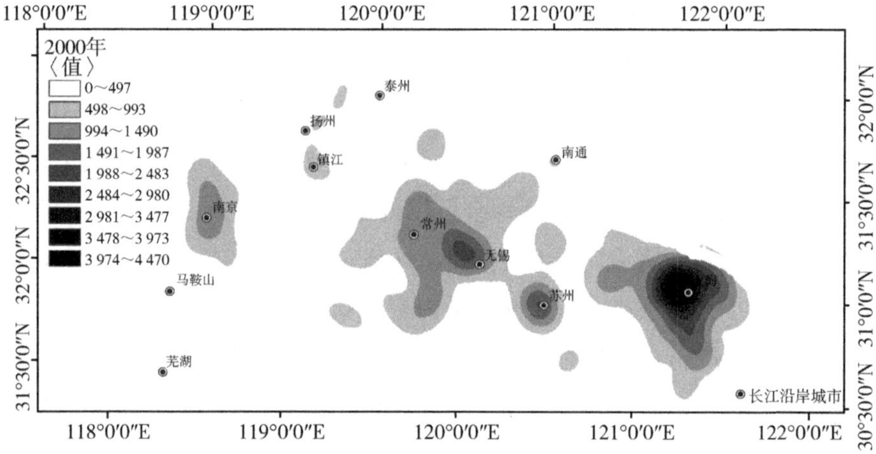


图 6-12　长江沿岸（下游）化工企业核密度估计（2000 年）

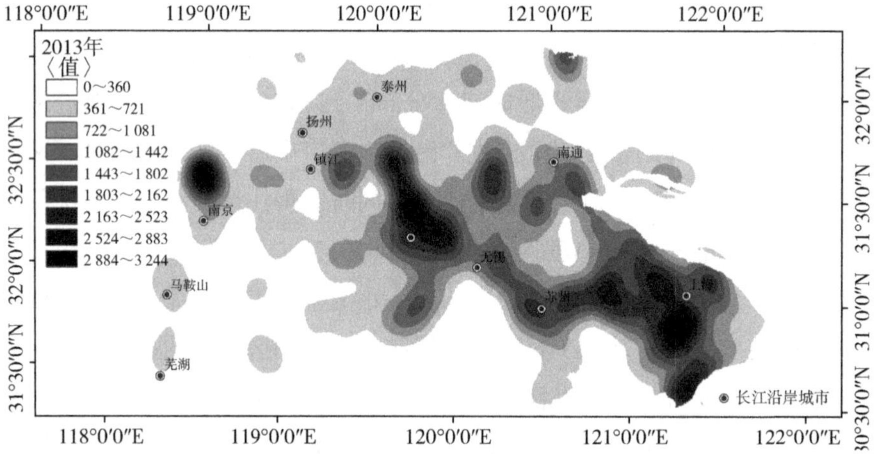


图 6-13　长江沿岸（下游）化工企业核密度估计（2013 年）

## 6.3 企业的控股类型差异

不同控股类型企业形成不同的企业环境、市场氛围及产业特征，同时对国家政策、经济形势等方面的敏感程度不同，因此需进一步研究各控股类型的产业分布及各城市内部的控股结构。

2013 年，沿岸地区国有企业、集体企业、民营企业、港澳台资企业、外资企业和其他企业等 6 种控股类型企业个数分别为 246 家、136 家、3 226 家、380 家、773 家和 195 家，其中以民营企业最多，占总数的 65.1%，其次是外资企业占 15.6%。但是国有企业占产值比重最多，为 37%，其次为民营企业占 33.9%，再次为外资企业占 16.1%。

各控股类型的企业空间分布存在差异性（图 6-14），国有企业（企业数量）主要分布在上海和重庆，分别占沿岸地区 27.2% 和 16.7%；但是国有企业的产能（企业产值）主要分布在上海和南京，分别占沿岸地区总量比重的 27.7% 和 24.4%，反映了重庆的国有化工企业规模相对较小，而南

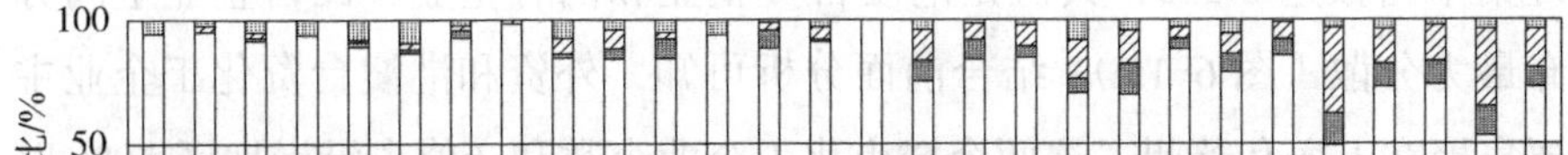


图 6-14　2013 年长江沿岸地区化工企业不同控股类型

注：a 图为企业个数，b 图为企业产值，图中表现不同控股类型企业个数（企业产值）占总量的比重。国有控股企业简称国有企业，私人控股企业简称民营企业，港澳台资控股企业简称港澳台资企业，外资控股企业简称外资企业。书中部分表述将港澳台资企业归入外资企业。

京国有化工企业规模相对较大。集体企业主要分布在上海和苏州，占比分别为 16.2% 和 11.8%，而产能方面主要分布在无锡、泰州和苏州，占比分别为 16.0%、12.5% 和 10.8%。民营企业分布相对分散，占比超过 10% 的仅上海，为 10.3%；民营企业产能超过 10% 的有无锡、南通、常州。港澳台资企业主要分布在上海、苏州和南通，比重分布为 24.5%、23.2% 和 10.3%；但产能上主要分布在苏州、常州、镇江、上海、无锡，比重为 10%～15%。外资企业最为集中，主要分布在上海和苏州，比重分别为 31.8% 和 31.6%；产能上上海、苏州、镇江、南通分别占比 31.7%、20.2%、12.9% 和 10.2%。

通过地理集中指数（MHHI）对长江沿岸化工各控股类型企业集聚程度进行测算，结果表明外资控股型企业最为集聚，采用企业个数测算的地理集中指数达 0.090，其次是港澳台资企业和国有企业，民营企业空间分布最为分散（图 6-15）。结合前面分析可知，外资和港澳台资化工企业主要集聚在上海和苏州，这两个城市化工企业个数和产值占沿岸地区 50% 以上。而国有企业主要集聚在上海、南京和重庆，这三个城市占据沿岸地区 50% 以上，其中产能仅上海和南京占沿岸地区 50% 以上。

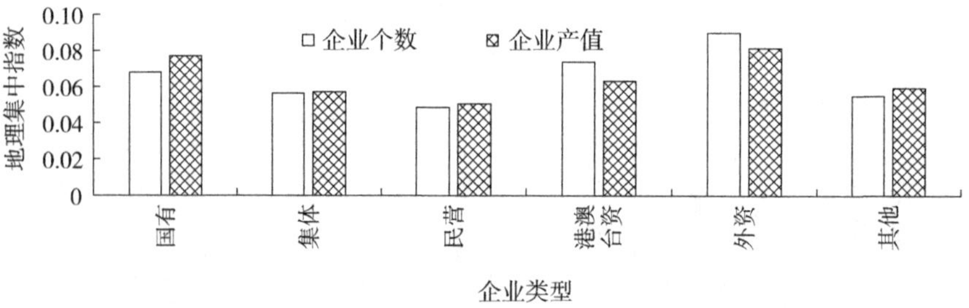


**图 6-15　各控股类型化工产业地理集中指数**

各城市内部不同化工企业控股类型结构分析结果表明，整体来看下游沿岸地区港澳台资企业和外资企业比重较中上游地区高，国有企业比重中上游较下游高，形成外资企业和港澳台资企业沿江分布的梯度分布和国有企业反梯度分布的空间格局。

国有企业在数量结构上，铜陵、泸州、宜宾、重庆、宜昌占比较高；但在产值结构上，南京、铜陵、武汉、岳阳、泸州、上海、九江等城市比重较大，而这些城市大部分是沿岸地区的重要石化基地。集体企业在城市内部结构中，占比整体较低，除泸州占比 10% 以外，其余皆在 10% 以下。民营企业在数量结构上占绝对的主导地位，沿江地区整体企业数量结构中民营企业占比达 65%；产值结构上沿岸地区整体产值结构中民营企业占比为 34%，仅次于国有企业的 37%。港澳台资企业数量结构上，苏州、上海、镇江、南通占比大于 10%；产值结构上黄石、苏州、无锡、常州、南通、镇江、扬州、铜陵、芜湖、鄂州等城市高于 10%，其中黄石的港澳台资企业占比达 41%。外资企业数量结构上，苏州、上海等下游沿江城市占比较高；产值结构上，苏州、镇江、上海、南通高达 20% 以上，是典型的化工“高外资型”城市，整个江苏沿岸地区除南京、扬州以外，外资比重皆较高，与中上游沿岸地区的外资占比形成鲜明对比与梯度格局。

整体来看，下游沿岸地区港澳台资企业和外资企业比重较中上游地区高，形成沿江分布的梯度格局。发展过程中不同类型地区形成了独特的产业特征与空间分化，中上游欠发达地区形成了以大型国有企业为主导的发展模式，下游发达地区形成了以中小型民营资本、外资为主导的发展模式。前者以安庆、九江、武汉、岳阳和宜昌等城市为典型代表，后者以苏州、无锡、常州、南通、镇江城市为典型代表。

## 6.4　企业的规模类型格局

大型企业由于规模较大，对地区经济社会发展和环境方面的影响较大，是区域产业空间结构中不可忽视的特殊组成部分，因此需进一步挖掘沿江化工产业中大型企业的分布格局。大型企业采用《统计上大中小微型企业划分办法》（国统字〔2017〕213 号）为依据，工业企业中大型企业的划分标准为从业人员大于 1 000 人且营业收入大于 4 亿元。在构建的长江沿岸化工企业数据库中对大型企业进行筛选，并对企业个数和产值进行分析。

结果表明，2005 年沿岸地区具有大型化工企业 31 家，工业总产值总计达 2 495.6 亿元，占该年份沿岸地区化工产业总产值比重为 37.0%；2013 年沿江地区具有大型化工企业 145 家，工业总产值总计达 9 960.9 亿元，占该年份沿江地区化工产业总产值比例为 42.5%，可知大型企业不断增多，大型企业产值比重也在上升。2005 年大型企业分布在南京、上海、重庆等 15 个城市；而到 2013 年大型企业分布在上海、苏州、重庆、宜昌等 23 个城市，仅鄂州、恩施、芜湖和咸宁 4 个城市没有大型企业的分布。2005 年大型企业分布相对均衡，除南京拥有 5 家大型企业以外，其余分布着大型企业的城市一般拥有 1～3 家大型企业；而到 2013 年大型企业分布地区差异性凸显，分布最多的上海达 18 家，其次是重庆、苏州、宜昌、南京、南通皆超过 10 家。同时可知，南京早期的大型企业“巨头”地位逐步被上海、重庆、苏州、宜昌等城市赶超。

沿江地区化工大型企业产值占总产值比重分布结果表明（图 6-16），2005 年占比最高的为安庆（91.6%），超过 70% 的城市还有武汉和荆州，安庆的两家大型企业为安庆石化和安徽全力，武汉的两家大型企业为武汉石化和武汉葛化，荆州的两家大型企业包括湖北楚源和沙隆达集团，这些大型企业对地区化工产值贡献极大。2013 年大型企业贡献最高的为南京，达 74.1%，其次是宜昌、安庆、宜宾、武汉、铜陵等，比重皆高于 60%；其中南京以南化、扬子石化、金陵石化、扬子—巴斯夫、红太阳、佳和日化等大型龙头企业为代表，奠定了地区化工产能的基本格局。

部分城市经历了大型化工企业从无到有的发展，包括黄石、黄冈、九江、马鞍山、扬州、无锡、南通等城市，其中南通、无锡、扬州到 2013 年大型企业数量皆大于 8 家，黄冈、九江、马鞍山、扬州、无锡的大型企业产值比重在 2013 年高达 30% 以上。但是部分城市大型企业产值占总量比重在下降，如荆州、安庆、咸宁，其中荆州下降 32%，主要是这些城市的大型企业在 2005—2013 年没有增长，反而被中小企业的增长挤压。

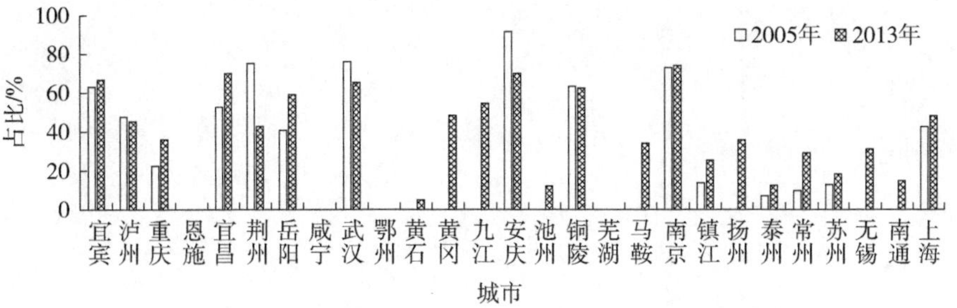


图 6-16　沿岸地区化工大型企业产值占总产值比重

依据大型企业产值占化工行业总产值比重大于 60% 的原则，可判断出沿岸地区大型企业主导模式的城市包括南京、安庆、九江、铜陵、武汉、宜宾、宜昌、岳阳和荆州。结合前面研究内容可知，江苏沿岸地区虽然是化工密集带，但是除南京以外的其他城市仍然是以中小企业为主导的发展类型与模式。同时可知，大型企业对中上游沿岸地区产能分布具有引导性和决定性作用，但对于下游沿岸地区影响整体化工产能布局的作用并不明显。

综合可知，在化工产业发展与布局上，南京、铜陵、安庆、九江、武汉、岳阳和宜昌等城市为典型的大型国有企业主导型城市，苏州、无锡、常州、南通、镇江及黄石等城市为典型的中型民营企业、港澳台资企业及外资企业主导型城市，特别是外资特征显著。

# 第 7 章

# 长江沿岸化工园区与产业转移

化工产业园区是化工产业集聚与布局的重要空间载体，国家和各级政府也将化工产业进园区作为重要的产业布局方向，通过企业点位分析亦可知沿岸地区企业在临江诸多区域集聚，而这些集聚程度较高的区域正是以产业园区的形式存在，因而进一步从产业园区的层面研究化工产业的布局。

通过对相关各省各城市五年规划、工业发展规划、化工产业规划进行整理，江苏地区化工园资料主要来源于江苏省发改委提供的资料，并对典型案例园区进行实地调研访谈。企业来源主要通过全国企业信息查询网站“天眼查”进行查询统计，并参考企业官网、园区网站信息，以及调研获得的资料中搜集的信息。

## 7.1 化工园区布局与行业特征

20 世纪 90 年代初，我国一些省（区、市）开始兴建化工园区，2000 年后，化工园区的建设形成热潮。化工园区的兴建有利于资源的优化配置、“三废”治理、引进国外的先进技术和资金，也有利于行业的可持续发展，对调整我国化工产业结构、提高化工产业集中度、提升生产技术水平、增强产业竞争力、发展区域经济都有着十分重要的意义，是我国化学工业发展的新模式（许铭等，2014）。但是化工企业过度集聚又会带来环境风险、集聚周边地区的邻避效应等新的问题。整体上，化工产业进园区成为新的发展方向。

江苏先后实施了两轮化工企业专项整治，加快推进化工园区整合，化工产业空间布局逐步合理，集聚发展模式基本形成，产业集聚发展水平明显提高。江苏省较早建立了专业化工园区，并较早提出将化工企业搬迁至园区。随后中上游各沿江地市相继成立专业化工园，有的城市依托经济技术开发区成立化工园区。另外如武汉市依托中石化年产 80 万 t 乙烯项目为核心，成立武汉化工城（武汉化学工业区）。长江沿岸主要化工园中上海化工区、上海精细化工区、洋口化学工业园未临江布局，为临海布局；永修化工园也与长江有一段距离，其他临江化工园区除黄冈化工园以外，皆在临江 5 km 以内（图 7-1）。

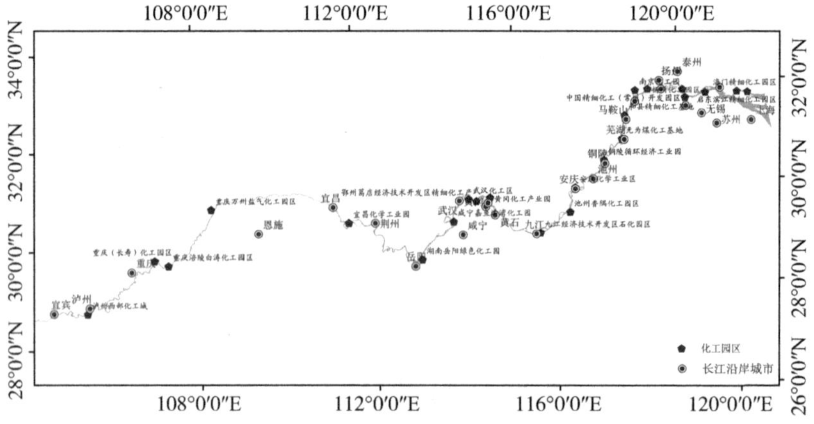


图 7-1　长江沿岸主要化工园区分布图

对长江沿岸 27 个化工园区进行点位和范围的甄别（表 7-1），从已建立的长江沿岸化工企业数据库（2013）中采集各园区的企业数据（规模以上企业），对企业个数、产值、行业类别等信息进行特征性总结与规律研究。长江沿岸 27 个主要化工园区共有企业 775 家，占沿岸地区总数的 15.6%；工业产值 6 329.3 亿元，占沿岸地区总数的 27.0%，可知这些园区集聚了沿岸地区相当一部分的企业和产能，结合各省市规划及政策文件可知，这些地区将作为未来沿岸地区化工产业集聚地。

27 个园区的分析结果表明依然有临江布局的特征，大部分位于临江 5 km 范围以内；外资企业主要集中在下游园区。各园区产业精细化分析结果表明，并未表现出明显的梯度差异格局，与前面章节以及地市级行政单元的化工产业精细化程度空间格局具有明显差异。下游园区的精细化工是相对新型的精细化工，而中上游的精细化工主要发展相对传统且对环境污染较大的行业。

表 7-1　长江沿岸地区主要化工园区

| 化工园名称 | 地市 | 区（县） | 园区级别 | 建立时间 | 产业定位 |
|---|---|---|---|---|---|
| 上海化学工业区 | 上海 | 金山 | 国家级 | 2001 | 炼化一体化 |
| 上海精细化工产业园 | 上海 | 金山 | 国家级 | 2001 | 石化延伸加工 |
| 启东滨江精细化工园区 | 南通 | 启东 | 市级 | 2003 | 医药、农药 |
| 海门精细化工园区 | 南通 | 海门 | 市级 | 2001 | 新材料、电池材料 |
| 洋口化学工业园 | 南通 | 如东 | 市级 | 2004 | 精细化工、医药化工 |
| 江苏扬子江国际化工园 | 苏州 | 张家港 | 省级 | 2001 | 医药生物工程、工程塑料 |
| 中国精细化工（常州）开发园区 | 常州 | 新北 | 国家级 | 2002 | 有机化工新材料 |
| 中国精细化工（泰兴）开发园区 | 泰州 | 泰兴 | 国家级 | 2002 | 氯碱、染料颜料和医药、农药、油脂化工 |
| 扬州化工园区 | 扬州 | 仪征 | 省级 | 2006 | 石油化工、合成材料 |
| 南京化学工业园区 | 南京 | 六合 | 国家级 | 2001 | 石油和天然气化工 |
| 铜陵循环经济工业园 | 铜陵 | 铜陵 | 市级 | 2007 | 化工新材料、精细化工 |
| 和县精细化工基地 | 马鞍山 | 和县 | 市级 | 2007 | 精细化工 |
| 池州香隅化工园区 | 池州 | 东至 | 省级 | 2006 | 医药、生物化工 |
| 无为煤化工基地 | 芜湖 | 无为 | 省级 | 2008 | 煤化工、材料化工 |
| 安庆化学工业区 | 安庆 | 大观 | 省级 | 2009 | 石油化工 |
| 九江经济技术开发区石化园区 | 九江 | 浔阳 | 依托国家级 | 1992 | 化工下游产品 |
| 江西永修云山经济开发区星火工业园 | 九江 | 永修 | 市级 | 2000 | 有机硅精细化工 |
| 武汉化工区 | 武汉 | 青山 | 省级 | 2008 | 炼化一体化、乙烯下游产业 |
| 黄冈化工产业园 | 黄冈 | 黄州 | 省级 | 2009 | 医药化工 |
| 鄂州葛店经济技术开发区精细化工产业园 | 鄂州 | 华容 | 依托国家级 | 1990 | 医药中间体、化工新材料 |

续表

| 化工园名称 | 地市 | 区（县） | 园区级别 | 建立时间 | 产业定位 |
|---|---|---|---|---|---|
| 咸宁嘉鱼潘湾化工园 | 咸宁 | 嘉鱼 | 市级 | 2010 | 精细化工 |
| 湖南岳阳绿色化工园 | 岳阳 | 云溪 | 省级 | 2003 | 炼油、特色化工、催化剂 |
| 宜昌化学工业园 | 宜昌 | 枝江 | 省级 | 2005 | 磷化工、精细化工 |
| 重庆（长寿）化工园区 | 重庆 | 长寿 | 国家 | 2001 | 天然气化工、石油化工 |
| 重庆涪陵白涛化工园区 | 重庆 | 涪陵 | 省级 | 2007 | 天然气化工、氯碱化工、石化下游产品加工、化肥和农药 |
| 重庆万州盐气化工园区 | 重庆 | 涪陵 | 依托国家级 | 2002 | 盐化工、天然气化工、炼油石化原料下游产业 |
| 泸州西部化工城 | 泸州 | 纳溪等 | 省级 | 2012 | 煤化工、天然气化工 |

注：本书研究过去重点时段长江沿岸化工产业格局规律，梳理的化工园名称及信息时间为 2016 年，目前名称和信息会发生变化。

化工园企业数量分析结果表明（图 7-2），南京化工园企业数量最多，整体上下游沿岸地区化工园企业数量较多，中上游相对较少，但是以云溪化工园为中心形成中上游的集聚峰值。而外资企业主要分布在下游沿岸地区的化工园，张家港化工园、上海化工园、南京化工园、泰兴化工园等化工园，其中张家港化工园外资企业数量占 60.7%，上海化工园、南京化工园等园区外资企业数量也达到 30% 以上，而中上游沿岸地区诸如香隅化工园、云溪化工园等园区暂无外资企业。

化工园企业产值分析结果表明（图 7-2，表 7-2），南京化工园产值最高，达 1 247.6 亿元，其次为上海化工园、常州化工园、扬州化工园、安庆化工园、武汉化工园、九江化工园等。值得注意的是，虽然江苏沿岸地区部分化工园区（如泰兴、张家港等）企业数量较多，但是园区产值相对不高，这与园区内多为中型规模企业、缺乏大型企业相关。而大型企业主要布局在南京化工园、长寿化工园等园区。

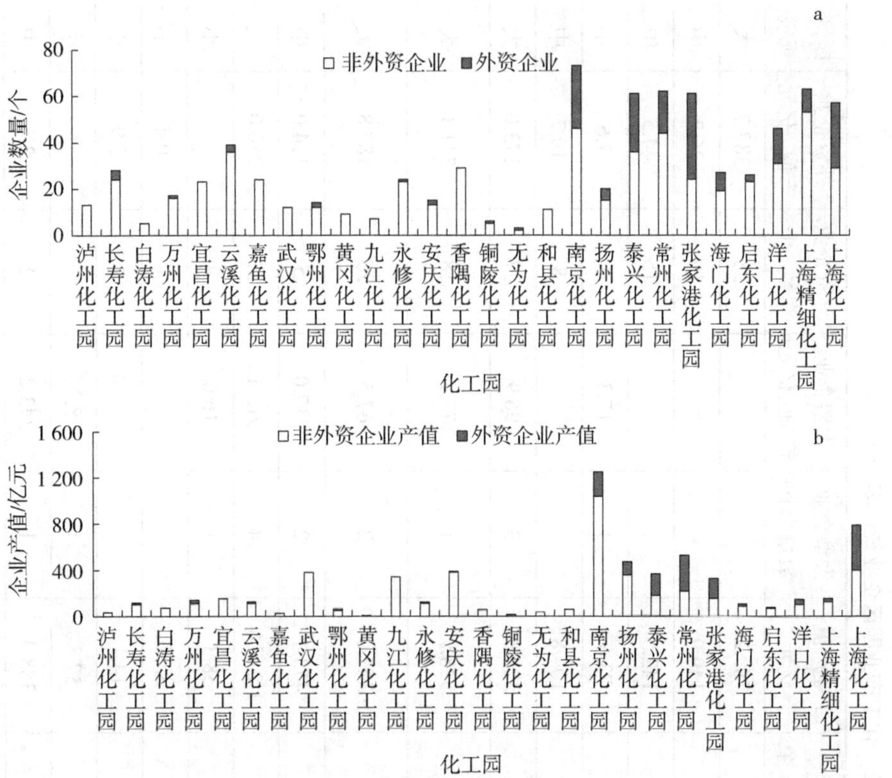


图 7-2　化工园区企业特征

注：外资企业包含外资控股企业和港澳台资企业，非外资企业包括国有控股、集体控股、私人控股、其他类型等类型企业。

通过园区企业个数和产值对园区规模类型进行划分，划分为大型园区（产值大于 300 亿元或企业个数大于 60 家）、中型园区（产值 100 亿～300 亿元）和小型园区（产值小于 100 亿元）。划分结果表明，大型化工园区包括南京化工园、上海化工园、常州化工园、泰兴化工园、张家港化工园等 5 个，中型园区包括扬州化工园等 12 个，小型园区包括香隅化工园等 10 个。可知大型化工园区主要分布在上海和江苏沿岸地区，小型化工园区主要分布在中上游沿岸地区，呈明显的园区规模梯度。

表 7-2　化工产业园区企业统计表

| 化工园名称 | 简称 | 规模以上企业数量 / 个 | 工业产值 / 亿元 | 大型企业数量 / 个 | 大型企业产值 / 亿元 | 外资企业个数 / 个 | 外资企业产值 / 亿元 | 园区规模 |
|---|---|---|---|---|---|---|---|---|
| 上海化学工业区 | 上海化工园 | 57 | 789.2 | | | 28 | 388.7 | 大 |
| 上海精细化工产业园 | 上海精细化工园 | 63 | 149.9 | | | 10 | 26.7 | 中 |
| 洋口化学工业园 | 洋口化工园 | 46 | 142.5 | | | 15 | 44.5 | 中 |
| 启东滨江精细化工园区 | 启东化工园 | 26 | 73.6 | 1 | 17.3 | 3 | 7.6 | 小 |
| 海门精细化工园区 | 海门化工园 | 27 | 104.8 | | | 8 | 19.7 | 中 |
| 江苏扬子江国际化工园 | 张家港化工园 | 61 | 326.0 | 3 | 96.9 | 37 | 173.0 | 大 |
| 中国精细化工（常州）开发园区 | 常州化工园 | 62 | 528.9 | 1 | 77.7 | 18 | 311.1 | 大 |
| 中国精细化工（泰兴）开发园区 | 泰兴化工园 | 61 | 367.6 | 2 | 67.5 | 25 | 187.8 | 大 |
| 扬州化工园区 | 扬州化工园 | 20 | 473.1 | 2 | 217.0 | 5 | 114.0 | 中 |
| 南京化学工业园区 | 南京化工园 | 73 | 1 247.6 | 4 | 913.1 | 27 | 210.0 | 大 |
| 和县精细化工基地 | 和县化工园 | 11 | 58.3 | 1 | 16.0 | | | 小 |
| 无为煤化工基地 | 无为化工园 | 3 | 32.4 | | | 1 | 0.4 | 小 |
| 铜陵循环经济工业园 | 铜陵化工园 | 6 | 14.1 | | | 1 | 3.9 | 小 |
| 池州香隅化工园区 | 香隅化工园 | 29 | 57.8 | 1 | 8.3 | | | 小 |
| 安庆化学工业区 | 安庆化工园 | 15 | 388.4 | 1 | 343.2 | 2 | 3.5 | 中 |

续表

| 化工园名称 | 简称 | 规模以上企业数量 / 个 | 工业产值 / 亿元 | 大型企业数量 / 个 | 大型企业产值 / 亿元 | 外资企业个数 / 个 | 外资企业产值 / 亿元 | 园区规模 |
|---|---|---|---|---|---|---|---|---|
| 江西永修云山经济开发区星火工业园 | 永修化工园 | 24 | 122.1 | 1 | 12.3 | 1 | 11.2 | 中 |
| 九江经济技术开发区石化园区 | 九江化工园 | 7 | 342.4 | 1 | 321.5 | | | 中 |
| 黄冈化工产业园 | 黄冈化工园 | 9 | 5.4 | | | | | 小 |
| 鄂州葛店经济技术开发区精细化工产业园 | 鄂州化工园 | 14 | 64.6 | | | 2 | 14.2 | 小 |
| 武汉化工区 | 武汉化工园 | 12 | 380.9 | 1 | 375.2 | | | 中 |
| 咸宁嘉鱼潘湾化工园 | 嘉鱼化工园 | 24 | 25.0 | | | | | 小 |
| 湖南岳阳绿色化工园 | 云溪化工园 | 39 | 123.1 | | | 3 | 13.7 | 中 |
| 宜昌化学工业园 | 宜昌化工园 | 23 | 152.6 | 2 | 109.9 | | | 中 |
| 重庆万州盐气化工园区 | 万州化工园 | 17 | 138.5 | 2 | 80.2 | 1 | 29.2 | 中 |
| 重庆涪陵白涛化工园区 | 白涛化工园 | 5 | 71.7 | 2 | 50.7 | | | 小 |
| 重庆（长寿）化工园区 | 长寿化工园 | 28 | 116.0 | 3 | 53.2 | 4 | 14.3 | 中 |
| 泸州西部化工城 | 泸州化工园 | 13 | 32.8 | 1 | 21.1 | | | 小 |
| 总计 | | 775 | 6 329.3 | 29 | 2 781.1 | 191 | 1 573.4 | |

注：大型企业的划分标准为从业人员大于 1 000 人且营业收入大于 4 亿元；外资企业包含外资控股企业和港澳台资控股企业。

各园区产业精细化分析后发现并未表现出明显的梯度差异格局（图 7-3），与地市级行政单元的化工产业精细化程度空间格局具有明显差异。说明中上游地区部分城市虽然整体化工产业精细化程度不高，但是却建立了专门的精细化工产业园区，而实践过程中也发现中上游沿岸地区纷纷打出精细化工的牌子来建设化工园区和吸引投资。下游地区上海精细化工园、启东化工园、张家港化工园、扬州化工园精细化程度较高，其中上海精细化工园、张家港化工园是国家级精细化工产业园区。而中上游沿岸地区以铜陵化工园、嘉鱼化工园、鄂州化工园、香隅化工园等园区为代表，在精细化工发展上具有一定的代表性，特别是嘉鱼化工园是典型的以涂料生产为主的精细化工园区。但是值得注意的是，下游园区的精细化工是相对新型的精细化工，如合成材料、专用化学品等行业，而中上游的精细化工主要发展农药、涂料等相对传统且对环境污染较大的行业。

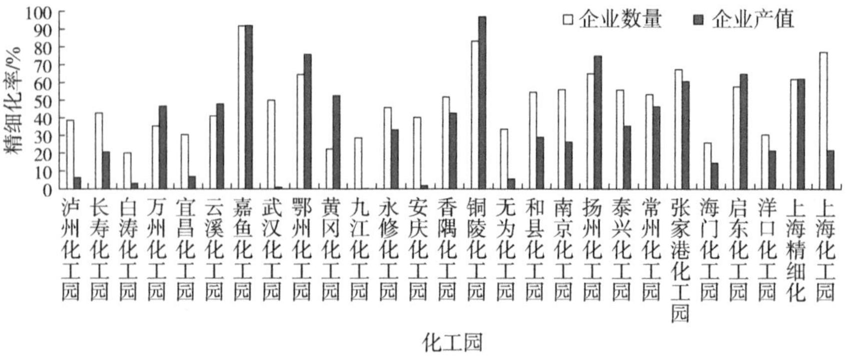


**图 7-3　化工园区产业精细化程度**

进一步将精细化率高于 60% 的园区提取出，包括上海精细化工园、启东化工园、张家港化工园、扬州化工园、铜陵化工园、鄂州化工园、嘉鱼化工园等 7 个园区。对这些园区所涉及的农药业、涂料业、合成材料业和专用化学品等四类精细化工行业的结构进行分析，结果表明上海精细化工园、张家港化工园、启东化工园、鄂州化工园企业产值中专用化学品业占据了较大比重，而扬州化工园以合成材料为主，嘉鱼化工园和铜陵化工园以涂料行业为主，其中嘉鱼化工园涂料行业产值占比达 75%。

由各园区主导行业分析结果可知（表 7-3），沿岸地区大部分园区主要进行基础化学原料的生产制造，并体现了沿江各化工园区在一定程度上的产业分工格局。同时注意到大部分园区将基础化工原料制造作为主导行业和产业发展的方向，炸药焰火业和日用化学品业很少布局在化工园区，农药业在化工园区占比也较低。园区作为产业布局与发展的“增长极”，长江沿岸化工产业园区的发展和布局与基于行业和不同行政单元的研究结论基本吻合、相互呼应。

表 7-3　沿江化工园区主导行业

| 主导行业 | 化工园 |
|---|---|
| 炼油业 | 武汉化工园、九江化工园、安庆化工园、和县化工园 |
| 化学原料业 | 南京化工园等其他 16 家化工园 |
| 肥料业 | 白涛化工园、泸州化工园、宜昌化工园 |
| 涂料业 | 嘉鱼化工园、铜陵化工园 |
| 合成材料业 | 扬州化工园 |
| 专用化学品业 | 鄂州化工园 |

注：主导行业采用各园区产值比重最高的行业表征。

## 7.2 典型化工园区产业格局

典型园区选择主要考虑上中下游不同地域、不同规模的代表性，同时考虑所选园区作为沿岸地区化工企业集聚的热点地区。选择南京化工园、池州香隅化工园区、咸宁嘉鱼潘湾化工园、湖南岳阳绿色化工园、重庆长寿化工园等 5 个园区进行重点研究（表 7-4、表 7-5），其中包括对园区企业的来源进行分析。选择这 5 个园区分别代表不同层次、沿江上中下游不同区域的化工园区，这 5 个园区各自所在的区县六合区、东至县、嘉鱼县、云溪区、长寿区是长江沿岸在2000—2013年化工企业数量增加最为显著的区县之一,六合区与云溪区是沿岸地区化工重地，仅这2个区就占沿岸地区10%左右的产值，而东至县与嘉鱼县是化工产业“新增长极”的代表。且由核密度估计可知，这几个园区所在地已经成为长江沿岸新的化工企业集聚热点。

**表 7-4　典型化工产业园区所在区县化工企业数量与产值**

| 区（县） | 企业数量 / 个 | | | | 产值 / 亿元 | | | |
|---|---|---|---|---|---|---|---|---|
| | 2000年 | 2005年 | 2010年 | 2013年 | 2000年 | 2005年 | 2010年 | 2013年 |
| 六合区 | 37 | 52 | 90 | 110 | 49.5 | 564.8 | 882.6 | 1 336.9 |
| 东至县 | 3 | 4 | 11 | 29 | 0.5 | 1.8 | 13.9 | 57.8 |
| 嘉鱼县 | 1 | 4 | 8 | 34 | 0.4 | 2.0 | 3.2 | 34.4 |
| 云溪区 | 7 | 28 | 61 | 60 | 102.8 | 290.1 | 403.7 | 905.9 |
| 长寿区 | 15 | 13 | 32 | 30 | 12.1 | 53.0 | 56.0 | 117.0 |

**表 7-5　各典型化工园区基本情况**

| 园区名称 | 建立年份 | 园区面积 / $km^2$ | 规模以上企业 / 家 | 产值 / 亿元 | 园区规模 | 园区特征 |
|---|---|---|---|---|---|---|
| 南京化工园 | 2001 | 135 | 73 | 1 247.6 | 大 | 国际合作型高端化工专业园区 |
| 池州香隅化工园 | 2006 | 36 | 29 | 57.8 | 小 | 皖江城市带承接产业转移示范区 |
| 咸宁嘉鱼潘湾化工园 | 2010 | 15 | 24 | 25.0 | 小 | 承接武汉城市圈及长三角、珠三角产业转移 |
| 湖南岳阳绿色化工园 | 2003 | 15 | 39 | 123.1 | 中 | 依托巴陵石化和长岭石化的石油化工代表性园区 |
| 重庆长寿化工园 | 2001 | 34 | 28 | 116.0 | 中 | 上游天然气化工、石油化工代表性园区 |

注：企业数量与产业均为园区内化工产业，数据采集于工业企业数据库。

选取的 5 个典型化工园区中，南京化工园和长寿化工园皆贴江而建（图 7-4），其企业皆临江；而其他 3 个园区中的企业集聚地距离长江约 5 km 的距离。且前两者园区规模较大，院内企业分布更分散，后三者规模相对较小，企业分布更集中。

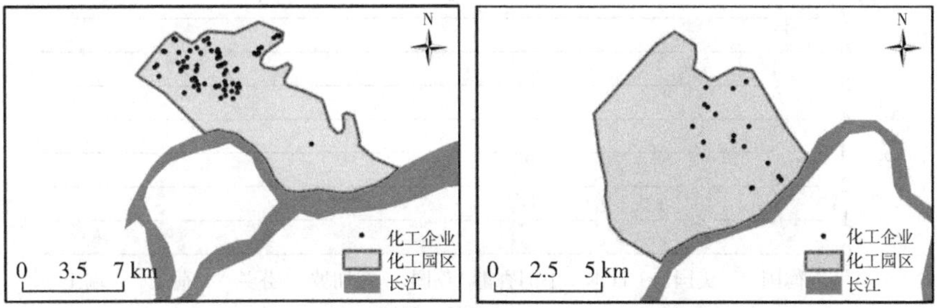


a 南京化工园　　b 重庆化工园

**图 7-4　典型化工园范围及企业分布示意图**

南京化工园国际化特征明显，企业投资来源中国外投资占据较大比重，外资控股（包括港澳台资）企业有 27 家，企业个数占 37.0%，产值占 17.0%；其中包括德国巴斯夫、林德、沙索、瓦克和美国塞拉尼斯、纳尔科化学、普莱克斯等世界知名化工企业，德国和美国皆在化工园区投资了 7 家企业（图 7-5）。国内投资主体以北京、上海、香港的资本为主。同时，苏州、无锡、常州地区也有少量资本在该园区投资，而南京市内也有高淳区、江宁区、浦口区的资本进入园区。企业进入年份在 2005 年最多，达 10 家企业。

池州香隅化工园的企业主要来自浙江和江苏的资本投资，该园区主要承接浙江和江苏的化工产业生产转移（图 7-6）。其中，来源于浙江资本投资的主要分布在杭州、湖州、衢州、台州、绍兴等 5 个城市，共有 11 家投资；江苏资本主要来源于常州、芜湖、盐城、南京，共投资 11 家企业，其中常州投资 6 家；而安徽省内，除了池州香隅化工园本地投资 7 家企业外，合肥、滁州、铜陵、宣城各进入 1 家投资企业。企业大多由 2007—2008 年进入化工园，其中 2008 年园区入驻企业数达 11 家。规模以上企业中，有 14 家为化学原料制造行业、9 家为农药制造行业，可见香隅化工园的农药行业占比不低；化学原料制造企业主要由江苏的生产投资转移，主要生产化工中间体产品；而农药制造行业中浙江投资占据一定比例，主要生产多菌灵原药、草甘膦、双草醚等农药原药及中间体产品。

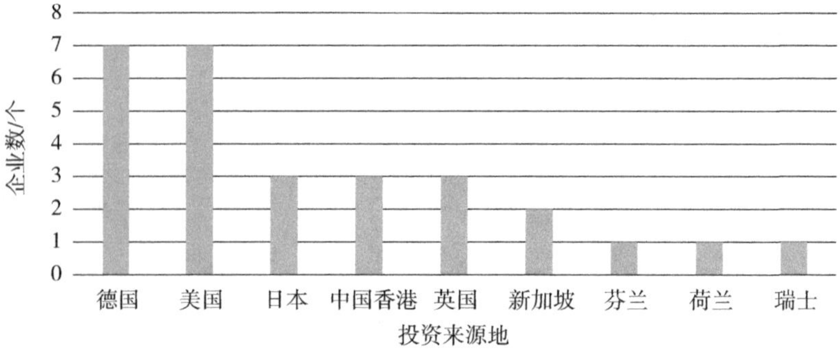


**图 7-5　南京化工园主要企业投资来源**

注：①企业数据来源于2013年工业企业数据库，并结合南京化工园相关资料进行核对，样本量为73家企业；②企业来源方法采用“天眼查”网站查找企业投资股东信息；③南京化工园本地投资企业21家，南京市高淳区、江宁区、浦口区资本分别在化工园投资2家、2家和1家，未在图中体现；④南京化工园企业在外地投资情况为淮安2家、泰州1家。

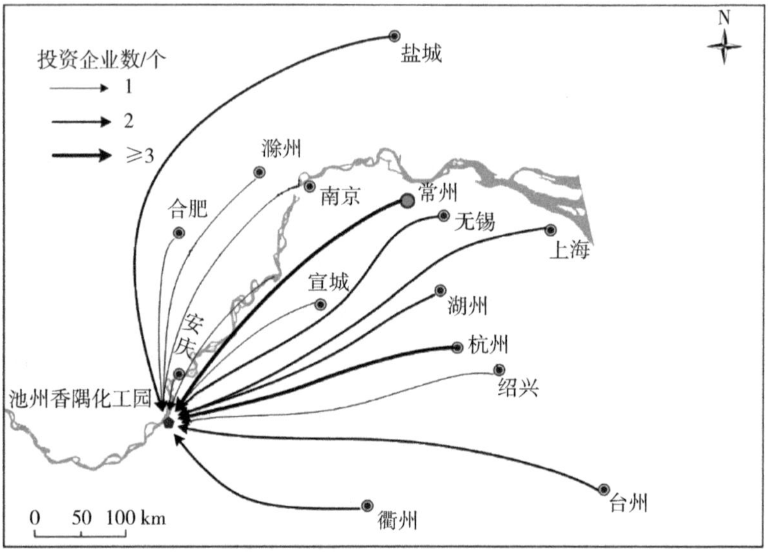


**图 7-6　池州香隅化工园主要企业投资来源**

嘉鱼化工园主要投资来自武汉、深圳、佛山、江苏等地，其中武汉的投资占据主导。云溪化工园的主要投资来源于深圳、成都、北京、长沙、广州、东莞、上海等地，珠三角城市的投资占据了一定的比例。长寿化工园来自海外的投资有德国、新加坡、日本、英国等，重庆以外地区的投资主要有北京、上海、常州、长沙等地。

典型化工园区的企业投资来源呈现巨大的差异，以南京化工园为代表的大型化工园，承接了相当比例的外商投资，可见外商投资对这一类型的化工产业园及其依托区域的化工产业发展与增长起到了重要作用。而以香隅化工园为代表的小型化工园重点承接辐射范围内相对发达地区的产能转移，缺乏外商投资，且承接的行业相对低端化。

## 7.3 典型地区化工产业转移

### 7.3.1 城市内部向化工园集中

南京燕子矶地区是典型的城市内部向化工园区集中转移的类型。燕子矶地区位于南京市主城东北部，中华人民共和国成立以来，由于种种原因，燕子矶地区化工企业不断集聚，逐步发展成在南京乃至全国范围内具有举足轻重地位的化工产业基地，规模最大时期化工企业数量达 100 余家，特别是南京化工厂的发展见证了燕子矶地区的化工产业兴旺到改造的历史过程（图 7-7）。燕子矶地区是南京的老化工集中区，被称为南京的“化工摇篮”，在 2010 年前后聚集了 66 家大小化工企业，对地区经济贡献较大，但对地区环境乃至南京市的环境和空气质量的影响也较大。从 2007 年年底开始，中石化南京化工厂（小南化）、南京化纤厂的整体搬迁，拉开了燕子矶地区化工企业搬迁、拆迁改造的序幕。

图 7-7 南京化工厂各发展阶段

注：左至右依次为民国时期、20 世纪 80 年代和 90 年代。

资料来源：南京化工厂志编辑办公室《南京化工厂志》，1997。

南京市委、市政府在 2010 年 2 月 22 日发布了《关于对燕子矶地区化工生产企业进行综合整治的通告》，全面启动了燕子矶地区化工企业整治行动，专门成立了南京市江南小化工集中整治工作现场指挥部，化工企业全面停产，退城入园；2011 年，彻底关停 51 家小型化工企业；2012 年年底，15 家大化工企业（含金陵石化化工一厂、金浦钟山化工厂、南京化试厂和金陵塑胶厂）实现停产，并有部分企业退城入园、产能升级，完成了地区内 66 家化工企业关停并转工作[①]。

其中，小南化（南京化工厂）是中石化集团直属企业，也曾是燕子矶地区代表性的大型化工企业，生产车间占地 400 亩[②]，主要生产有机中间体、橡胶助剂和氯碱三大系列产品，是我国重要的有机化工和精细化工生产基地。2007 年企业停产，2008 年搬迁至江北新厂区，2010 年年底拆除清理完毕；根据南京市政府与中石化签订的协议，南京市收储并支付了 15 亿元企业搬迁补偿金（南京市江南小化工集中整治工作现场指挥部，2016）。燕子矶地区关闭的化工企业包括燕江化工厂、超成化工、汉德化工、金精化工、京凯燕化工、燕子矶氧气厂、金桥化工厂、瑞燕化工厂等。

南京燕子矶地区化工企业搬迁过程中存在企业总部与生产基地分离的

① 资料来源《关于燕子矶地区化工企业搬迁整治工作的报告》（南京市江南小化工集中整治工作现场指挥部，2016）。

② 1 亩 ≈666.667 $m^2$。

现象。如南京聚天化工搬迁到化工园，但是聚天化工经销部仍然在南京市栖霞区；南京宁康化工生产基地于 2011 年搬迁到淮安洪泽盐化工园，但是总部仍然在南京市。

由遥感影像演变图可知，小南化在 2010 年以前已经完成搬迁，而燕子矶地区的其他化工企业也相继在 2010—2015 年完成搬迁（图 7-8）。其中也包括老旧集中居住区的拆迁和新建住宅小区的建立，反映化工用地向住宅用地的转换，这也是该区域化工产业进行整治搬迁的重要驱动因素。

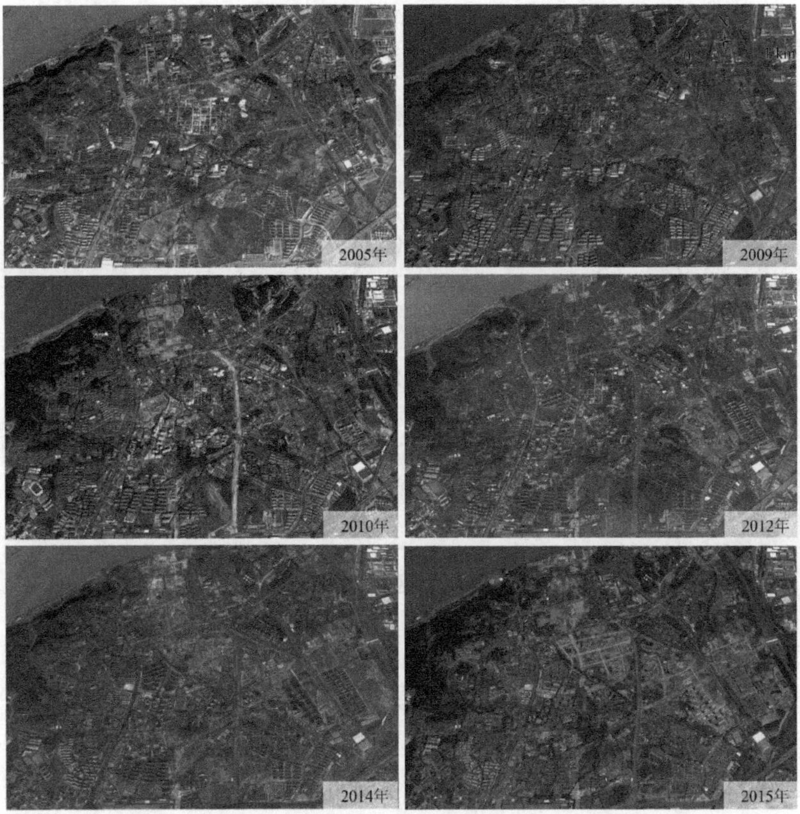


图 7-8　南京燕子矶地区遥感影像图（2005—2015 年）

注：①遥感影像图来源于 Google Earth 历史影像，数据采集时间为 2016 年 10 月 6 日；②各年份具体日期分别为 2005 年 1 月 9 日、2009 年 1 月 12 日、2010 年 10 月 21 日、2012 年 12 月 8 日、2014 年 12 月 29 日和 2015 年 7 月 29 日；③影像表现的地区大致范围为东至南京市绕城高速、西至幕府山、北至长江、南至栖霞大道，该范围是南京市燕子矶化工整治的重点区域。

南京燕子矶地区化工整治行动前后的化工企业迁移路径表明，南京燕子矶地区的化工产业“关停并转”中的转出地主要为南京化工园，其次是苏北地区和安徽部分靠近南京的城市（图 7-9）。南京燕子矶地区化工企业通过化工整治，关闭了一大部分，另外一部分条件较好的大企业搬迁至南京化工园，一部分相对较小的企业搬迁到苏北、安徽等地。而南京以外的承接地，都在 300 km 范围以内，安徽省的地市也是临近南京的城市，表现出明显的地理临近特征。

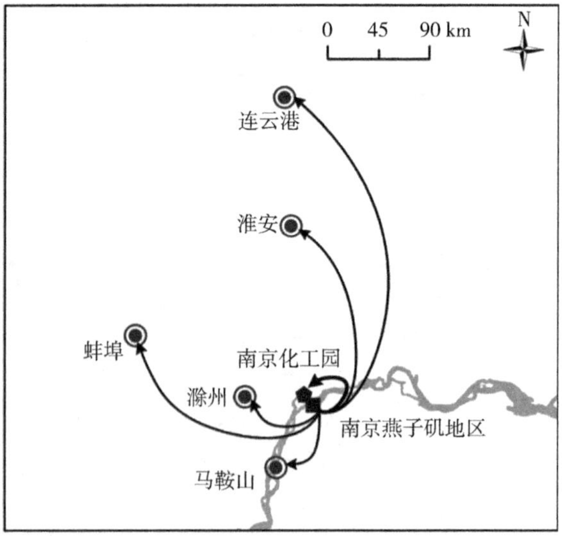


图 7-9 南京燕子矶地区化工企业主要迁移路径

## 7.3.2 核心城市向周边城市转移

武汉是典型的核心城市向城市圈 / 城市群内的周边城市转移类型。武汉主城区范围内共有青山工业区、白沙洲工业区、鹦鹉洲工业区、古田工业区、关山工业区等 12 个老工业区，硚口和青山是武汉化工厂分布最多的区域。2008 年，武汉市政府决定在青山规划 70 余 $km^2$ 的化工新区，逐渐搬离三环内化工企业。同年，武汉化工区管委会正式挂牌成立，负责推进乙烯项目及化工区规划建设。由此，分散布局在武汉三环内 7 大主城区的 100 余家化工企业开始了一场“迁徙”。2014 年 4 月 27 日，武汉三环内最后一家化工生产企业——武汉有机实业公司机器停止生产，武汉主城区自此告别化工时代。

古田地区化工企业搬迁过程中表现出了企业总部与生产基地分开布局的特点。古田老工业区有百年工业史，曾经集中了近 100 家化工企业，生产出武汉第一块肥皂、第一桶油漆。古田地区搬迁企业主要包括武汉无机盐化工厂、武汉方圆钛白粉厂、远大医药有限公司（原武汉制药厂）等，最终搬迁到武汉化工新区左岭化工园。搬迁中许多企业选择将“身子”迁走，把“大脑”留下。其中，远大制药、力诺集团、无机盐等企业都已外迁化工生产基地，并把总部继续留驻在武汉硚口，反映出总部与生产基地分离的特征。

武汉三环内 100 余家化工企业中，一部分迁入武汉化工新区（武汉化工新城北湖组团、洪山区左岭化工都市工业园），一部分彻底关停，还有一部分外迁至仙桃、潜江、黄冈等武汉城市圈内其他城市。搬迁到黄冈的企业包括武汉青江化工、武汉方圆钛白粉（武汉钛白粉厂）、武汉瑞阳化工、强龙化工等。生产转移到潜江的包括潜江方圆钛白（武汉方圆钛白粉）、潜江远达化工、潜江新亿宏有机化工（武汉有机子公司）。同时，咸宁嘉鱼化工园重点承接武汉的化工企业转移，特别是涂料企业。武汉幸福海涂料、湖北多伦多邦化工涂料、湖北盛达建筑装饰材料、湖北辰逸科技（嘉鱼辰逸化工）、武汉椿岭科技、武汉宏桥涂料等。部分企业总部在武汉，而将生产基地建立在咸宁市嘉鱼化工园，一方面反映临近转移生产基地的特征，另一方面反映化工企业总部位于大城市、生产基地位于周边小城市的总部—生产分离的空间布局模式。

综合来看，武汉市化工企业主要迁移到武汉化工园、黄冈化工园、咸宁嘉鱼化工园、潜江、仙桃等地，迁移范围基本在武汉城市圈范围以内，表现出向上游（咸宁）、下游（黄冈）临近城市迁移的特征，迁移地同时表现出临近大江大河的特点（长江、汉江）。值得注意的是，咸宁嘉鱼化工园与武汉市城市边界紧紧相邻（仅一河之隔），属于最典型的临近跨界转移。以武汉为代表的核心城市向外围城市转移的模式，企业除了向化工园迁移以外，主要向城市圈内周边城市转移，向上下游临近城市迁移的特征明显，迁移地同时表现出临近大江大河的特点。同时反映出企业总部与生产功能分离的特征，企业总部驻留核心区，生产功能外迁。

# 第 8 章

# 长江沿岸化工产业空间演变的影响因素与机理

# 8.1 化工产业空间区位影响因素

## 8.1.1 国家和地方产业政策因素

化工产业中国有企业比重较高，特别是石化行业，受国家产业布局政策影响较大。早期主要受到国家产业布局总体思路的影响，比如改革开放以前主要由五年计划产业布局来主导；改革开放以后，东部沿海产业政策相对宽松、产业发展优势凸显，成为化工企业布局的集聚地。

（1）国家的产业政策和思路影响着化工产业发展与布局

本章系统梳理了国家层面影响化工产业发展与布局的政策文件和国家产业政策对化工产业布局的主要判断（表 8-1、表 8-2）。从国家层面的判断来看，由早期的原料地布局，到临近市场布局，到临近港口布局，到沿海重点布局的化工产业布局思路。从长江沿岸来看，由早期的中上游为主，到上下游平衡发展，到下游快速发展，中上游后发优势，再到下游地区向中游转移的同时沿海发展的总体思路转变。

表 8-1　国家层面影响化工产业发展与布局的政策文件梳理

| 序号 | 文件名 | 发文单位 | 文件号 | 年份 |
|---|---|---|---|---|
| 1 | 《长江经济带发展规划纲要》 | 推动长江经济带发展领导小组办公室 | | 2016 |
| 2 | 《关于石化产业调结构促转型增效益的指导意见》 | 国务院办公厅 | 国办发〔2016〕57 号 | 2016 |
| 3 | 《关于加强长江黄金水道环境污染防控治理的指导意见》 | 国家发改委，环保部 | 发改环资〔2016〕370 号 | 2016 |
| 4 | 《长江经济带创新驱动产业转型升级方案》 | 国家发改委，科技部，工信部 | 国发〔2014〕39 号 | 2016 |

续表

| 序号 | 文件名 | 发文单位 | 文件号 | 年份 |
| --- | --- | --- | --- | --- |
| 5 | 《关于建设长江经济带国家级转型升级示范开发区的通知》 | 国家发改委 | 发改外资〔2016〕1111号 | 2016 |
| 6 | 《石化和化学工业发展规划（2016—2020年）》 | 工信部 | 工信部规〔2016〕318号 | 2016 |
| 7 | 《关于做好〈石化化工产业规划布局方案〉贯彻落实工作的通知》 | 国家发改委 | 发改产业〔2015〕1047号 | 2015 |
| 8 | 《关于促进化工园区规范发展的指导意见》 | 工信部 | 工信部原〔2015〕433号 | 2015 |
| 9 | 《国务院关于依托黄金水道推动长江经济带发展的指导意见》 | 国务院 | 国发〔2014〕39号 | 2014 |
| 10 | 《石化产业规划布局方案》 | 国家发改委，工信部 | 发改产业〔2014〕2208号 | 2014 |
| 11 | 《产业转移指导目录（2012年本）》 | 工信部 | 工信部公告2012年第31号 | 2012 |
| 12 | 《产业结构调整指导目录（2011年本）》 | 国家发改委 | 发改委2011第9号令 | 2011 |
| 13 | 《石化和化学工业“十二五”发展规划》 | 工信部 | | 2011 |
| 14 | 《化肥工业“十二五”发展规划》 | 工信部 | | 2011 |
| 15 | 《农药工业“十二五”发展规划》 | 工信部 | | 2011 |
| 16 | 《烯烃工业“十二五”发展规划》 | 工信部 | | 2011 |
| 17 | 《石化产业调整和振兴规划（2009—2011年）》 | 国务院办公厅 | | 2009 |
| 18 | 《乙烯工业中长期发展专项规划》 | 国家发改委 | 发改工业〔2006〕166号 | 2006 |

表 8-2　国家产业政策对化工产业布局的主要判断

| 主题 | 内容 |
|---|---|
| 区域布局 | 东部与西部：东部地区以石油化工为主，西北部地区以煤化工为主；在中西部符合资源环境条件的地区，有序发展现代煤化工产业<br>临港与内地：临港布局外向型化工园，内地布局资源型化工园 |
| 集聚基地 | 形成长江三角洲、珠江三角洲、环渤海地区三大石化化工产业集聚区。重点建设七大石化化工产业基地，大连长兴岛（西中岛）、河北曹妃甸、江苏连云港、上海漕泾、浙江宁波、广东惠州、福建古雷<br>形成长三角、环渤海和珠三角三大乙烯产业区，同时在新疆、甘肃、四川、湖北等中西部地区建成大型乙烯生产基地 |
| 产业转移 | 鼓励：创新产业转移方式，积极探索多种形式的产业转移合作模式，鼓励上海、江苏、浙江到中上游地区共建产业园区，发展“飞地经济”；促进基础肥料向资源产地和优势企业集中，制剂加工向交通便捷、靠近市场的地区转移<br>约束：严控下游高污染、高排放企业向上游转移。限制在长江沿线开发区新建石油化工、煤化工等化工项目。除在建项目外，严禁在干流及主要支流岸线 1 km 范围内新建、布局重化工园区，严控在中上游沿岸地区新建石油化工和煤化工项目。严格控制原药生产企业新布点 |
| 化工园区 | 新建炼化项目全部进入石化基地，新建化工项目全部进入化工园区<br>化工园区积极承接退城入园及产业转移项目。积极承接城镇人口密集区高风险危险化学品企业搬迁入园<br>新建农药原药企业向化工园区等专业工业园区或化工集中区聚集 |
| 排放约束 | 严格排放标准，对不能达标排放的企业一律停产整顿。重点加强江河湖泊和人口密集区等敏感地区产业发展的监督指导 |

国家的产业政策与总体布局思路对长江沿岸化工产业布局演变具有深刻的影响。沿海布局为主的总体思路，江苏连云港、上海漕泾的石化基地建设对长三角化工产业空间演变形成产业引导。由前面研究可知，上海化工产业热点已经由上海北部向金山、奉贤等环杭州湾地区转移。江苏省也将化工产业沿江布局的思路转为沿海布局的思路，特别是南京市的部分化工产业向沿海转移已多次提上日程，虽然一些大企业搬迁遇阻，但是部分小企业已经向江苏沿海地区转移。

化工企业入园区（退城入园）的政策思路让新建企业都布局在各城市的专业化工园区，城市其他地区逐步搬迁至园区，如江苏省实行了几次化工企业整治行动，南京、武汉等大城市也启动了化工企业“关停并转”活动，促进了城市内部的化工企业格局演变，如南京燕子矶地区部分化工企业搬迁到化工园、武汉三环以内化工企业也部分搬迁到化工园，而像岳阳云溪、咸宁嘉鱼、池州东至等地区也将新建的化工企业全部布局在专业化工园区内。

“飞地经济”共建产业园区模式也促进了化工产业的转移，如江苏沿岸地区的“飞地经济”、苏南—苏北共建产业园区、武汉—洪湖“飞地经济”及武汉—嘉鱼“飞地经济”等。促进基础肥料向资源产地和优势企业集中的政策也可以从前面的研究中得出，肥料行业产能大幅从长三角沿岸地区向湖北宜昌转移。严格排放标准，对不能达标排放的企业一律停产整顿，重点加强江河湖泊和人口密集区等敏感地区产业发展的监督指导也反映在部分省市化工行业专项整治行动之中，另外，在2007年太湖蓝藻事件后太湖流域的化工企业整治行动也能体现。

（2）沿江各省（市）产业政策影响着区域内部及沿岸地区的化工产业布局

江苏省：江苏省沿岸地区是我国重要的化工产业带，江苏省政府比较重视化工企业发展与布局问题，特别是对环境保护工作的愈加重视和环境规制水平的提升，化工产业布局方面出台了一系列政策措施（表8-3），是沿江省市中的典型。

**表8-3 江苏省影响化工产业发展与布局的政策文件梳理**

| 序号 | 文件名 | 发文单位 | 文件号 | 年份 |
|---|---|---|---|---|
| 1 | 《江苏省政府关于深入推进全省化工行业转型发展的实施意见》 | 江苏省人民政府 | 苏政发〔2016〕128号 | 2016 |
| 2 | 《江苏省政府关于加强长江流域生态环境保护工作的通知》 | 江苏省人民政府 | 苏政发〔2016〕96号 | 2016 |

续表

| 序号 | 文件名 | 发文单位 | 文件号 | 年份 |
|---|---|---|---|---|
| 3 | 《中共江苏省委　江苏省人民政府关于新一轮支持沿海发展的若干意见》 | 江苏省人民政府 | 苏发〔2016〕28 号 | 2016 |
| 4 | 《江苏省政府办公厅关于印发全省开展第三轮化工生产企业专项整治方案的通知》 | 江苏省人民政府办公厅 | 苏政办发〔2012〕121 号 | 2012 |
| 5 | 《江苏省政府办公厅关于切实加强化工园区（集中区）环境保护工作的通知》 | 江苏省人民政府办公厅 | 苏政办发〔2011〕108 号 | 2011 |
| 6 | 《江苏省政府办公厅关于印发全省深入开展化工生产企业专项整治工作方案的通知》 | 江苏省人民政府办公厅 | 苏政办发〔2010〕9 号 | 2010 |
| 7 | 《江苏省政府关于促进沿海开发的若干政策意见》 | 江苏省人民政府 | 苏政发〔2010〕2 号 | 2010 |
| 8 | 《江苏省政府关于印发推进环境保护工作若干政策措施的通知》 | 江苏省人民政府 | 苏政发〔2006〕92 号 | 2006 |
| 9 | 《江苏省政府办公厅关于印发全省化工生产企业专项整治方案的通知》 | 江苏省人民政府办公厅 | 苏政办发〔2006〕122 号 | 2006 |
| 10 | 《江苏省环保厅　发展改革委　经贸委关于开展太湖流域地区化工行业污染整治工作的通知》 | 江苏省环保厅等 | 苏环控〔2005〕50 号 | 2005 |
| 11 | 《中共江苏省委　江苏省人民政府关于加快沿江开发的意见》 | 中共江苏省委 | 苏发〔2003〕13 号 | 2003 |

江苏省从“沿江开发”到“沿海开发”的战略转变中，化工企业布局也随之呈现演变的趋势。在20世纪90年代江苏省实施沿江开发战略、2003年加快沿江开发的意见实施中，可知江苏省主要基于临江适宜发展大运输量、大用水量、大进大出产业的优势，着眼吸纳国际制造业向沿江转移，在沿岸地区重点发展化工产业集群。2016年，江苏省进一步明确沿海发展战略，明确提出鼓励苏南及沿岸地区绿色先进的重化工产能向沿海地区转移，加快推进连云港化工产业基地建设；有序推进区域中心城市周边和沿江两岸化工企业向有环境容量的沿海地区转移，推动沿江、环太湖化工生产企业搬迁进入沿海化工园区。这一政策导向将江苏化工产业空间格局由沿江向沿海转变。

随着化工企业集中布局的风险增大以及环境保护要求的提升，江苏省自2006年起，接连实施了3轮化工企业专项整治工作（2006年开始第一轮、2010年开始第二轮、2012年开始第三轮），在清查化工企业违法违规、推动石化企业向化工集中区（化工园区）集中、关停小企业、迁出或关停主城区和生态敏感区化工企业、提升化工该企业市场准入、加大环境审批与执法力度等方面开展了专项行动，对江苏省沿岸地区化工产业格局造成了深远的影响。

产业准入门槛逐步提高，2006年规定，新建化工项目投资额不得低于3 000万元（苏南）、2 000万元（苏北）；2010年规定，新建化工项目投资额不得低于5 000万元（不含土地费用、不得分期投入）；2011年规定，新建（含异地搬迁）化工项目投资额不得低于1亿元（不含土地费用、不得分期投入）。

化工企业进园区的政策方面，也与国家相关政策紧密结合。2005年，江苏省提出向园区集中一批企业，而2006年开始的化工专项整治也明确将推动化工生产企业向化工集中区域集中作为目标，同时2006年的政策表明小型化工企业必须搬迁进入园区，逾期未进入园区的依法责令关停。从2007年起，对园区以外的小型化工企业，不再批准任何形式的改扩建项目。而到2010年，化工项目的核准（备案）由省辖市以上投资主管部门负责，各县（市、区）一律不得审批化工项目；新建（含搬迁）化工项目，必须进入省级化工园区或经省辖市人民政府确认、环评文件经省环保厅批准的化工集中区，否则不予审批。可见，化工产业集中进园区的政策越加严格，这也推进了化工企业集中化发展格局。

上海市：通过《上海市石油和化工产业“十二五”发展规划》（沪经信重〔2012〕410 号）的解读与梳理可知，上海市依托上海石化、高桥石化、上海华谊等骨干企业，形成了石油化工、化工原料、煤基化工、精细化工、橡塑制品五大板块。空间结构上，外环线以内化工企业仅 100 余家，占上海市企业的数量不到 10%。化工企业主要布局于金山石化地区、吴泾化工基地、高桥化工基地、上海化学工业区、上海化学工业区奉贤分区及金山分区、上海精细化工园区等集聚区。这些集聚区也形成了上海市化工企业布局的整体格局。

安徽省：安徽省在化工方面出台了《安徽省石化产业调整和振兴规划》（皖政〔2009〕82 号）、《安徽省人民政府办公厅关于促进我省化工产业健康发展的意见》（皖政办〔2012〕57 号）、《安徽省人民政府关于印发安徽省新型化工基地发展纲要（2013—2020 年）》（皖政〔2013〕13 号）等产业发展规划与指导意见。提出加快建设安庆石油化工基地、淮南煤化工基地、定远盐化工基地等三大新型化工产业基地；打造铜陵化工集聚区、池州香隅化工园区等五个特色化工集聚区；建设安庆石化炼化一体化及安庆石化园、华谊集团煤化工基地一期及无为化工园。可知安徽省在化工产业布局上在石油化工、煤化工、盐化工方面形成了空间差异化与分工。安徽省长江沿江地市安庆主要承担石油化工产业、无为县以华谊集团为龙头的煤化工、沿江重点布局池州香隅化工园、铜陵化工集聚区等。化工产业空间演化分析结果也充分反映了这些政策的空间布局思路，安庆炼焦业萎缩、炼油业及其他化工行业增长，池州东至出现新的化工产业布局“热点”。2012 年安徽省规定新建化工项目，原则上在省政府确定的基地和专业化工园布局，其中基础原料项目原则上只在基地布局。严格审核化工项目建设用地，对不符合产业政策、规划或布局要求的建设项目，一律不得批准用地。

九江：通过对《九江市千亿级石化产业发展规划（2013—2017年）》、《九江市化工行业安全发展规划（2012—2015年）》（九府厅发〔2013〕2号）、江西省“十三五”规划以及九江市“十三五”规划等政策文件进行梳理发现，九江是全国具有影响力的特色石油化工产业基地，永修是世界领先的有机硅产业基地；确定在九江市各区县中设立12个化工园区（化工产业集中区），且各园区产业分工互补。

湖北：《湖北省石油和化学工业“十二五”发展规划》指出湖北省已形成武汉石化、荆门石化和江汉油田等大型炼化一体化基地，基本建成宜昌猇亭、荆门东宝和胡集、潜江泽口、襄樊余家湖和老河口、荆州沙市和石首、孝感应城、黄冈武穴等一批化学工业园区，形成了一批各具特色的石油化工、煤化工、磷化工、盐化工、精细化工和化工新材料产业基地和产业集群。提出重点建设八大园区，其中长江沿岸包括武汉化工新区、宜昌化学工业园、黄冈化工产业园、鄂州葛店经济技术开发区精细化工产业园。

岳阳：湖南省及岳阳市并未出台专门的化工产业规划及政策。岳阳市“十三五”规划中提出岳阳绿色化工产业园重点发展炼化催化剂、化工新材料及特种化学品产业。

重庆：《重庆市化学工业三年振兴规划》（渝府发〔2012〕87号）指出重庆市基本形成了长寿、涪陵两大化工基地和万州、丰都等特色化工集中区，初步实现天然气化工、石油化工、氯碱化工等产业耦合发展；重点发展炼油石化、天然气化工、化工新材料、精细化工四大产业板块；长寿化工基地（长寿经开区重化工园）布局大型炼化一体化项目，为重庆市化工发展提供石化原料；涪陵化工基地（白涛化工园区、龙桥工业园区）大力发展氯碱化工，涪陵建成重庆市化工新材料、精细化工、优质化肥产业基地；万州工业园区依托岩盐资源优势重点发展氯碱/多晶硅/单晶硅、盐/纯碱、氟氯代/氯代吡啶中间体、高效低毒农药等，并承接长寿的炼油石化原料下游产业；对重庆化工产业布局有了较为明晰的思路指导。

泸州、宜宾：根据《四川省“十二五”油气化工产业发展规划》（2011）、四川省“十三五”规划、泸州市“十一五”“十二五”及“十三五”规划、《泸州市人民政府办公室关于印发 2014 年化工产业突破工作方案的通知》（泸委办发〔2014〕1 号）、《四川省泸州市化学工业发展规划》（2013）、《四川省人民政府办公厅关于进一步加强长江流域四川境内化工矿山企业安全监管工作的实施意见》（川办发〔2016〕30 号）、宜宾市“十三五”规划等政策文件可知，四川省重点培育 10 个化工产业园区；川南及沿江新型资源化工产业聚集带重点发展新型天然气化工、现代煤化工、氯碱化工、石化下游及硅氟材料、硫磷钛化工、多晶硅及光伏材料、生物化工；依托川南煤炭资源，建设泸州煤气化中心，实现天然气化工与煤化工的结合；泸州重点建设“西部化工城”，包括泸州化工园区、四川合江临港工业园区、泸州经济开发区。宜宾打造新型化工轻纺建材基地，建设世界维卡纤维研发生产基地、中国西部精细化工基地和中国西部新型建材生产基地。

值得注意的是，2016 年 5 月四川省出台文件规定严格化工园区（集中区）规划，将化工园区（集中区）规划纳入城市总体规划和产业发展规划，从严审批设立化工园区（集中区）；化工园区（集中区）必须与江河保持足够的安全防护距离，入园项目应符合产业政策和行业规范的（准入）条件要求，并定期开展化工园区（集中区）整体安全风险评价；要大力推动高污染、安全风险大的沿江（河、湖）企业退出，全面排查生产装备安全保障水平低、环境保护设施差以及不符合国家产业政策的小型化工厂，列出淘汰企业（产能）清单；进一步完善沿江化工园区安全准入条件和区域环境准入条件。提高沿江化工产业准入条件。

总的来看，江苏省针对化工产业出台的政策最多，并且出台了许多产业发展的限制性和约束性政策，而其他省市仅部分出台了化工产业的布局规划。但从国家到地方的一系列产业政策共同形成了长江沿岸化工产业格局及其演变的基础。

### 8.1.2 环境规制政策措施的定性分析

（1）相关的国家层面法律法规

通过对国家层面法律、行政法规和环境保护部门的规章梳理统计，自20世纪80年代以来，与化工产业发展和布局相关的法律法规一共60余项（表8-4、表8-5）。其中，包括大气污染、水污染、固废污染、噪声污染相关的防治法，建设项目环境影响评价相关的法律法规，企业环境信息公开、污染源自动监察等部门规章，排污费征收、环境监察执法、环境行政处罚等执法监察方面的部分规章，公众参与、环境信访、环境举报热线方面的部门规章，突发环境事件信息报告、应急预案和调查处理等一系列法规和规章，还有太湖流域、淮河流域、近岸海域等重点水域和流域的管理条例和办法。可以知道，在针对环境保护方面，国家层面已经形成了一套“事前—事中—事后”的法律法规体系。

表8-4 国家层面环境保护法律法规类型梳理

| 类型 | 法律法规 |
| --- | --- |
| 污染防治 | 《大气污染防治法》《水污染防治法》《固体废物污染环境防治法》《噪声污染防治法》 |
| 清洁生产 | 《清洁生产促进法》《循环经济促进法》《节约能源法》《可再生能源法》 |
| 环境影响评价 | 《环境影响评价法》《规划环境影响评价条例》《建设项目环境保护管理条例》《建设项目环境保护管理程序》等 |
| 环境执法 | 《环境监察办法》《环境行政处罚办法》《征收排污费暂行办法》《按日连续处罚办法》《查封扣押办法》《限制生产停产整治办法》《限期治理管理办法》等 |
| 企业信息公开 | 《企业信息公示暂行条例》《企业事业单位环境信息公开办法》 |
| 公众参与 | 《环境保护公众参与办法》《环保举报热线工作管理办法》《环境信访办法》等 |
| 突发环境事件 | 《国家突发环境事件应急预案》《突发环境事件应急管理办法》《突发环境事件信息报告办法》《突发环境事件调查处理办法》等 |

续表

| 类型 | 法律法规 |
|---|---|
| 污染监控 | 《污染源自动监控设施现场监督检查办法》《污染源自动监控管理办法》《环境监理工作暂行办法》等 |
| 流域管理 | 《太湖流域管理条例》《淮河和太湖流域排放重点水污染物许可证管理办法》等 |
| 危化品管理 | 《危险化学品安全管理条例》《新化学物质环境管理办法》《废弃危险化学品污染环境防治办法》等 |

注：根据生态环境部网站公布法律法规文件整理总结。

**表 8-5　国家层面化工产业相关的环境规制法律法规**

| 序号 | 类型 | 名称 | 发布年份 | 序号 | 类型 | 名称 | 发布年份 |
|---|---|---|---|---|---|---|---|
| 1 | 法律 | 《中华人民共和国大气污染防治法》 | 2015 | 10 | 法律 | 《中华人民共和国清洁生产促进法》 | 2002 |
| 2 | 法律 | 《中华人民共和国环境保护法》 | 2014 | 11 | 法律 | 《中华人民共和国大气污染防治法》 | 2000 |
| 3 | 法律 | 《中华人民共和国循环经济促进法》 | 2008 | 12 | 法律 | 《中华人民共和国环境噪声污染防治法》 | 1996 |
| 4 | 法律 | 《中华人民共和国水污染防治法》 | 2008 | 13 | 法律 | 《中华人民共和国环境保护法》 | 1989 |
| 5 | 法律 | 《中华人民共和国节约能源法》 | 2007 | 14 | 法律 | 《中华人民共和国海洋环境保护法》 | 1982 |
| 6 | 法律 | 《中华人民共和国可再生能源法》 | 2005 | 15 | 法规 | 《企业信息公示暂行条例》 | 2014 |
| 7 | 法律 | 《中华人民共和国固体废物污染环境防治法》 | 2004 | 16 | 法规 | 《太湖流域管理条例》 | 2011 |
| 8 | 法律 | 《中华人民共和国环境影响评价法》 | 2002 | 17 | 法规 | 《危险化学品安全管理条例》 | 2011 |
| 9 | 法律 | 《中华人民共和国水法》 | 2002 | 18 | 法规 | 《规划环境影响评价条例》 | 2009 |

续表

| 序号 | 类型 | 名称 | 发布年份 | 序号 | 类型 | 名称 | 发布年份 |
|---|---|---|---|---|---|---|---|
| 19 | 法规 | 《国家突发环境事件应急预案》 | 2006 | 30 | 规章 | 《环境保护公众参与办法》 | 2015 |
| 20 | 法规 | 《危险废物经营许可证管理办法》 | 2004 | 31 | 规章 | 《突发环境事件应急管理办法》 | 2014 |
| 21 | 法规 | 《排污费征收使用管理条例》 | 2003 | 32 | 规章 | 《环境保护主管部门实施按日连续处罚办法》 | 2014 |
| 22 | 法规 | 《危险化学品安全管理条例》 | 2002 | 33 | 规章 | 《环境保护主管部门实施查封、扣押办法》 | 2014 |
| 23 | 法规 | 《中华人民共和国水污染防治法实施细则》 | 2000 | 34 | 规章 | 《环境保护主管部门实施限制生产、停产整治办法》 | 2014 |
| 24 | 法规 | 《建设项目环境保护管理条例》 | 1998 | 35 | 规章 | 《企业事业单位环境信息公开办法》 | 2014 |
| 25 | 法规 | 《淮河流域水污染防治暂行条例》 | 1995 | 36 | 规章 | 《突发环境事件调查处理办法》 | 2014 |
| 26 | 法规 | 《中华人民共和国防治陆源污染物污染损害海洋环境管理条例》 | 1990 | 37 | 规章 | 《环境监察执法证件管理办法》 | 2013 |
| 27 | 法规 | 《建设项目环境保护管理程序》 | 1990 | 38 | 规章 | 《环境监察办法》 | 2012 |
| 28 | 规章 | 《建设项目环境影响后评价管理办法（试行）》 | 2015 | 39 | 规章 | 《环境污染治理设施运营资质许可管理办法》 | 2012 |
| 29 | 规章 | 《建设项目环境影响评价资质管理办法》 | 2015 | 40 | 规章 | 《污染源自动监控设施现场监督检查办法》 | 2012 |

续表

| 序号 | 类型 | 名称 | 发布年份 | 序号 | 类型 | 名称 | 发布年份 |
|---|---|---|---|---|---|---|---|
| 41 | 规章 | 《突发环境事件信息报告办法》 | 2011 | 53 | 规章 | 《环境信访办法》 | 2006 |
| 42 | 规章 | 《环保举报热线工作管理办法》 | 2010 | 54 | 规章 | 《污染源自动监控管理办法》 | 2005 |
| 43 | 规章 | 《环境行政执法后督察办法》 | 2010 | 55 | 规章 | 《废弃危险化学品污染环境防治办法》 | 2005 |
| 44 | 规章 | 《地方环境质量标准和污染物排放标准备案管理办法》 | 2010 | 56 | 规章 | 《建设项目环境影响评价资质管理办法》 | 2005 |
| 45 | 规章 | 《新化学物质环境管理办法》 | 2010 | 57 | 规章 | 《环境保护法规制定程序办法 》 | 2005 |
| 46 | 规章 | 《环境行政处罚办法》 | 2010 | 58 | 规章 | 《淮河和太湖流域排放重点水污染物许可证管理办法（试行）》 | 2001 |
| 47 | 规章 | 《限期治理管理办法（试行）》 | 2009 | 59 | 规章 | 《近岸海域环境功能区管理办法》 | 1999 |
| 48 | 规章 | 《建设项目环境影响评价文件分级审批规定》 | 2009 | 60 | 规章 | 《环境标准管理办法》 | 1999 |
| 49 | 规章 | 《境行政复议办法》 | 2008 | 61 | 规章 | 《化学品首次进口及有毒化学品进出口环境管理规定》 | 1994 |
| 50 | 规章 | 《排污费征收工作稽查办法》 | 2007 | 62 | 规章 | 《环境监理工作暂行办法》 | 1991 |
| 51 | 规章 | 《环境监测管理办法》 | 2007 | 63 | 规章 | 《全国环境监测管理条例》 | 1983 |
| 52 | 规章 | 《境信息公开办法（试行）》 | 2007 | | | | |

环保相关法律法规也日趋完善和严格。2014 年新修订的《环境保护法》（2015 年 1 月 1 日起实施）（以下简称新环保法）被誉为“史上最严环保法”，在明确政府的环境责任，解决违法成本低的问题，破解资源低价、环境廉价问题，完善环境保护社会治理体系，依靠技术解决污染等方面进行了较大的制度创新（杨朝飞等，2015）。新环保法针对环境违法成本过低的问题做出了系列的修订。造成环境损害的应承担环境侵权责任（第五条、第六条、第六十九条），规定违法排污、拒不改正，按日计罚（第五十九条），其中“按日计罚”是新环保法的亮点之一，体现了环保法的处罚力度明显加大。针对“双超”的可责令限产、停产或停业、关闭（第六十条），甚至可以查封扣押造成严重污染的设施、设备（第二十五条），且规定有关环境服务企业承担环境污染和生态破坏的连带责任（第六十五条）。2014 年 12 月以来，环境保护部针对环境违法处罚等方面相继出台了《环境保护主管部门实施按日连续处罚办法》《环境保护主管部门实施查封扣押办法》等多个配套文件。新环保法实施以来，环境行政执法取得进展，按日计罚、实施查封与扣押、实施限产与停产、移送行政拘留等案件达数百件。如 2015 年 5 月哈尔滨市环保部门针对某供热公司的环境违法行为开出新环保法施行“按日计罚”后的第一批最高罚单（200 万元）。针对企业而言，环保部门推动出台了《关于落实环保政策法规防范信贷风险的通知》《环境保护、节能节水项目企业所得税优惠目录（试行）》等一系列环境经济政策文件。环境经济政策成效初步显现，比如全国数万条企业环境违法信息纳入人民银行征信系统，作为信贷重要依据。

对于政府而言，新环保法第六条规定“地方各级人民政府应当对本行政区域的环境质量负责”，在考核、监督与追责方面，新环保法规定实行环保目标责任制和考核制度（第二十六条），规定政府向人大报告环境状况和环境保护目标完成情况，依法接受监督（第二十七条），并且接受公民、法人和社会组织的监督（第五十七条），而对渎职、不作为等依法追究责任（第六十八条）。通过一系列规定加强了对地方政府的监督，并且新环保法实施以来生态环境部已相继对地方政府进行约谈。

虽然国家已经出台了许多环境规制方面的法律法规，但是问题在于各级地方政府的执行能力和力度。国家层面的环境保护法律发挥对各地区“一视同仁”，但各地区地方政府对环境保护的重视程度、经济发展的阶段和“冲动”、工业化进程、环境执法力度、公众环保意识、污染治理技术等诸多因素共同造成了各城市在环境规制方面的差异性。

（2）排污费收费标准

长江沿江各地区排污费收费标准不尽相同，总体特征是下游地区高于上游地区，特别是南京市、太湖流域排污收费标准相对较高。

排污收费制度是我国基本的环境规制制度，也是世界各国的通行做法。实行这一制度，对于防治环境污染、改善环境质量具有重要意义。我国先后于 1982 年、1988 年公布实施了《征收排污费暂行办法》和《污染源治理专项基金有偿使用暂行办法》。但是，随着环境保护事业的发展和财政管理体制的改革，排污收费制度在实施中出现了一些新的变化，如法律依据发生变化、财政体制发生变化等，我国在总结二十来年排污费征收和使用管理实践经验的基础上制定了《排污费征收使用管理条例》。2003 年，国务院发布《排污费征收使用管理条例》，指出直接向环境排放污染物的单位和个体工商户（排污者），应当缴纳排污费。同年，国家发展计划委员会、财政部、国家环境保护总局、国家经济贸易委员会配套发布了《排污费征收标准管理办法》，规定污水排污费每一污染当量征收标准为 0.7 元，废气排污费每一污染当量征收标准为 0.6 元。2014 年，国家发改委、财政部、环保部联合发布《关于调整排污费征收标准等有关问题的通知》（发改价格〔2014〕2008 号），调整排污费征收标准。要求 2015 年 6 月底前，将废气中的二氧化硫和氮氧化物排污费征收标准调整至不低于每污染当量 1.2 元，将污水中的化学需氧量、氨氮和五项主要重金属（铅、汞、铬、镉、类金属砷）污染物排污费征收标准调整至不低于每污染当量 1.4 元，同时指出加强环境执法检查，主动接受社会监督。

自国家 2003 年出台排污费征收条例、实行排污费征收标准以来，江苏和上海市一直保持着比国家更高的标准。特别是江苏省沿岸地区废气排污费在2007年就达到国家现行标准，污水排污费在2010年就达到国家现行标准。特别是2007年太湖水污染事件爆发以后，2010年江苏省针对太湖流域污水排污费征收标准进行提高，由每污染当量0.9元提高到1.4元，调整范围涉及无锡、苏州、常州、丹阳的全部行政区域，以及句容、高淳、溧水行政区域内对太湖水质有影响的河流、湖泊、水库、渠道等水体所在区域。值得注意的是，南京市排污费征收标准自2015年提升以来，占据长江沿岸各城市的首位，高出国家标准3～4倍，体现了南京市在环境规制改革上的大力度和高强度，而中上游沿江省份和地市基本按照国家标准执行，标准明显低于上海、江苏地区（表8-6，图8-1）。

表8-6　沿江城市主要污染物排污费征收标准

| 城市 | $SO_2$ | $NO_x$ | COD | $NH_3$-N | 五项重金属 |
|---|---|---|---|---|---|
| 上海 | 4 | 4 | 3 | 3 | 1.4 |
| 南京 | 5 | 6 | 5 | 5 | 6 |
| 江苏其他沿江城市 | 3.6 | 3.6 | 4.2 | 4.2 | 4.2 |
| 中上游沿江城市 | 1.2 | 1.2 | 1.4 | 1.4 | 1.4 |

注：①排污费征收标准数据采集自各省市关于调整排污费征收标准的通知；②时间节点为2016年；③排污费单位为元/每污染当量；④数据源于沪价〔2008〕8号、苏价费〔2015〕276号等文件。

（3）化工产业布局调整措施

从沿岸地区来看，江苏省在化工方面出台了一系列针对性政策措施。江苏省在2006年、2010年、2012年相继开展了三轮化工生产企业专项整治行动。且江苏省政府在2016年10月出台《江苏省政府关于深入推进全省化工行业转型发展的实施意见》。地方政府对太湖流域化工产业进行了大规模的关停并转，特别是无锡市。同时，南京市也开展了江南地区（燕子矶地区）化工企业专项整治，常州、镇江等沿江各城市也开展了化工专项整治行动。2016年7月，《江苏省政府关于加强长江流域生态环境保护工作的通知》中明确指出严禁在干流及主要支流岸线1 km范围内新建、

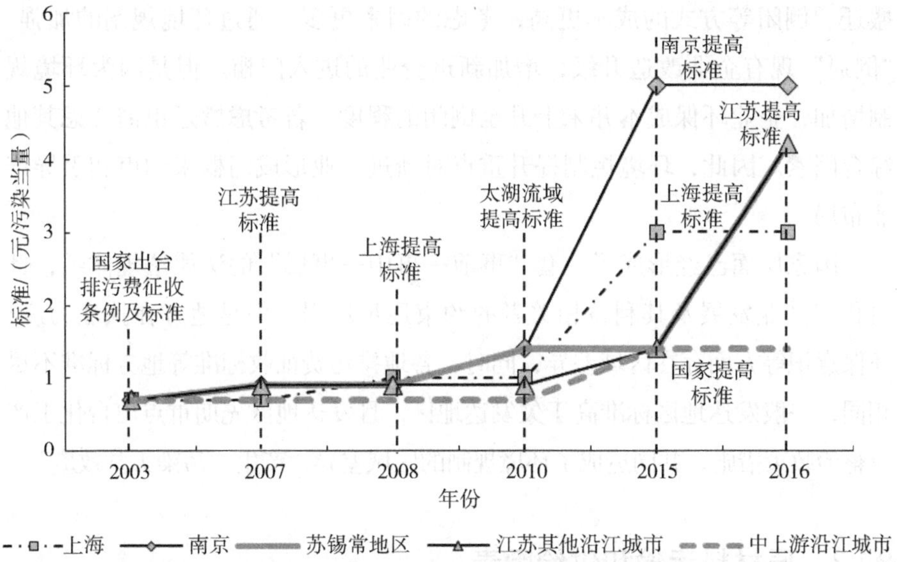


图 8-1　长江沿岸各城市污水排污费征收标准

注：2010 年太湖流域污染排污费提高标准设计的城市包括无锡、苏州、常州、镇江丹阳的全部行政区域，以及镇江句容和南京市高淳、溧水部分地区，镇江未在图中体现。

布局重化工园区和危化品码头，严格限制在长江沿线新建石油化工、煤化工等中重度化工项目。2016 年 7 月，《中共江苏省委　江苏省人民政府关于新一轮支持沿海发展的若干意见》提出鼓励苏南及沿岸地区绿色先进的重化工产能向沿海地区转移，再次明确江苏省化工布局重点由沿江向沿海转变的思路。

（4）环境规制提升对企业成本的影响

环境规制提高对企业成本产生影响，从而影响企业区位选择。本书在研究过程中，针对“环境规制加强—企业环保成本上升—企业搬迁”的逻辑问题对环保系统工作人员进行了访谈。了解到，化工企业环保费用主要包括废水、废气污染治理装置，装置一次性建设费用、运行费用，雨污分流设施费用，环境在线监测仪等费用。企业规模越大环保成本相对越高，一般化工企业环保成本比例为 4%～10%，特大型企业环保成本占 20% 左右。因此，环境规制的提升对大企业影响更为突出，但是大企业由于选择搬迁、倒闭等方式的成本更高，考虑的因素更多。通过环境规制的加强，“倒逼”现有企业改造升级，增加新进企业的进入门槛。但是因为环境规制增加，企业环保成本并未上升至倒闭的程度，若考虑搬迁也需考虑其他综合因素。因此，环境规制提升重点对新进企业形成门槛来约束和引导产业布局。

国家层面已经形成了一套“事前—事中—事后”的法律法规体系，针对化工产业发展及其利益相关者的约束逐步增强。但是地方在执法力度、环保意识等方面存在区域差异，同时，各地排污费征收标准等地方标准不尽相同，一般发达地区标准高于欠发达地区，且发达地区先期重点出台化工产业整治政策措施，共同造成了环境规制的区域差异，产生“污染天堂效应”。

### 8.1.3 原材料运输和供给因素

石油是化工产业的重要基础原料，石油资源的供给是影响化工产业布局的主要因子之一。长江沿江及其附近地区仅有两个油田——江苏油田和江汉油田，年原油产量分别为 171.2 万 t 和 98.2 万 t（2013 年）（中国化学工业年鉴，2014），另外，通过原油管道联系长三角地区的胜利油田年原油产量为 2 776.2 万 t。我国原油进口依存度高，且原油进口量大幅增加，原油净进口量从 2000 年的 5 983 万 t 上升到 2013 年的 28 052 万 t，原油进口金额从 2000 年的 46.41 亿美元上升到 2013 年的 2 195.49 亿美元。

2013 年，长江沿岸千万吨级炼厂包括中石化所属的上海石化（1 400 万 t/a）、金陵石化（1 300 万 t/a）和高桥石化（1 130 万 t/a）。2013 年中石化所属安庆石化和武汉石化分布新增炼油生产能力 350 万 t/a 和 300 万 t/a。

长期以来，长江沿岸一直是中石化的炼化产业重点布局地区，中石化不仅拥有扬子石化、仪征化纤、上海石化、安庆石化、九江石化、武汉石化等，此外还合资成立了扬子石化—巴斯夫公司、上海赛科石油化工公司。

过去相当长时间里，中石化主要依靠长江水运来进行原油、石化产品运输。一般情况下，中石化通过鲁宁管线将大庆、胜利油田的原油输送到南京港的油库，通过南京港的码头装卸至水运公司的驳船，然后由驳船将原油由南京转运至长江中上游的各大石化企业。随着安全、环保、经济等方面的要求，中石化制定了"管道战略"，在长江沿江建设管道输送原油，通过管道输送成品油。

长江沿岸主要以仪征—长岭原油管道（仪长线）为轴线（图 8-2），仪长线全长 996 km，干线以江苏为起点，途经安徽、湖北、湖南，终点在湖南省的长岭分公司油库，是中国石化沿江管道建设中极为重要的管道之一。2006 年 5 月 25 日，仪长线试投产，从此沿江安庆、九江、武汉、长岭、荆门等炼化企业摆脱了原来受制于长江水运的历史。管道具有安全、高效、低耗的特征，为沿江炼化企业带来了快速发展。2009 年，沿江炼化企业相继进行了产品设备升级和规模扩张，仅武汉石化"双八"项目的全面投产，其年产值就从 400 亿元增加到 1 500 亿元左右（中石化新闻网，2015）。甬沪宁管道全长 666 km，首站位于宁波大榭岛油库，经过镇海炼化再穿越杭州湾海底到嘉兴的白沙湾油库，由此分成三路，一路通向上海石化，另一路通向上海浦东的高桥石化，还有一路则直奔南京，先到金陵石化，再穿过长江抵达扬子石化。由于管道运输具有物质专一性，部分进口原油并不能通过仪长线和来自大庆、胜利油田的原油一起运输，因此这部分原油还得通过港口和水路运输。

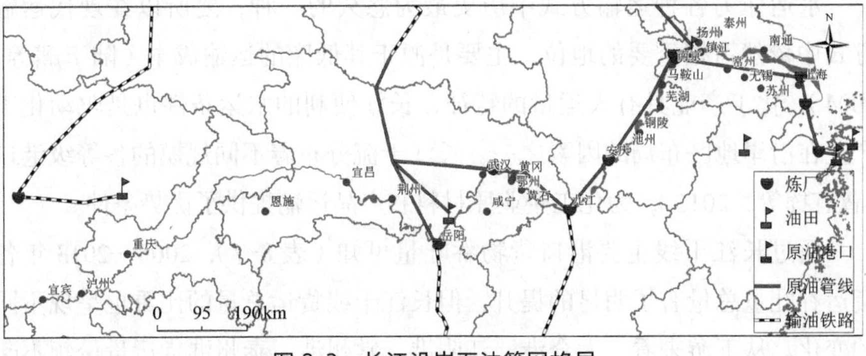


图 8-2　长江沿岸石油管网格局

注：石油管网线路参考杨足膺（2013）和郝丽莎等（2016）。

原油管道的建设推动了安庆、九江、武汉、岳阳等地炼化产业的发展，同时也推动炼化下游行业的发展，促进了沿江化工产业空间格局形成。中国依赖原油进口，沿海近海陆架矿物资源以及油气资源丰富，为工业发展提供资源保障。

长江沿岸生物质与矿物资源分布也影响着化工产业的空间格局，如湖北宜昌磷矿资源驱动肥料行业快速发展；西部页岩气资源、盐卤资源促进上游沿岸地区岩气、肥料行业的发展；安徽煤炭资源丰富促进炼焦业发展。

### 8.1.4 交通条件及港口区位因素

促进沿岸地区综合立体交通走廊的建设对原材料进入中上游地区、中上游地区产品走向下游消费市场和出口具有重要的影响，也使得中上游交通区位条件进一步改善，有利于吸引化工产业布局。

沿岸地区先后建设苏南地区沿江高速公路、苏中沿江高等级公路、安徽沿江高速公路、赣北沿江高速、重庆沿江高速公路通道。在沿江铁路大通道建设方面，合宁高速铁路、合武高速铁路的通车为我国中西部地区与东部沿海地区增加了一条快速通道，加速我国中部地区与长三角地区人流、物流、信息流、资金流的流动。

水运作为各种运输方式中历史最为悠久的一种，之所以在现代运输方式中依然占据重要的地位，主要是源于其低廉的运输成本（陆玉麒等，2004）。化工产业具有大运量的特征，长江便利的水运条件也是驱动化工产业在沿岸地区布局的因素之一。长江干流分布着不同规模的各等级港口（曹有挥等，2015），为化工企业原材料和产品运输提供了优势条件。

通过长江干线主要港口货物吞吐量可知（表 8-7），2005—2013 年各货运吞吐量总量有了明显的提升，但长江干线货运总量的比重也呈现不同的变化。从下游来看，太仓港、江阴港、常州港、泰州港货运量份额不断提升，而张家港、南通港、南京港呈现份额降低的趋势。从中游来看，大部分城市份额变化不大，安庆港、武汉港货物吞吐量降低显著，值得注意的是，岳阳港、九江港货物吞吐量份额上升明显，岳阳港货物吞吐量占长江干线总量份额由 2005 年的 1.8% 上升到 2013 年的 4.7%，到 2013 年货运吞吐量跨入亿吨级的行列，成为长江中游第一大港。

表 8-7 长江干线主要港口货物吞吐量和集装箱吞吐量

| 港口 | 货物吞吐量 / 万 t | | | | 集装箱吞吐量 / 万 TEU | | | |
|---|---|---|---|---|---|---|---|---|
| | 2005 年 | 比重 /% | 2013 年 | 比重 /% | 2005 年 | 比重 /% | 2013 年 | 比重 /% |
| 太仓 | 1 511 | 1.9 | 25 230 | 10.9 | 25.2 | 8.6 | 167.0 | 11.9 |
| 张家港 | 8 358 | 10.6 | 7 202 | 3.1 | 37.7 | 12.9 | 36.6 | 2.6 |
| 常熟 | 2 050 | 2.6 | 13 003 | 5.6 | 12.4 | 4.2 | 326.7 | 23.3 |
| 南通 | 8 327 | 10.6 | 12 493 | 5.4 | 30.1 | 10.3 | 60.0 | 4.3 |
| 江阴 | 4 278 | 5.4 | 20 900 | 9.0 | 4.9 | 1.7 | 123.0 | 8.8 |
| 常州 | 552 | 0.7 | 9 966 | 4.3 | 3.3 | 1.1 | 14.9 | 1.1 |
| 泰州 | 2 290 | 2.9 | 15 400 | 6.6 | 4.2 | 1.4 | 17.6 | 1.3 |
| 镇江 | 5 954 | 7.6 | 14 098 | 6.1 | 17.8 | 6.1 | 38.0 | 2.7 |
| 扬州 | 4 634 | 5.9 | 10 006 | 4.3 | 21.7 | 7.4 | 51.8 | 3.7 |
| 南京 | 10 686 | 13.6 | 21 100 | 9.1 | 60.5 | 20.7 | 267.0 | 19.0 |
| 马鞍山 | 2 688 | 3.4 | 7 489 | 3.2 | 3.9 | 1.3 | 7.1 | 0.5 |
| 芜湖 | 3 534 | 4.5 | 9 313 | 4.0 | 6.4 | 2.2 | 28.8 | 2.0 |
| 铜陵 | 1 923 | 2.4 | 5 905 | 2.5 | 0.2 | 0.1 | 2.2 | 0.2 |
| 池州 | 1 752 | 2.2 | 3 914 | 1.7 | 0.0 | 0.0 | 1.1 | 0.1 |
| 安庆 | 3 048 | 3.9 | 3 006 | 1.3 | 0.8 | 0.3 | 3.5 | 0.2 |
| 九江 | 1 268 | 1.6 | 6 030 | 2.6 | 4.6 | 1.6 | 19.5 | 1.4 |
| 黄石 | 1 003 | 1.3 | 2 098 | 0.9 | 0.5 | 0.2 | 2.3 | 0.2 |
| 武汉 | 4 939 | 6.3 | 7 701 | 3.3 | 23.7 | 8.1 | 85.3 | 6.1 |
| 岳阳 | 1 418 | 1.8 | 10 872 | 4.7 | 6.6 | 2.3 | 20.0 | 1.4 |
| 荆州 | 601 | 0.8 | 2 619 | 1.1 | 2.2 | 0.8 | 9.4 | 0.7 |
| 宜昌 | 1 646 | 2.1 | 6 169 | 2.7 | 1.2 | 0.4 | 10.3 | 0.7 |

续表

| 港口 | 货物吞吐量 / 万 t | | | | 集装箱吞吐量 / 万 TEU | | | |
|---|---|---|---|---|---|---|---|---|
| | 2005 年 | 比重 /% | 2013 年 | 比重 /% | 2005 年 | 比重 /% | 2013 年 | 比重 /% |
| 重庆 | 5 251 | 6.7 | 13 700 | 5.9 | 22.0 | 7.5 | 86.2 | 6.1 |
| 泸州 | 736 | 0.9 | 2 707 | 1.2 | 2.2 | 0.7 | 20.1 | 1.4 |
| 宜宾 | 411 | 0.5 | 1 180 | 0.5 | 0.0 | 0.0 | 6.0 | 0.4 |
| 总计 | 78 858 | 100 | 232 101 | 100 | 292.06 | 100 | 1 404.36 | 100 |

数据来源：《中国港口年鉴》（2006，2014）。

以南京港为例，石油及制品、金属矿石、煤炭及制品、钢铁、化工原料及制品以及集装箱为其主要货种，占南京长江港口货运量 85% 以上。2005—2013 年，石油及制品货运量占比从 44.9% 下降到 16.9%，金属货运量占比从 17.5% 上升到 19.1%，煤炭及制品货运量占比从 11.1% 上升到 27.1%，钢铁货运量占比从 7.4% 下降到 6.1%，化工原料及制品货运量维持在 6% 左右（2005 年 6.3%，2013 年 6.2%），集装箱运量占比从 5.0% 上升到 12.2%。其中，石油及制品货运量下降，这与仪长线石油管道建设与运行相关，而化工原料及制品货运量在中间时间段呈上升趋势，在 2012 年达到 7.8%，而在 2013 年仅为 6.2%，可见南京港化工原料及其制品货运量占比呈下降的趋势。

长江中上游地区特别是中游地区港口及水运的迅猛发展为长江沿岸化工原材料和产品的运输提供了可能，驱动着长江沿江化工产业空间布局，岳阳、九江、宜昌等港口运量的相对兴旺与南京、武汉等港口运量的相对衰弱一定程度上与这些城市化工产业发展相关联。

### 8.1.5 岸线资源条件及优势因素

长江岸线是指长江沿线一定范围的水域和陆域空间，是水域和陆域的结合带，是临江工业布局的重要空间和宝贵资源。化工产业具有临江布局的特征，而拥有岸线资源意味着更多的临江布局资源条件、港口建设条件、取水排水的便捷等优势。

长江干流（宜宾以下）岸线开发条件中，深水岸线条件较好的岸段有荆州岸段，南京—泰州段。稳定岸线条件较好的有武汉岸段，黄冈—池州岸段，泰州及苏州岸段。下游地区，南京以下航道水深条件好，岸线后方陆域条件较好；九江—南京岸段后方陆域条件相对较狭窄，但岸线稳定性相对较差，且深水航道有限。中游地区，航道水深受限，除武汉以外大部分城市岸线稳定性较差，岸前水深不足，但中游主要处于江汉平原地区，岸线后方陆域较宽阔，条件较好。上游地区，三峡航道虽然水深条件好，但岸线陆域严重受限，而重庆—宜宾岸段航道深水不足，岸线后方陆域狭窄。通航条件差，山地腹地陆域不够，开发条件相对较差（段学军等，2016）（图 8-3）。

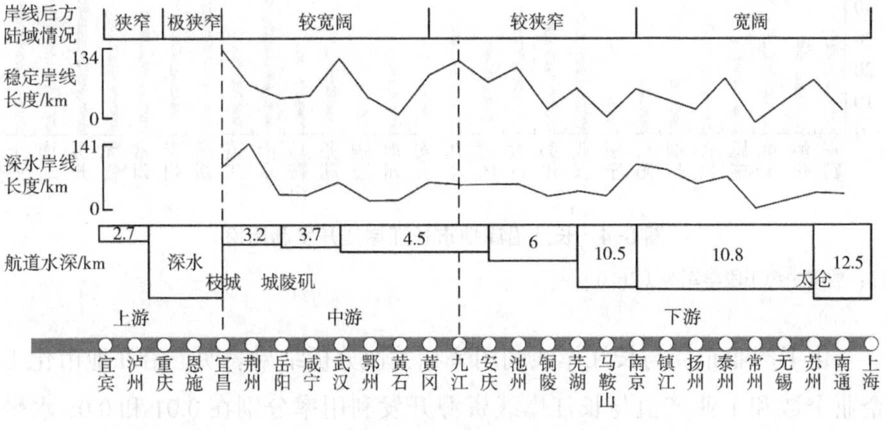


**图 8-3　长江干流岸线开发条件（段学军等，2016）**

注：①稳定岸线长度及深水岸线长度数据源于王传胜（2000）相关研究，宜昌以上城市及上海无稳定岸线及深水岸线数据；②航道水深数据源于王成金等（2015）相关研究。

综合来看，下游（特别是南京以下）长江岸线资源开发条件较好，为化工产业的布局提供了有利的地理资源条件。

长江干流岸线总长 7 908.8 km，已开发利用 2 840.3 km，利用率

35.9%。从沿江各省岸线开发利用的情况看，上海、江苏岸线的利用率较高，达到50.0%和59.2%；安徽、湖南岸线开发利用率相对较低（小于30%）。从地级以上城市来看，下游城市岸线开发利用率较高，中上游城市岸线开发利用率相对较低，其中无锡岸线开发利用率达95.4%、常州、苏州、扬州、南通岸线开发利用率也大于70%以上；而岸线开发利用率低于20%的城市包括荆州、岳阳、咸宁、安庆、铜陵，其中咸宁最低为11.7%。利用结构方面，下游城市工业岸线占比较高，特别是江苏沿江城市除南京以外港口工业岸线占比皆大于80%以上（段学军等，2020）。

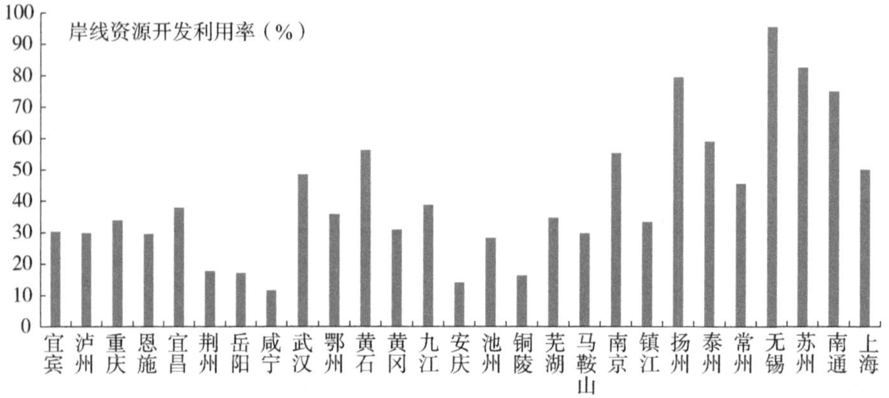


**图 8-4　长江沿岸地市长江岸线开发利用率**

注：数据来源于段学军等（2020）。

化工产业布局与长江岸线利用率相关性分析结果表明，沿江地市化工企业个数和工业产值与长江岸线资源开发利用率分别在0.01和0.05水平上呈现显著的正相关关系（表8-8）。由于大量化工产业在临江1 km范围内布局，占用长江岸线资源。例如，江阴—靖江的跨江合作，以江阴靖江工业园区为依托，整合两地资源（特别是长江岸线资源），共同发展临江工业。而长江岸线资源在很大程度上驱动以化工为代表的重化工产业布局与临江集聚发展。例如，中石化武汉乙烯基地（80万t乙烯）建设专用码头，长度仅80 m，码头上输液管路与岸上管路相接，直接通过管线将原材料送达生产车间，充分利用临江区位的优势和长江岸线资源。

表 8-8　化工产业布局与长江岸线资源利用相关性分析结果

| | 长江岸线已开发利用长度 | 长江岸线开发利用率 |
|---|---|---|
| 企业个数 | 0.300 | $0.061^{**}$ |
| 工业产值 | 0.284 | $0.472^{*}$ |

**：在 0.01 水平（双侧）上显著相关；*：在 0.05 水平（双侧）上显著相关。

注：企业个数和工业产值为 2013 年数据。

国家及省市的化工相关产业政策与布局思路深刻影响着长江沿岸的化工产业布局及其演变。丰富的水源很大程度上影响了化工产业临江布局，石油原料的供给是影响化工产业布局的重要因子，特别是随着石油管道运输的发展，欠发达地区的大型炼化行业得以快速发展。水运条件与江河港口建设为化工企业原材料和产品运输提供了优势条件。岸线资源成为临近江河化工产业布局的重要空间和宝贵资源，驱动着以化工为代表的重化工产业布局与临江集聚发展。

## 8.2　环境规制与化工布局的空间关联

### 8.2.1　环境规制空间差异的定量评估

（1）方法与数据来源

从定量化的角度来评估长江沿岸环境规制的差异。从环保部门执法、企业污染治理、公众参与监督等 3 个方面来构建指标体系（表 8-9），包括出动执法人员率等 7 个指标，重点从规制的执法、监督和执行上来综合评估地区的环境规制。

表 8-9　环境规制定量评估指标体系

| 大类 | 指标 | 指标解释 |
|---|---|---|
| 环保部门执法 | 出动执法人员率 /（人次 / 万元） | 反映地区环保部门对工业企业污染排放的检查力度和环境保护的政策的执行力度 |
| | 环保执法率 /（厂次 / 个） | |
| 企业污染治理 | 工业废水排放达标率 /% | 表征工业企业生产过程中污染减排、污染治理、废弃物利用的实施情况，反映在地方环境规制的综合压力 |
| | 工业 $SO_2$ 去除率 /% | |
| | 工业烟（粉）尘去除率 /% | |
| | 工业固废综合利用率 /% | |
| 公众参与监督 | 环保系统受理信访投诉率 /（件 / 万人） | 反映地区居民的环境保护意识和环保监督力度 |

注：出动执法人员率 = 出动环保执法人员数 / 地区工业总产值；环保执法率 = 环保执法厂次 / 地区规模以上工业企业数；环保系统受理信访投诉率 = 环保系统受理信访投诉案件数 / 地区人口数。

环境保护的执法力度存在地区差异，因此可以在一定程度上较好地反映地区的环境规制水平。统计时，经济、人口数据主要来源于《中国城市统计年鉴》（2001—2014），工业污染物排放、去除和利用数据主要来源于《中国城市统计年鉴》（2001—2014）和各地市统计年鉴和城市年鉴，环保部门执法和受理信访投诉数据主要来源于各地市环境质量状况公报（2000—2013）和城市年鉴（2001—2014），以及政府环保局网站等。采用长江沿岸 27 个城市 2000—2013 年的数据，数据描述性统计见表 8-10。

表 8-10　环境规制评估指标数据描述性统计

| 指标代码 | 指标 | 极小值 | 极大值 | 均值 | 标准差 | 方差 |
|---|---|---|---|---|---|---|
| X1 | 工业废水排放达标率 /% | 5.2 | 100.0 | 92.3 | 13.2 | 175.0 |
| X2 | 工业 $SO_2$ 去除率 /% | 2.0 | 97.9 | 41.2 | 26.5 | 704.1 |
| X3 | 工业烟（粉）尘去除率 /% | 26.0 | 100.0 | 92.2 | 13.1 | 170.6 |
| X4 | 工业固废综合利用率 /% | 25.0 | 143.2 | 83.2 | 18.7 | 347.9 |

续表

| 指标代码 | 指标 | 极小值 | 极大值 | 均值 | 标准差 | 方差 |
|---|---|---|---|---|---|---|
| X5 | 环保系统受理信访投诉率 /（件 / 万人） | 0.3 | 56.9 | 7.8 | 8.7 | 75.8 |
| X6 | 出动执法人员率 /（人次 / 万元） | 0.3 | 41.5 | 6.8 | 6.4 | 41.3 |
| X7 | 环保执法率 /（厂次 / 个） | 0.2 | 17.0 | 2.7 | 2.5 | 6.1 |

注：数据量 378 个。

采用主成分分析方法，KMO 检验值为 0.598，较符合主成分分析。采用初始特征值大于 1 的原则选取 3 个主成分，提取平方和载入累积值为 70.8%（表 8-11）。

表 8-11　环境规制主成分特征值、方差贡献率和累计贡献率的计算结果

| 成分 | 初始特征值 | | | 提取平方和载入 | | |
|---|---|---|---|---|---|---|
| | 合计 | 方差贡献率 /% | 累积 /% | 合计 | 方差贡献率 /% | 累积 /% |
| 1 | 2.3 | 33.3 | 33.3 | 2.3 | 33.3 | 33.3 |
| 2 | 1.6 | 22.2 | 55.4 | 1.6 | 22.2 | 55.4 |
| 3 | 1.1 | 15.3 | 70.8 | 1.1 | 15.3 | 70.8 |

由得分系数可知（表 8-12），主成分 1 主要承载工业废水排放达标率、工业 $SO_2$ 去除率、工业烟（粉）尘去除率这 3 个指标的信息，因此命名为“工业污染治理”主成分；主成分 2 主要承载环保系统受理信访投诉率、环保执法率、出动执法人员率等 3 项指标的信息，命名为“环保执法监督”主成分；主成分 3 主要承载工业固废综合利用率这 1 项指标的信息，命名为“工业废物利用”主成分。

表 8-12　环境规制评估各主成分得分系数

| 指标 | 主成分 F1 | 主成分 F2 | 主成分 F3 |
|---|---|---|---|
| 工业废水排放达标率 /% | 0.35 | −0.11 | 0.05 |
| 工业 $SO_2$ 去除率 /% | 0.26 | 0.05 | −0.45 |

续表

| 指标 | 主成分 F1 | 主成分 F2 | 主成分 F3 |
|---|---|---|---|
| 工业烟（粉）尘去除率 /% | 0.31 | 0.05 | −0.01 |
| 工业固废综合利用率 /% | 0.08 | 0.08 | 0.85 |
| 环保系统受理信访投诉率 /% | 0.25 | 0.34 | 0.08 |
| 环保执法率 /% | 0.06 | 0.57 | −0.08 |
| 出动执法人员率 /% | −0.27 | 0.43 | −0.06 |

注：F1=0.35 × X1+0.26 × X2+0.31 × X3+0.08 × X4+0.25 × X5+0.06 × X6−0.27 × X7；

F2=−0.11 × X1+0.05 × X2+0.05 × X3+0.08 × X4+0.34 × X5+0.57 × X6+0.43 × X7；

F3=0.05 × X1−0.45 × X2−0.01 × X3+0.85 × X4+0.08 × X5−0.08 × X6−0.06 × X7。

规制强度 G=0.47 × F1+0.31 × F2+0.22 × F3，各主成分权重采用解释方差占比计算。

指标数据计算中采用 *Z*-score 标准化方法。

（2）评估结果

整体上看（图 8-5），2000—2013 年长江沿岸环境规制强度呈现增大的趋势，特别是在 2008 年以后保持在一个相对的高强度水平，其中 2004 年和 2008 年出现了 2 个强度剧烈增大的情形。

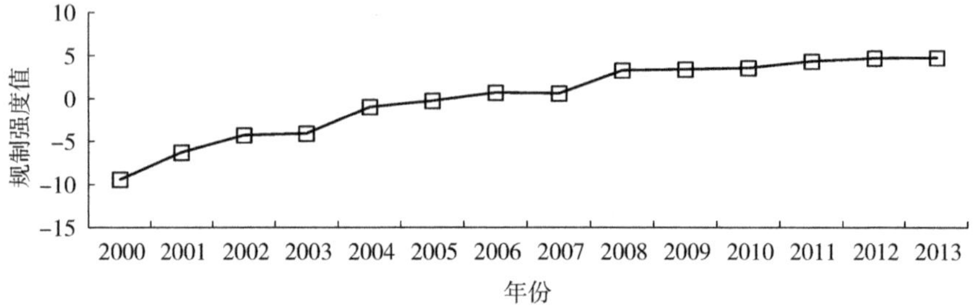


**图 8-5　长江沿岸各年份环境规制强度**

注：沿岸地区环境规制强度值为当年 27 个城市环境规制强度值加和。

从环境规制的 3 个主成分强度演变可知（表 8-13），2000—2013 年的工业污染治理强度整体上不断增大，2000 年沿江大部分城市处于一个较低的工业污染治理水平，如工业废水达标率平均在 80% 左右，而到 2013 年该项指标均接近 100%；2000 年工业 $SO_2$ 去除率平均仅 40%，而到 2013 年各城市平均达到 70% 左右，部分城市达到 90% 以上，体现了工业污染治理技术的提升，也很大程度上反映了环境规制更加严格。到 2013 年工业污染治理强度以南京、上海、黄石、铜陵、镇江等城市较高，且 2013 年沿岸地区大部分城市处于一个较高的强度水平。

表 8-13　长江沿岸地区环境规制强度及其主成分强度

| 城市 | 环境规制强度 | | 工业污染治理强度 | | 环保执法监督强度 | | 工业废物利用强度 | |
|---|---|---|---|---|---|---|---|---|
| | 2000 年 | 2013 年 | 2000 年 | 2013 年 | 2000 年 | 2013 年 | 2000 年 | 2013 年 |
| 宜宾 | -1.00 | -0.01 | -0.96 | 0.60 | -1.04 | -0.82 | -1.02 | -0.18 |
| 泸州 | -0.28 | 0.13 | -1.09 | 0.63 | 0.24 | -0.37 | 0.73 | -0.22 |
| 重庆 | -1.08 | 0.24 | -1.68 | 0.81 | 0.26 | -0.31 | -1.69 | -0.20 |
| 恩施 | -0.56 | -0.24 | -2.79 | 0.25 | 2.09 | -1.24 | 0.45 | 0.10 |
| 宜昌 | -0.11 | -0.53 | -0.90 | 0.67 | 1.56 | -1.02 | -0.76 | -2.41 |
| 荆州 | -0.81 | -0.78 | -1.12 | 0.29 | -0.97 | -1.25 | 0.07 | -2.38 |
| 岳阳 | -0.42 | -0.05 | -0.39 | 0.54 | -0.98 | -1.12 | 0.30 | 0.21 |
| 咸宁 | -0.75 | -0.45 | -1.74 | 0.52 | -0.08 | -1.07 | 0.42 | -1.67 |
| 武汉 | -0.22 | 0.43 | -0.26 | 0.81 | -0.55 | -0.12 | 0.32 | 0.36 |
| 鄂州 | -0.51 | 0.02 | -0.34 | 0.63 | -1.19 | -0.93 | 0.09 | 0.04 |
| 黄石 | -0.80 | 0.48 | -0.21 | 1.29 | -0.23 | -0.32 | -2.88 | -0.11 |
| 黄冈 | -1.15 | 0.03 | -2.08 | 0.66 | -1.27 | -0.85 | 1.02 | -0.05 |
| 九江 | -1.01 | -0.63 | -0.77 | 0.39 | -1.07 | -1.27 | -1.45 | -1.91 |
| 安庆 | -0.42 | 0.04 | 0.19 | 0.78 | -0.98 | -1.04 | -0.93 | -0.04 |
| 池州 | -1.39 | 0.16 | -1.40 | 0.85 | -0.54 | -0.88 | -2.59 | 0.14 |
| 铜陵 | 0.32 | 0.66 | 0.25 | 1.26 | 1.99 | 0.74 | -1.87 | -0.74 |
| 芜湖 | 0.04 | 0.17 | -0.31 | 0.76 | -0.19 | -0.86 | 1.10 | 0.37 |
| 马鞍山 | -0.17 | -0.07 | -0.75 | 0.56 | 1.11 | -0.45 | -0.72 | -0.88 |
| 南京 | 0.42 | 1.25 | 0.04 | 1.50 | 1.41 | 1.75 | -0.16 | 0.01 |
| 镇江 | -0.36 | 0.59 | -0.21 | 1.13 | -0.82 | 0.00 | -0.07 | 0.25 |

续表

| 城市 | 环境规制强度 | | 工业污染治理强度 | | 环保执法监督强度 | | 工业废物利用强度 | |
|---|---|---|---|---|---|---|---|---|
| | 2000 年 | 2013 年 | 2000 年 | 2013 年 | 2000 年 | 2013 年 | 2000 年 | 2013 年 |
| 扬州 | −0.03 | 0.35 | −0.07 | 0.96 | −0.25 | −0.50 | 0.37 | 0.24 |
| 泰州 | 0.05 | 0.14 | −0.24 | 0.69 | −0.22 | −0.92 | 1.05 | 0.48 |
| 常州 | 0.36 | 0.64 | 0.02 | 0.21 | 0.26 | 1.68 | 1.22 | 0.12 |
| 苏州 | 0.34 | 0.33 | −1.07 | 0.33 | 2.13 | 0.47 | 0.85 | 0.12 |
| 无锡 | −0.14 | 0.97 | −0.49 | 0.86 | −0.21 | 1.83 | 0.71 | −0.03 |
| 南通 | 0.17 | 0.33 | 0.07 | 0.84 | −0.47 | −0.42 | 1.27 | 0.30 |
| 上海 | 0.11 | 0.58 | −0.13 | 1.14 | −0.14 | 0.02 | 0.98 | 0.17 |

环保执法监督主成分在2000—2013年整体上处于一个波动下滑的趋势，因为在这部分指标中用地区人口、工业企业数和工业产值来消除地区规模与人口经济差异，从整体上反映了随着工业企业数量的增加，部分城市针对工业企业的环保执法检查频次和强度没有跟上，折射出环保执法监督落后于工业经济发展。从区域上看，长三角沿岸地区总体上保持着环保执法监督的高强度状况，特别是2010年以后整个苏南地区保持高强度的环保执法监督水平；而中上游地区环保执法监督相对来说出现了“洼地”。

从环保执法监督方面的绝对指标来看，2013年环保系统受理信访投诉量最高的为重庆（4.7万件），其次是南京（2.8万件）和上海（2.7万件），另外超过1万件的还有无锡和武汉；出动执法人员方面，最高的为苏州和无锡，分别出动环境执法人员13.7万人次和10.1万人次，其次是常州（9.3万人次）、上海（6.6万人次）、南京（6.0万人次），而最少的城市不到1 000人次；环保执法/检查企业方面，仍然是苏州、无锡、常州地区较高，其中苏州高达6.5万厂次、无锡达4.1万厂次、常州达3.9万厂次，而超过1万厂次的城市还有上海、南京和重庆。可见从绝对量来看，长三角沿岸地区的环境执法监督在长江沿岸也处于明显的高强度水平。

工业废物利用主成分在2000—2013年整体变化不大，2000年上游部分城市工业固体废弃物利用率较低，低于50%的有池州、黄石、九江等城市，而到 2013 年该项指标大部分城市达到 90% 以上，但中游仍然有部分城市较低，反映了这些地区工业技术相对落后，更反映这些地区环境治理投入不足、环境规制强度相对较低。

环境规制强度评估结果显示（图 8-6），2000—2013 年整体上环境规制强度不断提升，低环境规制强度值的城市个数不断减少，到 2013 年仅九江、荆州、宜昌、恩施环境规制强度处于较低“阶梯”。从变化上来看，长三角沿岸地区仍然整体处于环境规制的高强度序列，到 2013 年除泰州以外长三角沿岸地区城市环境规制强度值均高于 0.2，其中上海、无锡、南京、镇江高于 0.5。而中上游部分城市强度增加显著，重庆从 2000 年第 5 阶梯（强度值 -1.1）提升到 2013 年的第 2 阶梯（强度值 0.24），上升显著；武汉市环境规制强度值从 2000 年的 -0.22 提升到 2013 年的 0.43，提升幅度显著，这与武汉市在环境保护与规制方面出台多项政策密不可分；其次宜宾、泸州、岳阳、皖江沿江城市到 2013 年都上升到第 3 阶梯。2013 年，环境规制的“洼地”主要出现在九江、咸宁、荆州、宜昌、恩施，形成中部洼地带。值得注意的是，九江一直处在环境规制的“低谷”，而宜昌、荆州、咸宁等地出现规制强度降低的情形，结合环境规制主成分分析可知，这些地区由于大量承接发达地区和中心城市转移而来的工业企业，存在着环境执法监察、环境监管、污染治理上的“放松”和“掉队”。

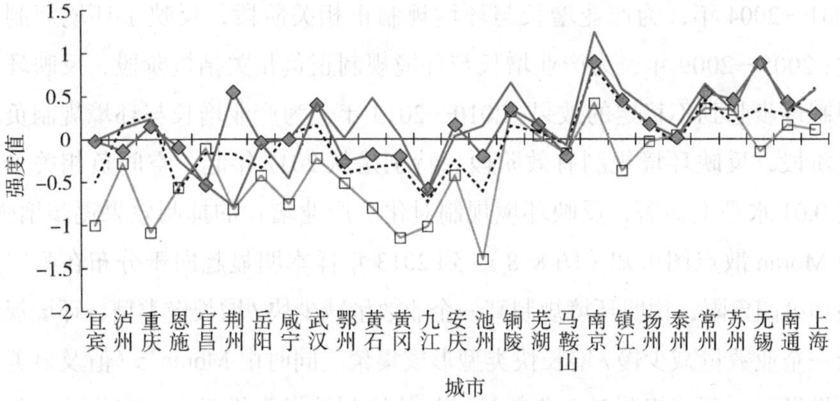


图 8-6　长江沿岸地区环境规制强度变化

另外值得注意的是，无锡市在2000年的苏南地区是环境规制最低的地区，而到2007年就已经逐步接近南京市的环境规制水平，从2008年起环境规制强度大幅增加，并在2008—2009年保持整个沿岸地区的最高水平，2009—2013年也仅次于南京市，保持在规制强度的高位。这与2007年太湖蓝藻暴发之后无锡市采取一系列的产业调整与环境规制措施息息相关。

而南京市在大多数年份一直保持较高的环境规制强度，这与南京市的环境准入门槛、环境排放标准、产业准入门槛等政策执行密切相关，也很大程度上与南京市环境规制要素的定性分析相吻合。

### 8.2.2 环境规制与产业布局的关联及影响

总体布局上结合前面分析可知，宜昌、岳阳、九江、咸宁、池州等城市是中上游地区化工产业产值增长和企业新建的热点城市。而通过环境规制强度的评估也可以发现，这些城市在环境规制强度方面与下游地区城市的差距越来越大，形成了环境规制的低谷（图8-7）。

局部自相关结果表明（表8-14，图8-8），环境规制与化工产业增长部分年份正相关，部分年份负相关。总的来看，可以划分为3个阶段，2001—2004年，为产业增长与环境规制正相关阶段，反映了环境规制失效；2005—2009年，为产业增长与环境规制正负相关拮抗阶段，反映环境规制逐步起到不稳定的效果；2010—2013年，为产业增长与环境规制负相关阶段，反映环境规制有效阶段。特别是从2012年起，空间负相关关系在0.01水平上显著，反映环境规制对化工产业增长的抑制效果逐步增强。由Moran散点图可知（图8-8），到2013年样本明显趋向于分布在第二象限和第四象限，说明环境规制高—企业数量减少快 / 增长慢类型、环境规制低—企业数量减少慢 / 增长快类型形成集聚。同时由Moran's $I$值及显著性结果发现，环境规制对企业数量增长的抑制效果要优于产业产值的抑制效果，从侧面反映了环境规制的加强对抑制中小化工企业的增长效果显著。

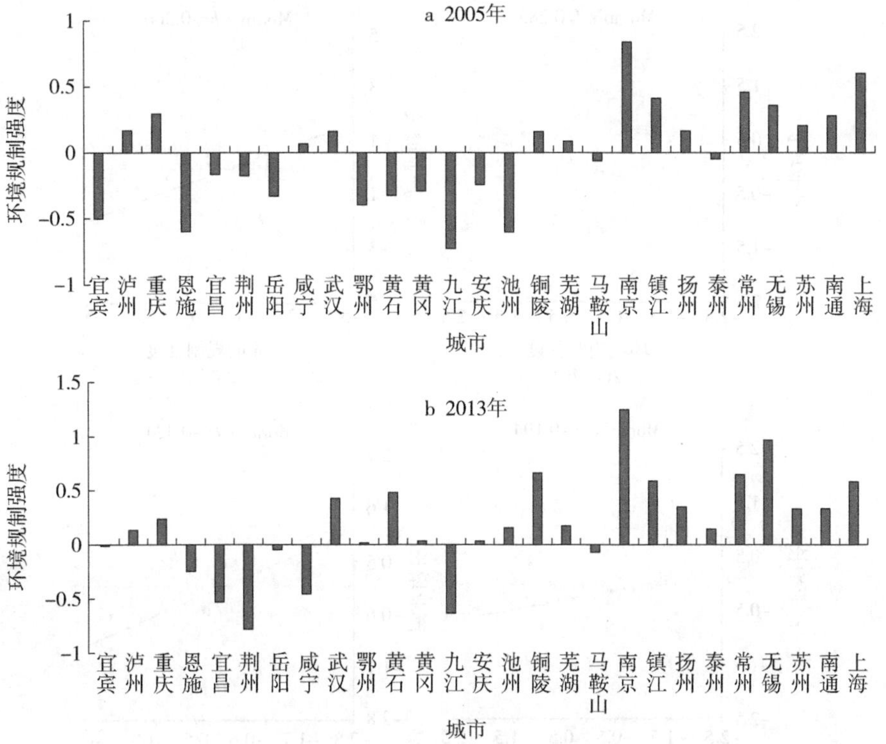


图 8-7　长江沿岸环境规制强度

表 8-14　环境规制与化工产业增长双变量局部自相关结果

| 年份 | 企业数量 | | 产业产值 | | 年份 | 企业数量 | | 产业产值 | |
|---|---|---|---|---|---|---|---|---|---|
| | Moran's $I$ | $P$ | Moran's $I$ | $P$ | | Moran's $I$ | $P$ | Moran's $I$ | $P$ |
| 2001 | 0.285 | 0.01 | 0.187 | 0.04 | 2008 | 0.132 | 0.10 | 0.016 | 0.47 |
| 2002 | −0.158 | 0.09 | 0.307 | 0.01 | 2009 | 0.163 | 0.08 | 0.121 | 0.16 |
| 2003 | 0.232 | 0.01 | 0.347 | 0.01 | 2010 | −0.194 | 0.12 | 0.068 | 0.25 |
| 2004 | 0.498 | 0.01 | 0.189 | 0.12 | 2011 | −0.116 | 0.14 | −0.115 | 0.12 |
| 2005 | −0.366 | 0.02 | −0.041 | 0.36 | 2012 | −0.314 | 0.01 | −0.01 | 0.39 |
| 2006 | 0.066 | 0.23 | 0.153 | 0.10 | 2013 | −0.424 | 0.01 | −0.175 | 0.06 |
| 2007 | −0.05 | 0.29 | 0.302 | 0.01 | | | | | |

注：采用各城市企业数量占比、产业产值占比年变化量与环境规制强度进行双变量局部自相关分析。

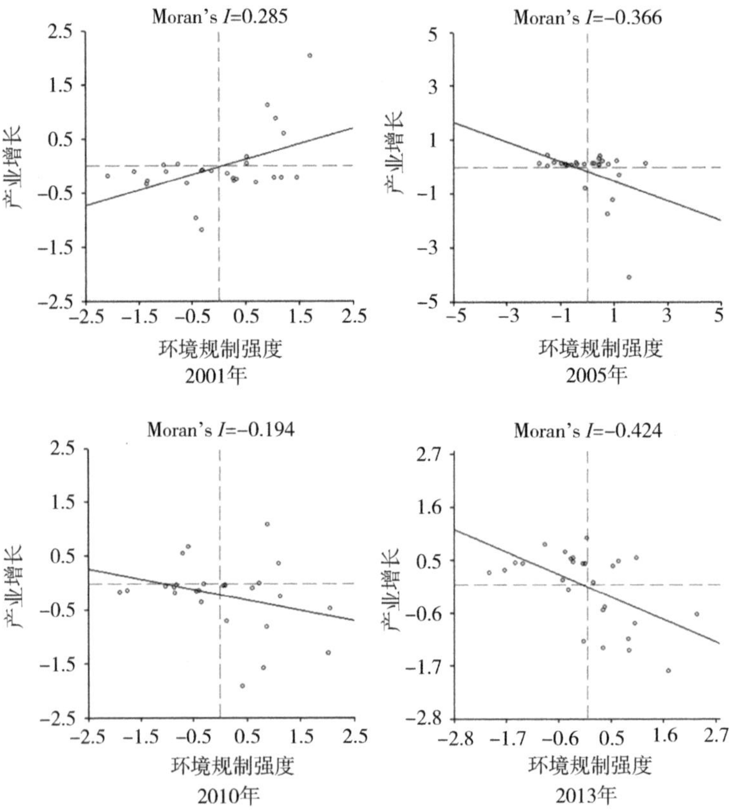


**图 8-8 环境规制与化工产业增长双变量局部自相关 Moran 散点图**

注：横坐标为环境规制强度；纵坐标产业增长用企业数量占比年变化幅度表征，越大代表增加越快。

化工产业环境规制—产业增长 LISA 集聚结果表明（表 8-15），2001 年上海、苏州和南通形成了环境规制高—产业增长高集聚区，上海化工企业个数占沿岸地区比例由 2000 年的 23.5% 增长到 25.1%（增幅 1.6%），而 2001 年环境规制强度值为 0.719，皆为沿江最高水平；泸州为环境规制低—产业增长低类型区（低—低类型区）。2005 年，仅上海表现为显著的环境规制高—产业增长低类型（高—低类型区）。2010 年，上海、南通、无锡、镇江为高—低类型区，苏州为环境规制高—产业增长高类型区（高—高类型区），说明下游部分地区环境规制效果逐步显现，高环境规制强度对产业增长明显产生了抑制作用。而到 2013 年，下游的镇江、常州、无锡、南通为高—低类型区，同时泰州表现出低—低类型；而中上游黄冈、恩施表现为显著的低—高的类型，这两个地方是“污染避难所”的代表型地区；2013 年，中游地区的黄石表现为显著的高—高类型，反映中上游部分城市虽然环境规制强度较高，但是由于经济发展阶段、环境规制效果的不同，依然存在高—高类型区的情形。环境规制对企业数量增长的抑制效果要优于产业产值的抑制效果，从侧面反映了环境规制的加强对抑制中小化工企业的增长效果显著。

表 8-15　化工产业环境规制—产业增长 LISA 集聚格局（空间单元数量）

| Lisa 集聚类型 | 2000 年 | 2005 年 | 2010 年 | 2013 年 |
|---|---|---|---|---|
| 高—高集聚类型 | 上海、南通、苏州 | | 苏州 | 黄石 |
| 低—低集聚类型 | 泸州 | | | 泰州 |
| 低—高集聚类型 | | | | 恩施、黄冈 |
| 高—低集聚类型 | | 上海 | 上海、南通、无锡、镇江 | 南通、无锡、常州、镇江 |

注：在 0.05 及以上水平显著。

通过环境规制的分维测度（三个维度），发现随着时间的推移、技术不断进步，污染排放管制的区域间差距越来越小，而政府执法和公众参与的差距缩小却并不明显。已有诸多研究反映某些污染型行业在中国的污染天堂效应并不明显，而他们往往忽略了中国环境保护部门越来越强有力的执法和公众越来越强烈的环保意识，而这些因素很大程度上影响着企业的发展决策和再区位选择。本研究加强了这两个要素的测度和作用分析，实证研究结果也表明，政府执法更严格、公众环保意识和投诉频率更高的城市化工产业迁出明显，比如上海、南京、无锡等城市。研究也发现了典型的污染避难所，例如中上游的部分城市，成为下游化工转移的承接地。这也与已有关于“环境竞底”假设的研究相吻合，一定程度上反映了某些欠发达地区为了追赶经济增长，降低环保标准和执法监督频次，承接和促进化工产业发展。

研究发现了2个重点的时间转折点。第一个是2007–2008年环境规制强度突然上升，这与太湖污染事件密不可分。第二个是2010年，高环境规制对地区的化工产业增长抑制效果明显，这可能与松花江污染事件、太湖污染事件后导致全国范围内的环境规制提升相关。这些验证了突发性环境事件对环境规制和污染产业关系理论，反映出污染天堂效应的突发性、偶然性特征。

此外，研究还发现了在化工产业领域污染天堂效应发生作用的3个重要阶段，深刻反映出环境规制生效的历史过程。说明环境规制具有重要的政策背景和经济发展阶段特征，即在改革开放以来到2004年以前是包括化工产业在内的传统制造业大发展阶段，环境保护并未得到应有的重视，环境规制发挥作用极其有限。而2005–2010年是中国环境保护转型最重要的时段，传统制造业大幅压缩，特别是在经济发达的沿海地区和长江下游地区，这段时间的污染天堂效应发挥的效果也是不稳定的。而2010年以来，环境规制效果持续生效，特别是2016年长江大保护战略实施以来，沿江的化工产业发展受到高强度环境规制的约束（Zou et al，2022）。

## 8.3 化工产业空间演变综合影响机理

机理定量研究一般采用回归分析，但是传统回归模型在统计时假设样本是独立且均匀分布的，而企业数据特别是化工企业数据往往具有一定的空间依赖关系，即空间自相关，若采用传统的回归模型，通常会忽略空间自相关的影响而产生偏差。化工产业空间布局不仅受到地区各因素的影响，还受到周边区域产业布局的影响，前面的研究也表明沿岸地区化工产业布局具有显著的空间自相关特征。1981年，Cliff和Ord提出了适合用来处理空间数据的空间自回归模型，该模型充分考虑了空间自相关的影响，该模型已被广泛地应用于多个研究领域（Cliff et al.，1981）。

Anselin空间自回归模型的一般形式如式（8-1）所示（李序颖等，2004；霍霄妮等，2010）：

$$
\begin{aligned}
y &= \rho w_1 y + x\beta + u \\
u &= \lambda w_2 u + \varepsilon \\
\varepsilon &\sim N\left(0, \sigma^2 I_n\right)
\end{aligned} \tag{8-1}
$$

式中，$y$——被解释变量；

$x$——解释变量；

$\beta$——与 $x$ 变化相关的参数变量；

$\rho$——空间滞后项 $w_1 y$ 的系数；

$\lambda$——空间误差项的回归系数；

$w_1$，$w_2$——与被解释变量和残差的空间自回归过程相关的权重矩阵，本书空间权重采用临接矩阵；

$I_n$——残差的空间自相关系数。

一般形式的空间自回归模型可以派生出其他几种模型。

当$\rho$=$\lambda$=0时，为传统的回归模型，意味着模型中没有空间特性的影响。

当$\rho \neq 0, \beta \neq 0, \lambda$=0时，为混合回归—空间自回归模型，即空间滞后模型，该模型反映了被解释变量不仅受到本区域解释变量的影响，还受到邻近区域被解释变量的影响。

其他派生模型不再一一描述，本书选择第二种模型，即空间滞后模型，能较好地解释化工企业变化受到本地区解释变量的影响，还受到邻近区域化工企业变化的影响。

被解释变量选择企业个数占比变化量 / 企业产值占比变化量，计算式如下：

$$
\begin{aligned}
p_i^t &= w_{i,t} / \sum_{i=1}^{n} w_{i,t} \\
v_i^t &= p_i^t - p_i^{t-1}
\end{aligned} \tag{8-2}
$$

式中，$w_{i,t}$——$i$ 子区域企业个数 / 企业产值；

$n$——子区域个数（本书 $n$=27，地级市尺度）；

$p_i^t$——年份 $t$ 子区域 $i$ 的企业个数 / 企业产值占区域总量的比重；

$v_i^t$——比重变化量，企业个数占比变化量反映不考虑企业规模情况下企业增长或者减少数量份额，企业产值占比变化量反映化工产能在沿江各地市的此消彼长，综合表征产业布局空间演变特征。

被解释变量企业个数占比变化量代码为 $nc$，被解释变量企业产值占比变化量代码为 $pc$。

解释变量选择环境规制、外商投资、科技投入、交通区位、劳动力成本、市场规模、产业基础等 7 项（表 8-16）。选择年份为 2001—2013 年，解释变量指标数据来源于《中国城市统计年鉴》（2002—2014）以及沿江各地市统计年鉴（2002—2014）。

表 8-16　影响机制解释变量选择与指标解释

| 解释变量 | 变量代码 | 指标选择 | 指标解释 |
|---|---|---|---|
| 环境规制 | REGULAT | 环境规制强度 | 采用前面环境规制强度值，反映地区环境规制水平 |
| 外商投资 | FORINVE | 实际使用外资 / 亿美元 | 大型化工园区外商投资占据一定比重，用该指标反映外商投资情况 |
| 科技投入 | TECH | 科学技术支出占财政支出比重 /% | 科技投入对地区生产技术、污染防治技术皆有积极作用，采用该项指标表征技术方面的影响 |
| 交通区位 | TRSPORT | 货运量中水运占比 /% | 化工产业很大程度依赖长江水运，采用货运量中水运比重指标来反映这一类要素的影响 |
| 劳动力成本 | SALARY | 职工平均工资 / 万元 | 劳动力成本往往是制造业的重要成本之一，用地区职工平均工资来反映劳动力成本的差异与影响 |

续表

| 解释变量 | 变量代码 | 指标选择 | 指标解释 |
|---|---|---|---|
| 市场需求 | MARKET | 年末总人口 / 万人 | 市场需求很大程度上依赖于消费需求，而消费需求往往依赖于人口规模，采用人口指标一定程度上表征化工产品的市场需求 |
| 产业基础 | IND_BAS | 上一年企业个数 / 企业产值 | 采用上一年度的企业个数 / 产业产值指标来表征已有产业总量对新增产业量的影响 |

结果表明（表 8-17），各时间截面的 $R^2$ 一般大于 0.5，最高为 2002 年的 *pc* 回归 $R^2$ 达 0.815，总体上具有较好的解释性。具体结果分析时，结合 *nc* 和 *pc* 各自回归结果进行综合分析。

表 8-17 机制综合定量分析回归分析结果

| 变量（被解释变量） | 解释变量：企业个数占比变化量 | | | | 解释变量：企业产值占比变化量 | | | |
|---|---|---|---|---|---|---|---|---|
| | 回归系数 | 标准差 | *t* 值 | *p* 值 | 回归系数 | 标准差 | *t* 值 | *p* 值 |
| CONSTANT | 0.226 | 0.238 | 0.952 | 0.341 | 0.372 | 0.36 | 1.033 | 0.302 |
| 13_REGULAT | −0.107 | 0.106 | −1.009 | 0.313 | −0.293 | 0.163 | −1.8 | 0.072 |
| 13_FORINVE | 0.006 | 0.003 | 2.527 | 0.012 | 0.018 | 0.004 | 4.771 | 0 |
| 13_TECH | −0.031 | 0.027 | −1.186 | 0.235 | −0.074 | 0.041 | −1.803 | 0.071 |
| 13_TRSPORT | 0.001 | 0.002 | 0.286 | 0.775 | 0.006 | 0.003 | 1.839 | 0.066 |
| 13_SALARY | −0.040 | 0.059 | −0.683 | 0.494 | −0.042 | 0.092 | −0.457 | 0.648 |
| 13_MARKET | 0 | 0 | −0.851 | 0.395 | −0.001 | 0 | −3.665 | 0 |
| 13_IND_BAS | −0.011 | 0.017 | −0.652 | 0.514 | −0.048 | 0.027 | −1.804 | 0.071 |

注：表中为 2013 年数据的回归结果，*nc*（企业个数占比变化量）$R^2$=0.488，*pc*（企业个数占比变化量）$R^2$=0.585。原始数据未进行标准化，部分回归系数数值上表现较小。变量前数字代表年份，如 13_TRSPORT 代表 2013 年回归分析中的交通区位变量。解释变量为企业产值占比变化量的 2000—2013 年回归分析，$R^2$ 依次为 0.779，0538，0.357，0.697，0.718，0.732，0.558，0.452，0.320，0.478，0.517，0.276，0.488；解释变量为企业个数占比变化量的 2000—2013 年回归分析，$R^2$ 依 次 为 0.623，0.815，0.198，0.623，0.479，0.380，0.722，0.557，0.421，0.521，0.510，0.657，0.585。

由 2013 年时间截面的回归结果可知，*nc* 的回归中被解释变量总体上显著性不强；而 *pc* 的回归中被解释变量总体较显著，环境规制变量在 0.1 显著水平上呈现负相关，外商投资变量在 0.01 显著水平上呈正相关，科技投入变量在 0.1 显著水平上呈负相关，交通区位变量在 0.1 显著水平上呈正相关，劳动力成本变量呈无明显显著水平的负相关，市场需求变量在 0.01 显著水平上呈负相关，产业基础变量在 0.1 显著水平上呈负相关，整体符合预期的正负贡献方向。环境规制对地区化工产值比重增长有明显的抑制作用，环境规制强度每增加 1 个单位，地区化工产值占沿江比重降低 0.293%；外商投资对地区化工产值比重增长有明显的促进作用，直接利用外资每增加 1 亿美元，地区化工产值占沿江比重增长 0.018%；交通区位对地区化工产值比重增长有明显的促进作用，货运量中水运比重每增加 1%，地区化工产值占沿江比重增长 0.006%；产业基础对产业增长具有显著的抑制作用，上一年度产值总量每多 1%，该年度地区化工产值占沿江比重减少 0.048%。

进一步采用 2000—2013 年的时间序列回归系数变量和显著度来考察各解释变量的贡献方向和大小变化，综合解释驱动机理的时序变化。

结果表明（图 8-9），2000—2013 年各解释变量在驱动化工企业个数或产值格局演变上的作用方向和强度不断变化。环境规制因素在 2001—2002 年对企业个数增长产生了抑制作用，而在 2003—2008 年抑制作用消失并产生促进作用，且 2008 年在 0.05 显著水平上呈现正相关关系，而从 2009 年起，抑制效果逐步凸显，结合前面分析可知，2009 年环境规制手段逐步加强、效果逐步显现，可以判断 2009 年是环境规制要素影响化工产业布局的转折时间节点。但是，从产值增长来看，2011 年环境规制因素才起到抑制作用，2005—2010 年，环境规制反而产生显著的促进作用，进一步说明环境规制要素对中小企业的抑制作用明显，反而对相对大型企业的产能增长在 2005—2010 年无抑制效果，而从 2011 年起才逐步具有抑制效果。外商投资在 2001—2004 年表现出连续的正向促进作用，而从 2005 年起作用方向出现波动，部分年份呈负相关性。科技投入整体上呈正

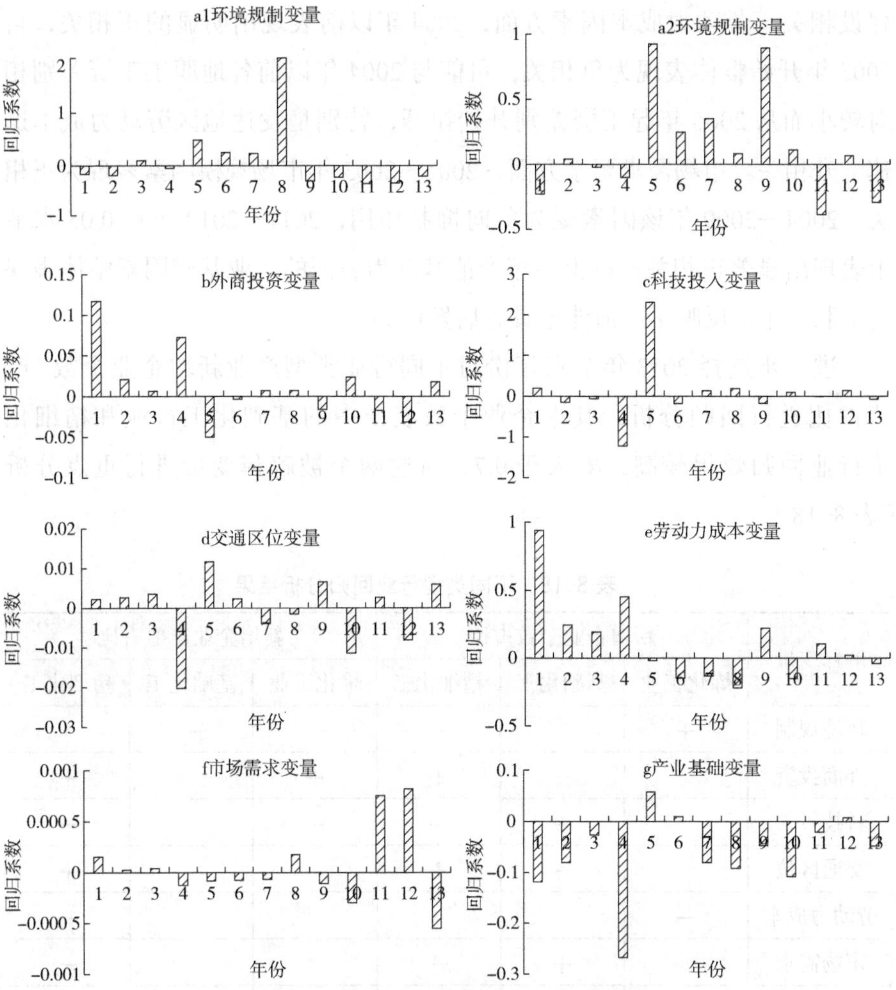


图 8-9　机制影响机理各解释变量回归系数

注：a1 图被解释变量为企业个数占比变化量（*nc*），其余被解释变量为企业产值占比变化量（*pc*）。横坐标 1～13 分别代表 2001～2013 年。

向驱动，2005 年作用强度最高，回归系数达 2.303，在 0.05 水平上显著，该年份科学技术支出占财政支出比重每增加 1%，地区化工产值占沿江比重增长 2.303%。交通区位因素整体上呈现正向驱动，特别是在 2001—2007 年，整体正向驱动明显，2009 年最显著，但 2008—2011 年除 2009 年以外的年份皆表现为负相关，可能与仪长原油管道运行、沿江公铁路交通大动脉建设相关。劳动力成本因素方面，2004 年以前表现出明显的正相关，自 2005 年开始整体表现为负相关，可能与 2004 年以前各地职工工资差别相对较小而从 2005 年起工资差别开始拉开，特别是发达地区劳动力成本迅速上升相关。市场需求要素方面，2001—2003 年市场规模因素表现为正相关，2004—2009 年该因素变为负向抑制作用，2011—2012 年在 0.05 水平上表现出显著正相关。以上一年产值基础为表征的产业基础因素整体表现为抑制作用，反映了产值洼地具有后发优势。

进一步选择 2013 年节点年份对不同行业类型产业新增企业个数 / 产值占比进行回归分析，其中企业个数表征中的基础化工行业和精细化工行业回归效果较高，$R^2$ 大于 0.7，对这两个被解释变量进行重点分析（表 8-18）。

表 8-18　不同类型行业回归分析结果

| 解释变量 | 新增企业个数占比 | | | 新增企业产值占比 | | |
|---|---|---|---|---|---|---|
| | 炼化工业 | 基础化工 | 精细化工 | 炼化工业 | 基础化工 | 精细化工 |
| 环境规制 | + | | − | | − | |
| 外商投资 | | − | + | + | | + |
| 科技投入 | | + | − | − | | − |
| 交通区位 | | − | + | | | + |
| 劳动力成本 | − | | | | | − |
| 市场需求 | | + | − | | | − |
| 产业基础 | | + | | | | |

注：回归分析数据采用 2013 年；行业划分同前面章节；新增企业个数占三个行业个数与产值的比例等 6 个被解释变量的回归 $R^2$ 分别为 0.381，0.885，0.723，0.181，0.131 和 0.204，其中企业个数表征中的基础化工行业和精细化工行业回归效果较高，$R^2$ 大于 0.7，其余变量回归效果相对欠理想；＋表示系数为正，正向作用；－表示系数为负，负向作用；企业个数表征中选择显著性在 0.15 水平上解释变量进行标注，企业产值表征中选择显著性在 0.3 水平上解释变量进行标注。

环境规制要素对精细化工企业个数增长显著的制约效果。而外商投资对基础化工和精细化工的作用方向相反，对精细化工具有正向驱动作用而对基础化工发展具有抑制作用，同时用产值表征的回归分析结果也表明对精细化工的促进作用，2013 年长江沿岸精细化工行业中外资控股企业个数比重高达 27.7%、产值比重达 36.8%，而基础化工中外资控股企业个数比重仅 15.1%、产值比重仅 19.9%，可知精细化工行业外资占比较大是外商投资发挥促进作用的重要原因。综合来看，环境规制对精细化工企业数量增长具有抑制作用，对基础化工产值增长具有抑制作用，而对炼化行业产值增长具有促进作用，这与精细化工行业以中小规模为主、企业路径依赖性小相关，而炼化行业一般企业规模较大，搬迁或关停成本较高，受到环境规制制约较小，同时由于产业的路径依赖反而表现出环境规制的促进作用，与理论预期相反。另外，对内资企业和外资企业的产值表征回归分析结果表明，环境规制对内资企业产值增长具有抑制作用，且在 0.05 水平上显著；同时交通区位在 0.5 显著水平具有正向作用。

化工产业作为与环境关系最为“密切”的工业部门，在考虑其空间布局与影响机理时，难免会更多的关注到其与环境规制的关系，这也引发了工业地理学“环境转向”思考。经济地理学在 20 世纪末、21 世纪初出现制度转向和文化转向（李小建，2013），那么以环境规制为核心的环境考量是否是工业地理学制度转向的一个方面，抑或说工业地理学中污染密集型部门已经面临或者将会面临的一个新的转向——环境转向，这也与已有关于环境要素与经济地理学关系的研究与关注点相呼应。许多学者通过环境的稀缺性来考察环境的经济学特征，并且有学者提出在未来不是经济决定环境而是环境决定经济 ( 林永生，2016)。从实践上来看，并不希望类似长江中上游地区的相对欠发达地区成为下游发达地区的污染避难所。因此所谓的环境转向一方面反映污染避难所效应，另一方面反映污染型工业布局更倾向于环境容量大的地区，而且在转移过程中尽可能的减少污染。部分研究也表明，仍然有大量污染密集型企业散步在环境较为敏感的区域，且在现阶段并未观察到企业向环境容量大的区域集聚现象，那么在环境容量制约更明显、环境规制效果更突出的未来下一个阶段，这一现象是否会出现，或者说环境转向的到来只是阶段与时间问题 ( 邹辉等，2019)。

# 第 9 章

# 长江沿岸化工产业空间演变的经济效应和环境效应

本章从经济效应和环境效应两个方面进行长江沿江地区化工产业空间布局及演变的效应分析，经济效应主要考虑对地区经济的贡献作用，环境效应从污染排放、环境质量、居民感知等方面分析化工产业布局对地区环境的影响，并选取典型案例进行实地调研分析。

# 9.1 化工产业空间演变的经济效应

长江沿江地区化工产业产值占据工业总产值相当比重，对地区经济发展具有较大贡献，部分城市对化工产业依赖程度较高。

2000—2013 年，化工产业产值占城市工业总产值比重变化明显（图 9-1）。增加明显的有宜昌、南通、池州、扬州和镇江，比重增长皆在 6% 以上，其中宜昌由 2000 年的 11.8% 增长到 2013 年的 26.8%，增加

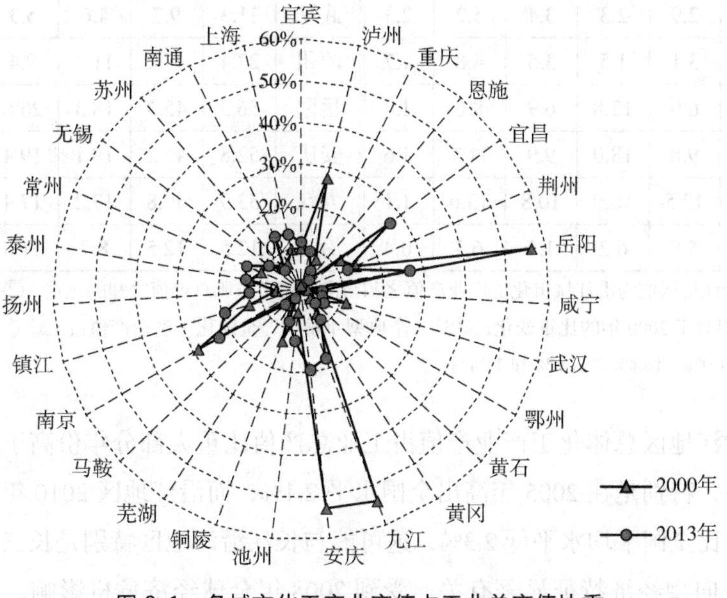


图 9-1　各城市化工产业产值占工业总产值比重

15.0%，并成为长江沿江地区该比重最高的城市。比重降低明显的城市有九江、安庆、岳阳、泸州、武汉、南京和铜陵，比重降低皆在5%以上，其中前4个城市比重降低在10%以上，九江、安庆降幅达30%以上，九江由53.9%降低到17.4%（表9-1）。

**表9-1　各城市化工产业产值占工业总产值比重**　　单位：%

| 城市 | 2000年 | 2005年 | 2010年 | 2013年 | 变化 | 城市 | 2000年 | 2005年 | 2010年 | 2013年 | 变化 |
|---|---|---|---|---|---|---|---|---|---|---|---|
| 宜昌 | 11.8 | 20.8 | 18.7 | 26.8 | 15.0 | 恩施 | 3.4 | 3.9 | 4.1 | 3.1 | -0.3 |
| 南通 | 7.1 | 9.9 | 9.0 | 14.3 | 7.2 | 无锡 | 10.1 | 9.1 | 6.4 | 9.7 | -0.4 |
| 池州 | 5.6 | 12.1 | 6.3 | 12.3 | 6.7 | 苏州 | 7.3 | 6.3 | 5.7 | 6.0 | -1.3 |
| 扬州 | 6.0 | 8.3 | 8.0 | 12.6 | 6.6 | 芜湖 | 4.5 | 2.8 | 1.6 | 2.5 | -2.0 |
| 镇江 | 13.0 | 17.2 | 13.8 | 19.2 | 6.2 | 荆州 | 14.3 | 23.2 | 8.6 | 12.1 | -2.1 |
| 常州 | 10.5 | 13.8 | 9.9 | 14.3 | 3.9 | 重庆 | 8.0 | 7.1 | 4.4 | 5.1 | -2.9 |
| 上海 | 9.9 | 11.9 | 8.3 | 13.7 | 3.7 | 铜陵 | 13.1 | 12.8 | 7.0 | 8.1 | -5.0 |
| 咸宁 | 1.8 | 2.7 | 2.7 | 5.1 | 3.3 | 南京 | 28.6 | 28.3 | 20.9 | 22.9 | -5.7 |
| 马鞍山 | 2.9 | 2.3 | 3.4 | 5.2 | 2.3 | 武汉 | 11.3 | 9.7 | 4.6 | 5.3 | -6.0 |
| 黄石 | 3.1 | 1.5 | 3.5 | 4.8 | 1.7 | 泸州 | 27.4 | 37.2 | 11.2 | 9.4 | -18.0 |
| 黄冈 | 6.9 | 12.8 | 6.9 | 8.6 | 1.7 | 岳阳 | 56.5 | 45.3 | 18.3 | 26.6 | -29.9 |
| 宜宾 | 9.8 | 18.0 | 9.9 | 11.4 | 1.6 | 安庆 | 52.8 | 45.2 | 19.1 | 19.4 | -33.4 |
| 泰州 | 12.5 | 16.0 | 10.8 | 13.6 | 1.1 | 九江 | 53.9 | 40.8 | 17.2 | 17.4 | -36.5 |
| 鄂州 | 5.9 | 6.2 | 1.5 | 6.3 | 0.4 | 沿江 | 12.5 | 12.5 | 8.7 | 11.8 | -0.7 |

注：①沿江地区值为沿江城市化工产业产值之和与沿江城市工业总产值之和的比重；②变化表示2013年相对于2000年的比重变化；③这4个典型年份中，全国化工产业产值占工业总产值比重分别为11.9%、10.4%、11.0%和11.4%。

沿江地区总体化工产业产值占工业总产值比重大部分年份高于全国平均水平，特别是在2005年高出全国水平2.1%，而沿江地区2010年该比重较低，比全国平均水平低2.3%，这可能与长江沿江地区特别是长三角沿江地区外向型经济特征显著有关，受到2008年全球经济危机影响，化工产业受到一定程度的波及。

2013 年化工产业占工业总产值比重前六位的城市是宜昌、岳阳、南京、安庆、镇江、九江，虽然岳阳、安庆、九江占比降幅明显，但由于化工产业基础较大，对化工产业依赖程度仍然较高。南京虽然近年来对化工产业进行了许多整治措施，但产业结构偏重“偏化”特征依然明显。九江、安庆、岳阳在 2000 年化工产业产值占工业总产值比重高达 50% 以上，表现了明显的化工城市特征，而近年来随着其他工业的快速发展以及产业结构的调整与升级，化工产业比重有所下降，特别是九江下降显著。而宜昌演变为沿江地区产业结构上的“化工”大市。

从县区尺度来看，2000—2013 年各区县及市辖区对化工产业的依赖程度也发生了剧烈变化。整体上，对化工产业依赖程度高的城市主要分布在中上游地区，特别是中游地区。下游部分区（市）如苏州市市辖区、昆山市、吴江区，虽然化工产业产值总量较大，但对化工产业的依赖度较低，充分反映该地区近年来高新技术产业及其他产业的快速发展和产业转型升级效果。

2000 年，化工产业对地区经济贡献较大的区（县）有芜湖、宜宾、岳阳、安庆、九江等市市辖区，以及合江县、潜山县、兴山县、永修县、江安县、临湘市、浦口区以及重庆部分区（县）等，化工产业占工业产值比重皆高于 30%。2013 年，化工产业对地区经济贡献较大的区（县）分布在安庆、岳阳、池州、九江、镇江等市市辖区，以及六合区、兴山县、金山区、奉贤区、东至县、永修县、石首市、江安县、屏山县、仪征市、临湘市、远安县等区（县），这些地区化工产业占工业产值比重 30% 以上（图 9-2）。

在这一阶段变化中，比重增长明显的有六合区、金山区、奉贤区、仪征市、东至县、兴山县、池州市市辖区、南溪区、彭泽县和崇阳县等，比重增加 20% 以上；比重降低显著的有芜湖市市辖区、宜宾市市辖区、潜山县、合江县、高县、浦口区、大足区、江北区、九江市市辖区、渝北区、南陵县、巴南区、兴文县、宜宾县、武汉市市辖区、泸州市市辖区等，降低比重大于 20%。

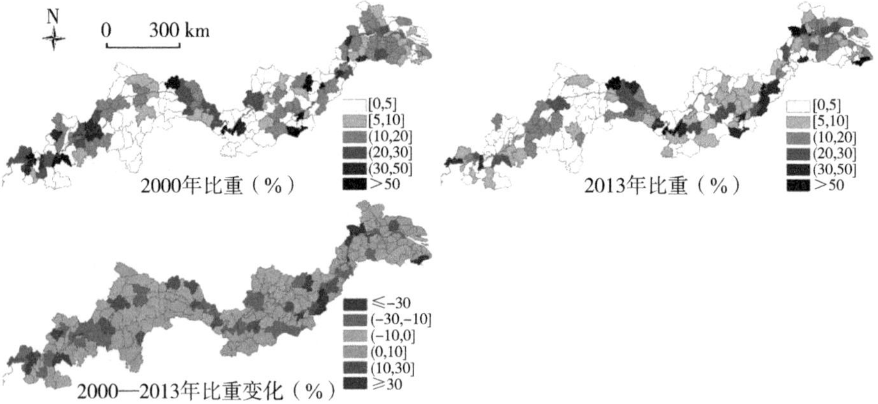


**图 9-2　沿江各区（县）化工产业占工业产值比重及变化（2000—2013 年）**

注：2000 年重庆市各区工业总产值数据采用工业增加值替代。

可知，增长明显的地区主要分布在上海金山和奉贤、扬州仪征、南京六合、池州东至、九江彭泽、宜宾南溪等地区，这些地区近年来大力发展化工园，化工产业对地区经济发挥着重要的驱动作用。而降低明显的地区主要分布在芜湖、宜宾、九江、武汉、泸州等几大市辖区，以及重庆市的部分区（县），这些地区化工产业基础雄厚，并且施行了城市改造和化工企业进园区等一系列行动，同时注重产业转型与协调发展，大部分城市在一定程度上摆脱了对化工产业的依赖，但部分地区依赖依然存在，如九江市市辖区该比重在 2013 年依然高达 34%。

通过化工产业发展阶段与对地区经济贡献的关系，进一步归纳关系模式。结果表明，整体上化工产业精细化率与化工产业产值占总产值比重呈负相关关系，表征不同的化工产业发展阶段对地区经济的贡献情况差异，发展阶段越高，经济贡献越低，地区经济对化工产业的依赖度也越低。化工产业精细化率（发展阶段）与产值占工业总产值的比重（经济贡献）关系呈现 4 类集聚的散点团，分别为低发展阶段—高经济贡献类（Ⅰ类）、低发展阶段—低经济贡献类（Ⅱ类）、中发展阶段—中经济贡献类（Ⅲ类）和高发展阶段—低经济贡献类（Ⅳ类）（图 9-3）。

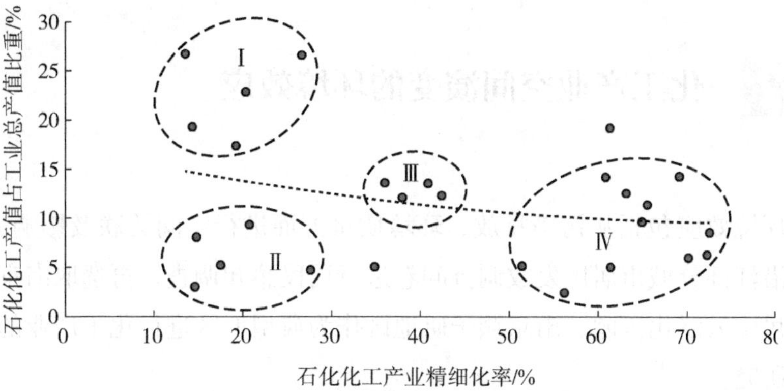


**图 9-3　化工产业发展阶段与经济贡献关系模式**

注：年份为 2013 年，精细化率算法同第 4 章，图中表现为散点图。

低发展阶段—高经济贡献模式（Ⅰ类）：主要包括宜昌、安庆、九江、南京、岳阳等城市，这一类型城市大部分是长江沿江地区的重要石化和基础化工基地，精细化工产业发展相对不足，同时地区经济对化工产业依赖度较高。低发展阶段—低经济贡献模式（Ⅱ类）：主要包括武汉、黄石、铜陵、恩施、泸州等城市，这一类型城市化工产业精细化率偏低，产业发展阶段较低，同时对地区经济贡献率也较低。中发展阶段—中经济贡献模式（Ⅲ类）：主要包括上海、泰州、荆州、池州等城市，反映其化工产业发展到中级阶段，对地区经济具有一定贡献。高发展阶段—低经济贡献模式（Ⅳ类）：这一类型的城市最多，主要包括苏州、无锡、常州、扬州、南通、马鞍山、咸宁、鄂州、黄冈等城市，主要分布在江苏沿江地区和武汉城市圈，苏南、苏中部分城市的特征主要反映化工产业发展的高级阶段后地区经济对化工产业的依赖度降低，武汉城市圈部分城市的特征主要反映了城市圈内部城市受到中心城市高阶段化工产业转移完成“跨越式”发展，直接发展高附加值的精细化工产业，经济依赖程度同样较低。

# 9.2 化工产业空间演变的环境效应

环境效应包括从污染排放、环境质量方面进行空间关联及影响分析，并对沿江部分城市居民发放调查问卷进行居民感知调查，再选取南京化工园、岳阳云溪化工园、南京燕子矶地区作为典型地区进行化工产业的环境效应研究。

## 9.2.1 污染排放

污染排放反映了对环境的污染负荷，化工行业是污染密集型产业，特别是对水环境形成高污染负荷。以江苏省 2013 年重点调查工业污染排放情况来看，化工行业（石油加工、炼焦和核燃料加工业与化学原料和化学制品制造业两大行业）调查工业企业数占总数的 17%，工业废水排放量、工业废水直接排入环境的量、COD 和 $NH_3$-N 占各自总量比例分别达 23%、26%、25% 和 33%。可见化工产业污染排放占据地区污染排放量的较大比例，特别是 $NH_3$-N 指标，工业废水直接排入环境的量也较高，对地区环境质量格局形成具有重要影响。

采用 2013 年企业个数、工业产值与工业污染排放指标（工业废水排放量、工业 COD 排放量、工业 $NH_3$-N 排放量、工业废气排放量、工业 $SO_2$ 排放量、工业 $NO_x$ 排放量、工业烟粉尘排放量和固废产生量）进行泊松（Pearson）相关性分析。结果表明，企业个数同各指标的相关性比工业产值整体要高，一定程度上反映了企业分散会造成更多的污染排放。相关性较高的是企业个数与工业废水排放量，在 0.01 水平上相关性达 0.856（表 9-2）；废气指标中，企业个数同工业废气排放量和工业氮氧化合物排放量的相关性较高；而同固废产生量相关性相对较低。反映了化工产业水污染密集型的特征，表明化工产业排放废水对地区造成环境污染。且部分地区还有大量废水直接排入环境，对地区环境质量特别是水体环境造成的影响相当大。

表 9-2　产业布局与城市工业污染排放相关性

| | 工业废水排放量 | 工业 COD 排放量 | 工业 $NH_3$-N 排放量 | 工业废气排放量 | 工业 $SO_2$ 排放量 | 工业 $NO_x$ 排放量 | 工业烟粉尘排放量 | 固废产生量 |
|---|---|---|---|---|---|---|---|---|
| 企业个数 | 0.856** | 0.633** | 0.544** | 0.753** | 0.394* | 0.722** | 0.468* | 0.429* |
| 工业产值 | 0.702** | 0.477* | 0.451* | 0.655** | 0.302 | 0.643** | 0.392* | 0.389* |

**：在 0.01 水平（双侧）上显著相关；*：在 0.05 水平（双侧）上显著相关。

由 2003—2013 年沿江各城市主要污染物排放时序特征结果（表 9-3）可知，废水方面安庆、九江、宜昌、岳阳 4 个城市呈现排放量逐年持续增加的态势，而结合前文可知这 4 个城市正是化工产业布局的“热点”城市；上海、南京、武汉、重庆等中心城市在废水排放量上呈逐年降低的趋势，反映了这些城市在化工产业调整、污染减排方面的效果。倒 V 形曲线特征主要包括无锡、泰州和扬州等，反映了江苏这些城市在发展化工等污染密集型产业时呈现先快后缓并逐步转出的态势。W 形和 M 形城市反映产业发展、污染排放、环境治理之间的波动，芜湖和池州 2013 年前后仍然呈现工业废水排放增加的态势，而苏州、南通、镇江、鄂州、咸宁等城市则呈现工业废水排放减少的态势。总体上，区域中心城市及下游沿江城市呈现排放下降的态势，中游较多沿江城市呈现污染排放量增加的趋势，一定程度上反映了化工等重化工产业向中游地区转移以及中游地区环境规制相对较低、减排治污较下游地区偏弱的特征，也很大程度上表征了化工产业对地区污染排放的影响，从而进一步影响地区环境质量。

表 9-3　沿江各地市工业污染排放时间序列类型

| 类型 | 时间序列曲线类型 | | 废水 | $SO_2$ | 烟尘 |
|---|---|---|---|---|---|
| R 形 | 上升 |  | 安庆，九江，宜昌，岳阳 | 黄石，岳阳，马鞍山 | 马鞍山 |
| D 形 | 下降 |  | 上海，南京，武汉，重庆，黄石，黄冈，马鞍山，恩施，泸州 | 南京 | 武汉，宜昌 |
| V 形 | 先降后升 |  | 铜陵 | | 扬州，重庆 |
| RV 形 | 先升后降 |  | 无锡，泰州，扬州，荆州 | 上海，常州，泰州，南通，扬州，铜陵，池州，黄冈，荆州，重庆，泸州 | 上海，南通，池州，芜湖，黄冈，岳阳，荆州 |
| W 形 | 先降后升，再降后升 |  | 芜湖，池州 | 咸宁 | 苏州，镇江，南京，安庆，黄石 |
| M 形 | 先升后降，再升后降 |  | 苏州，南通，镇江，鄂州，咸宁，宜宾 | 苏州，无锡，镇江，安庆，芜湖，九江，鄂州，武汉，宜昌，恩施，宜宾 | 无锡，常州，泰州，铜陵，九江，咸宁，鄂州，恩施，泸州，宜宾 |

注：根据各地市 2003—2013 年时间序列进行判断。

为了进一步考察化工产业发展与污染排放的关系模式，选取化工产业排放物中的代表性因子 $NH_3$-N 来表征污染排放，通过二者关系散点图及象限划分来判断二者关系的模式。以 $NH_3$-N 排放量 150 t、产值 1 000 亿元为界线划分 4 种类型，分别为高产值—高排放型、高产值—低排放型、低产值—低排放型和低产值—高排放型（图 9-4）。

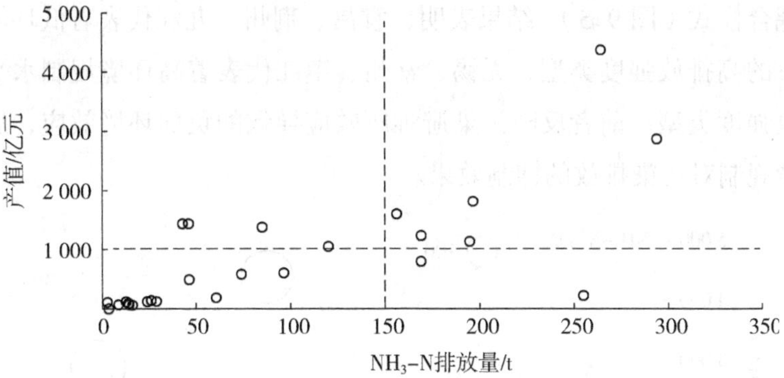


**图 9-4　化工产业发展与污染排放模式**

注：数据为 2013 年；产值为化工产业产值；$NH_3$–N 排放量为化工产业 $NH_3$–N 排放量，估算方法：化工产业 $NH_3$–N 排放量 = 工业 $NH_3$–N 排放量 × 化工产业产值 / 工业总产值；宜昌 $NH_3$–N 排放量为 761 t，产值为 1 176 亿元，未在图中体现。

高产值—高排放型包括南通、上海、南京、苏州、泰州、岳阳和宜昌等 6 个城市，其中值得注意的是宜昌化工产业产值刚刚过 1 000 亿元，$NH_3$–N 排放量却超过了 700 t，为长江沿江地区单位化工产值 $NH_3$–N 排放强度最高的城市，其次是上海和南京。高产值—低排放型主要包括无锡、常州、镇江和扬州等 4 个城市，这类城市主要分布在江苏沿江地区，一方面说明这类城市以较低的污染排放代价取得了较高的化工产出，另一方面折射出这类型城市环境规制水平、清洁生产技术、污染防控力度等因素可能处于区域领先水平。低产值—低排放型芜湖、铜陵、池州、安庆、九江、武汉、黄冈、鄂州、宜宾、泸州等 14 个城市，主要分布在中上游沿江地区，这一类型城市产值与排放皆处于相对较低的水平，是一个低水平的协调状态，而其中九江、武汉、宜宾等 3 个城市污染排放强度依然较高，特别是宜宾，仅 195 亿元产值却排放 60 t $NH_3$–N 量，排放强度是无锡的 10 倍左右。低产值—高排放型包括重庆和荆州，这一类城市虽然化工产业产值相对较低，但是污染排放却较高，反映了这一类地区在环境规制、污染治理水平方面的相对落后。

进一步分析不同化工产业规模、环境规制强度条件下的污染排放情况及其耦合模式（图 9-5）。结果表明，宜昌、荆州、九江代表着低环境规制水平下的高排放强度类型，无锡、常州、镇江代表着高环境规制水平下的低排放强度类型；前者反映污染避难所效应导致的负面环境效应，后者反映环境规制对污染排放的抑制效果。

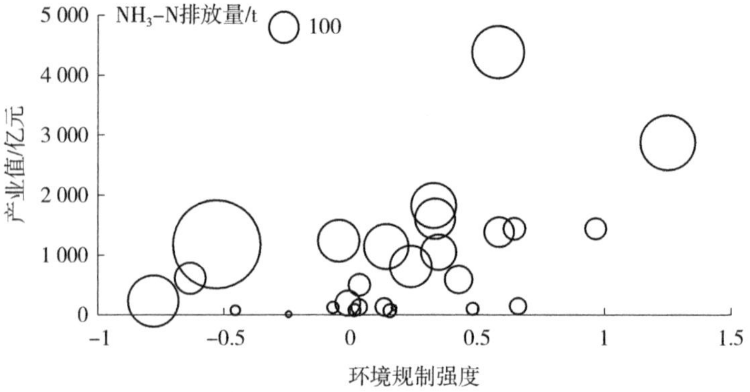


**图 9-5　化工产业发展、环境规制水平与污染排放的耦合关系**

注：①该图表现在不同化工产业规模、环境规制强度条件下的污染排放情况，反映在不同环境规制强度下的化工产业污染排放强度。②图中圆圈大小表示 $NH_3$-N 表征的化工产业污染排放量。③越往左下角且圆圈越大说明产值小—环境规制低的情形下污染排放高，反映最劣势的情形；越往右上角且圆圈越小说明产值大—环境规制高的情形下污染排放低，反映最优势的情形。

## 9.2.2　环境质量

（1）化工产业布局与地市环境质量的相关性

进一步分析沿江各地市化工产业布局与环境质量的关系，从一定程度上反映化工产业污染排放对地区环境质量的影响。时间点选择 2013 年，化工产业指标选择企业个数和产业产值；环境质量方面，水环境选择各地市主要河流断面水质达Ⅲ类以上比例，大气环境方面选择 $PM_{10}$、$SO_2$、$NO_2$、降水 pH、酸雨频率等 5 项指标来反映，并计算环境空气质量指数和综合环境质量指数。数据来源于各地市环境质量状况公报（2014）、各地市年鉴（2014）及各城市环保局网站。长江流域及太湖流域重要江河湖泊水功能区水质数据来自《长江经济带沿江取水口排污口和应急水源地布局规划》（水利部，2016）。

针对空气质量指标在ArcGIS软件中进行空间反距离插值（IDW），来可视化表征和分析地区环境质量要素空间差异及其与化工产业布局的关系。

环境空气质量指数计算方法如下：

$$A_{\text{sum}} = \sum_i A_i \tag{9-1}$$

式中，$A_i$——污染物$i$的单项指数，$i$包括$PM_{10}$、$SO_2$、$NO_2$三项指标。

$$A_I = \frac{C_i}{S_i} \tag{9-2}$$

式中，$C_i$——污染物$i$的年均浓度值；

$S_i$——污染物$i$的年均值二级标准［《环境空气质量标准》（GB 3095—2012）］，$PM_{10}$、$SO_2$和$NO_2$年均值二级标准分别为70 μg/m³、60 μg/m³和40 μg/m³。

环境质量综合指数计算方法如下：

$$\begin{aligned} I_{\text{eq}} &= \left(a \times W' + b \times A_{\text{sum}}\right) \times 100 \\ W' &= \left(w - w_{\min}\right) / \left(w_{\max} - w_{\min}\right) \\ A_{\text{sum}} &= \left(A_{\text{sum}_{\max}} - A_{\text{sum}}\right) / \left(A_{\text{sum}_{\max}} - A_{\text{sum}_{\min}}\right) \end{aligned} \tag{9-3}$$

式中，$I_{\text{eq}}$——环境质量综合指数（越大表示环境质量越好）；

$A_{\text{sum}}$——空气质量指数；

$w$——水质达标率；

$a$、$b$——权重，取$a$=$b$=0.5。

研究表明（表9-4，图9-6），长江沿江地区下游环境质量较差，中上游地区整体环境质量较好，其中中游地区呈现环境质量较好的集中连片区。从具体环境质量综合指数来看，最高的为咸宁市，综合指数为100，水质达标情况和空气质量情况皆为沿江地区最佳，其次是恩施、池州，指数皆高于 90；最低为无锡市，综合指数为 12.4，其次还有南京、泸州、常州，指数皆低于 30。总体格局与化工产业格局吻合，特别是上海、江苏沿江地区、武汉、荆州、泸州等地表现出环境质量较差的情况。荆州、泸州、黄石等城市化工产业产值相对较低，但是这些城市环境质量状况较差，反映了产业发展与地区环境质量不协调的情形。

表 9-4　长江沿岸各城市水质及空气质量状况

| 城市 | 水质达标率 /% | $PM_{10}$/（μg/$m^3$） | $SO_2$/（μg/$m^3$） | $NO_2$/（μg/$m^3$） | 降水 pH | 酸雨频率 /% | 空气质量指数 | 环境质量指数 |
|---|---|---|---|---|---|---|---|---|
| 上海 | 24.7 | 82 | 24 | 48 | 4.81 | 75.1 | 2.8 | 33.8 |
| 南京 | 53.6 | 137 | 37 | 55 | 4.95 | 32.4 | 3.9 | 21.8 |
| 无锡 | 17.7 | 113 | 40 | 47 | 4.65 | 59.8 | 3.5 | 12.4 |
| 常州 | 38.3 | 102 | 41 | 48 | 5.07 | 41.3 | 3.3 | 27.8 |
| 苏州 | 62.9 | 95 | 31 | 53 | 4.89 | 40.5 | 3.2 | 46.3 |
| 南通 | 40.0 | 108 | 28 | 36 | 5.14 | 38.7 | 2.9 | 39.7 |
| 扬州 | 53.2 | 112 | 35 | 43 | 5.80 | 30.7 | 3.3 | 38.9 |
| 镇江 | 66.1 | 124 | 30 | 42 | 6.24 | 22.6 | 3.3 | 45.2 |
| 泰州 | 81.4 | 110 | 32 | 31 | 5.95 | 2.0 | 2.9 | 65.6 |
| 芜湖 | 100 | 98 | 24 | 28 | 5.79 | 7.5 | 2.5 | 86.4 |
| 马鞍山 | 83.3 | 135 | 31 | 36 | 6.08 | 4.2 | 3.3 | 55.0 |
| 铜陵 | 80.0 | 99 | 64 | 26 | 5.26 | 24.1 | 3.1 | 58.4 |
| 安庆 | 100 | 113 | 27 | 32 | 6.87 | 0.0 | 2.9 | 77.2 |
| 池州 | 100 | 78 | 25 | 27 | 4.65 | 85.4 | 2.2 | 93.8 |
| 九江 | 90.0 | 79 | 36 | 32 | 5.44 | 40.0 | 2.5 | 79.6 |
| 武汉 | 66.7 | 124 | 33 | 60 | 5.44 | 31.0 | 3.8 | 33.0 |
| 黄石 | 82.0 | 88 | 63 | 52 | 8.55 | 24.0 | 3.6 | 47.6 |
| 宜昌 | 71.4 | 103 | 57 | 36 | 4.88 | 69.0 | 3.3 | 48.4 |
| 鄂州 | 100 | 107 | 37 | 48 | 6.26 | 10.8 | 3.3 | 65.2 |
| 荆州 | 69.0 | 134 | 40 | 36 | 6.02 | 7.1 | 3.5 | 42.9 |

续表

| 城市 | 水质达标率 /% | $PM_{10}$/（μg/m³） | $SO_2$/（μg/m³） | $NO_2$/（μg/m³） | 降水 pH | 酸雨频率 /% | 空气质量指数 | 环境质量指数 |
|---|---|---|---|---|---|---|---|---|
| 黄冈 | 100 | 104 | 37 | 33 | 5.60 | 32.1 | 2.9 | 75.7 |
| 咸宁 | 100 | 70 | 26 | 21 | 6.34 | 2.0 | 2.0 | 100.0 |
| 恩施 | 100 | 69 | 28 | 23 | 6.50 | 1.5 | 2.0 | 98.3 |
| 岳阳 | 73.3 | 95 | 37 | 27 | 4.74 | 77.1 | 2.6 | 66.4 |
| 重庆 | 73.4 | 106 | 32 | 38 | 4.86 | 47.5 | 3.0 | 57.7 |
| 泸州 | 37.5 | 98 | 43 | 49 | 4.48 | 80.0 | 3.3 | 27.3 |
| 宜宾 | 70.0 | 99 | 47 | 33 | 5.34 | 17.4 | 3.0 | 55.0 |

注：时间为 2013 年；空气质量指数越小越好，3.0 以下表示达到二级指标，3.0 以上表示低于二级指标，具体数值表示综合超标的倍数，如 3.9 表示 3 项指标平均为二级指标的 1.3 倍。

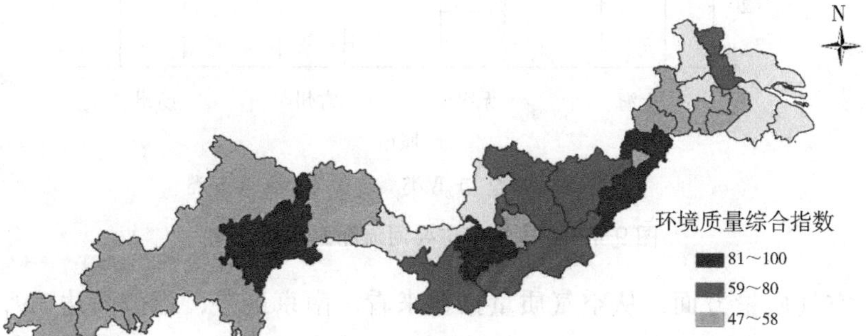


图 9-6　沿江各城市环境质量综合指数

从河流断面水质达标率（达Ⅲ类水质）来看（表 9-4），安徽、湖北东部沿江地区相对较好，部分城市达标率为 100%。而下游沿江地区整体水质较差，普遍达标率在 50% 以下。水质较差的城市有无锡、上海、泸州、常州、南通、扬州、南京等，达标率在 60% 以下。通过典型城市主要河流断面水质占比情况可知（图 9-7），无锡市水质达标率仅为 17.7%，为沿江地区最低，虽然经过了数年的整治，但 2013 年的无锡市水环境质量不容乐观。上海市Ⅲ类水以上占比 24.7%，沿江地区排序倒数第二，同时值得注意的是劣V类水占比49%，水环境状况极不乐观。而下游沿江地区正是化工产业集中布局的地区，同时化工产业是水环境污染密集型产业，通过下游沿江地区水环境质量整体偏差可以看出化工产业布局对该地区影响。近年来，江苏省以及太湖流域、沿江地区各城市通过出台一系列针对化工产业布局调整的制度来改善地区环境质量，特别是水环境质量，推出了“河长制”等一系列创新举措。

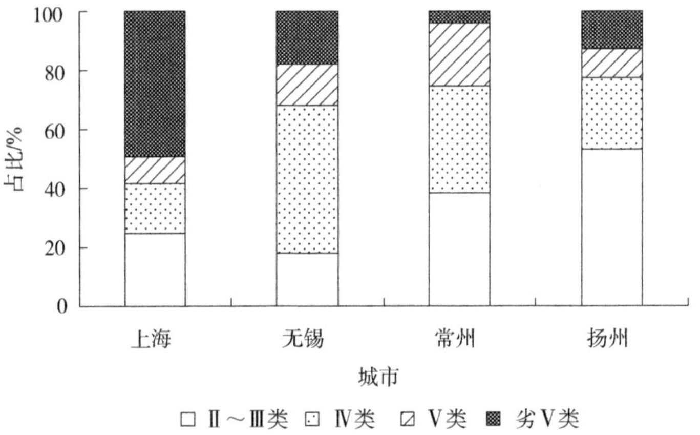


**图 9-7　典型城市主要河流断面水质占比**

空气质量方面，从空气质量指数来看，南京最差，指数高达3.9，最低的为咸宁2.0。南京市 $PM_{10}$ 年均浓度达国家年平均浓度限值二级标准的2倍。通过各项指标浓度插值可以看出，$SO_2$ 浓度较高的有铜陵—黄石—宜昌3大核心地带；$NO_2$ 浓度较高的主要呈现上中下游3大高值区，下游包括苏南—上海、中游包括武汉—鄂州—黄石、上游包括重庆—泸州；$PM_{10}$ 浓度较高的地区主要分布在南京—镇江—无锡、武汉—鄂州这2大地带。降水pH泸州最低，为4.48；形成了泸州—重庆、岳阳—宜昌、上海—无锡、池州等几大pH低值区，同时池州、泸州酸雨频率高达80%，岳阳、上海、宜昌、无锡等城市酸雨频率也高达52%（图9-8）。而这些城市正是化工产业布局的重地，很大程度上反映了化工企业污染排放对地区空气质量的影响。

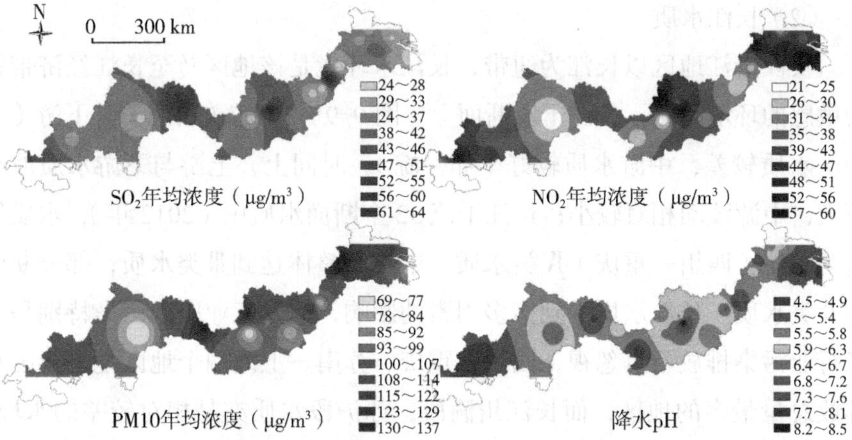


**图 9-8　沿江地区空气质量指标浓度插值**

根据泊松相关性分析结果可知（表 9-5），企业个数和工业产值与环境质量指数呈现显著的负相关关系，反映了地区环境质量受化工产业集聚与增多的负面影响。同时企业个数和工业产值与水质达标率在 0.01 水平上呈现显著负相关，相关系数分别为 -0.653 和 -0.671，而其余空气质量指数在统计学上并没有呈现显著的相关性，这也说明化工产业对地区水环境的影响较大气环境的影响更为显著和突出，也印证了化工产业的水环境污染密集特征。另外，企业个数和工业产值与 $NO_2$ 浓度呈正相关，降水 pH 呈负相关，可知化工产业对地区 $NO_2$ 污染物排放具有显著的贡献，且很大程度上导致地区降水偏酸化，使得酸雨频发，这一点通过工业产值与酸雨频率在 0.05 水平上呈现正相关也可以印证。

**表 9-5　化工产业布局与环境质量状况相关性分析结果**

| | 水质达标率 | $PM_{10}$ | $SO_2$ | $NO_2$ | 降水pH | 酸雨频率 | 空气质量指数 | 环境质量指数 |
|---|---|---|---|---|---|---|---|---|
| 企业个数 | -0.653** | -0.008 | -0.302 | 0.432* | -0.398* | 0.351 | 0.116 | -0.472* |
| 工业产值 | -0.671** | 0.117 | -0.214 | 0.439* | -0.403* | 0.399* | 0.217 | -0.537** |

**：在 0.01 水平（双侧）上显著相关；*：在 0.05 水平（双侧）上显著相关。

（2）长江水质

长江沿江地区以长江为纽带，长江水环境是该地区乃至长江经济带较为敏感的环境问题。长江干流断面上（图 9-9），上游（川滇）与下游（苏沪）水质较差，中游水质较好（鄂赣皖）；时间上，上游与下游水质波动更大，中游波动相对较小；长江干流 32 个断面水质中（2012 年），水质最差为朱沱（四川—重庆）Ⅳ类水质，中下游整体达到Ⅲ类水质，部分断面达Ⅱ类水质。长江水质受到诸多因素的影响，但是工业废水污染特别是化工行业污染排放不可忽视，四川—重庆、苏南—上海两个地区是工业废水排放总量最多的地区，而长江川渝段、苏沪段水质亦是相对较差的水域，一定程度上反映长江沿江地区工业废水排放对长江水质的影响。

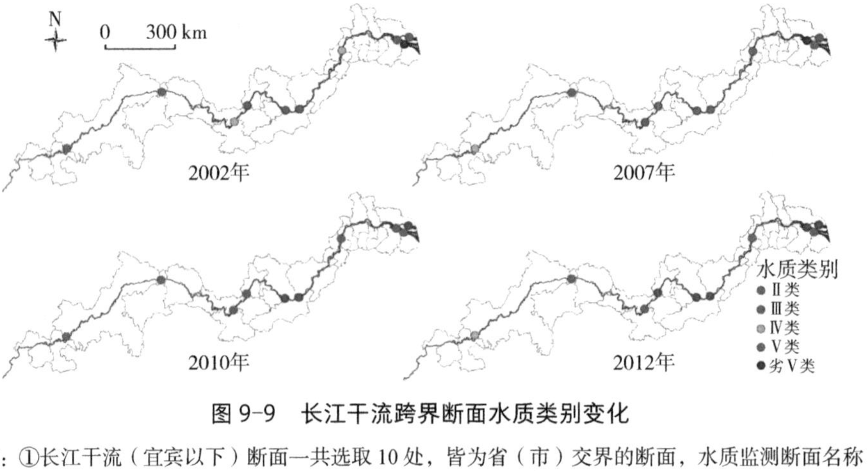


**图 9-9 长江干流跨界断面水质类别变化**

注：①长江干流（宜宾以下）断面一共选取 10 处，皆为省（市）交界的断面，水质监测断面名称依次为朱沱、巴东官渡口、螺山、武穴闸、湖口江心洲、马垱、马鞍山、白茆口、启东港与浏河。②数据源于《长江年鉴》（2003—2013）。

而从 2000—2012 年的时间序列来看（图 9-10），下游地区 2008 年以前水质一直处于相对较差的情况，白茆口断面（上海—江苏交界）在 2002 年出现劣Ⅴ类水质情形，而启东港断面（江苏—上海交界）在 2007 年、2008 年分别出现劣Ⅴ类、Ⅴ类水质情形。江苏地区化工产业增长在 2005 年前后达到高峰，随后逐步呈现发展放缓以及布局向沿海调整的趋势，同时 2007 年前后江苏省开始逐步进行一系列针对化工行业的整治行动与环境保护治理行动，对长江江苏段水质的提升发挥了重要的作用。从 2008 年开始，江苏—上海长江段水质提升较快并维持在较好水平。

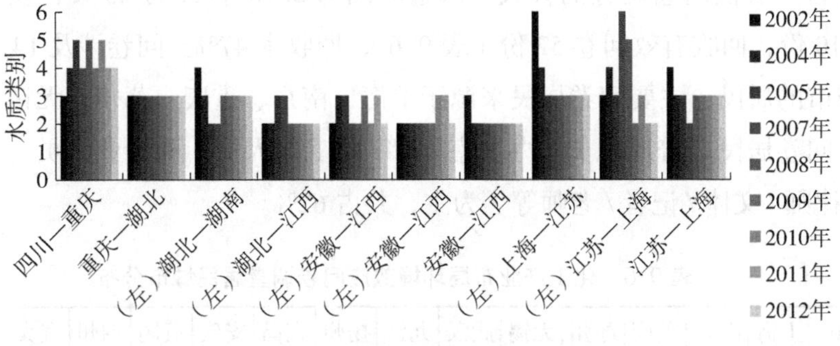


图 9-10　长江干流跨界断面水质（邹辉等，2016）

注：①图中 1-6 分别代表Ⅰ，Ⅱ，Ⅲ，Ⅳ，Ⅴ，劣Ⅴ类水质；② 10 个水质监测断面名称依次为朱沱、巴东官渡口、螺山、武穴闸、湖口江心洲、马垱、马鞍山、白茆口、启东港与浏河。

四川—重庆交界断面水质整体在逐步恶化，反映了四川沿江地区化工产业的发展对该区段长江水质的消极影响。结合前文可知，泸州环境质量状况较差，河流水质断面达标率（Ⅲ类水质）不到 40%，与泸州近年来大力发展化工产业，建设“西部化工城”具有一定的关联。

2013 年，沿江地区长江流域重要江河湖泊水功能区中，上海市长江口段出现大量的Ⅳ类水质区，南京市长江大厂马汊河口段等区段出现Ⅳ类水质区，滁河、秦淮河呈现劣Ⅴ类水，另外，出现Ⅳ类区水质的城市还有泰州、扬州、镇江、九江、荆州、武汉、恩施、重庆和宜宾。其中，重庆三峡库区出现大量的Ⅳ类和Ⅴ类水质区段，而綦江和琼江出现Ⅴ类和劣Ⅴ类水质情形。太湖流域出现大量的Ⅴ类和劣Ⅴ类水体区段，水环境质量相对最差，很大程度上是太湖流域化工产业密集布局及其污染排放积累导致的。

### 9.2.3 居民感知

采用问卷调查的方式对沿江城市居民进行调查，2016 年 11—12 月以现场发放问卷和网络方法问卷结合进行调查；网络方法问卷采用“百度众测平台”有偿问卷调查的方式，调查时间为 2016 年 12 月 23 日，发放问卷 110 份，回收有效问卷 52 份（表 9-6），回收率 47%。问卷涉及 14 个沿江城市的居民，主要问卷居民来源于上海、南京、重庆、苏州、无锡和武汉。问卷居民以普通职员（办公室 / 写字楼工作人员）和专业人员（如医生 / 律师 / 文体 / 记者 / 老师等）为主，共占 62%。

表 9-6 化工产业布局环境效应问卷调查居民城市分布

| 城市 | 上海 | 南京 | 重庆 | 苏州 | 无锡 | 武汉 | 九江 | 扬州 | 宜昌 | 安庆 | 黄冈 | 荆州 | 宜宾 | 岳阳 |
|---|---|---|---|---|---|---|---|---|---|---|---|---|---|---|
| 数量 / 个 | 16 | 7 | 6 | 4 | 4 | 4 | 2 | 2 | 2 | 1 | 1 | 1 | 1 | 1 |

调查结果表明，大部分居民了解城市的化工企业的主要布局地，部分居民能回答出大致方位（如北面、东部等），近一半的居民知道具体的集聚地，如上海居民回答“杭州湾”，重庆居民回答“长寿”，南京居民回答“六合、江北”，宜昌居民回答“猇亭区”等，反映了化工企业集聚地对当地居民形成了一定的影响。而从具体的影响来看，85% 的居民认为有影响，其中 10% 的居民认为有较大影响，75% 的居民认为有一定影响。50% 居民居住的小区或者工作单位周边有化工企业，而化工企业对居民影响最大的是大气恶臭问题和附近河流污染问题。大部分居民（84%）希望化工企业搬迁出本城市，而 80% 的居民希望本城市化工企业搬迁到周边其他城市和我国西部地区。可知，化工企业对居民生活工作造成了一定的环境负面影响，且各地居民感知程度存在空间差异。

# 第 10 章

# 长江沿岸化工产业结构和布局优化的政策建议

化工产业作为国民经济的支柱产业，资源资金技术密集，产业关联度高，经济总量大，产品广泛应用于国民经济、人民生活、国防科技等各个领域。全球化工产业的布局调整充分反映出资源、航运、军事、全球化、环保等多方因素的共同作用。中国化工产业虽然起步相对较晚，但是已发展到相当程度。过去相对一段时间，化工产业在促进经济增长的同时带来突出的生态环境影响。由于经济发展阶段原因，以及化工产业作为最重要的基础工业的特征，化工产业今后相当一段时间仍然是长江沿岸重要的工业门类。基于本研究结果和化工产业发展布局实践，进一步讨论长江沿岸化工产业发展与布局优化措施，提出政策建议。

## 10.1　产业准入与发展理念

提高产业准入门槛和环境规制力度，转变由“竞次”到“竞优”的发展理念。长江沿岸地区环境规制存在着明显的地区差异，在环保部门执法、企业污染治理、公众参与监督等方面皆存在着地区差异，整体上形成了下游到上游的规制梯度，使得上游部分地区成为环境规制的洼地，形成“污染避难所”。例如九江、荆州、宜昌、恩施环境规制强度水平较低，而宜昌、荆州等地正是化工产业的新兴“增长极”，从侧面反映出了长江沿岸地区“污染避难所效应”的存在。同时，下游沿江地区排污费收费标准也明显高于中上游地区，因此应加强中上游地区产业准入门槛和环境规制水平。在承接产业过程中严把“环境关”，同时，应转变由“竞次”到“竞优”的发展理念，从低成本吸引到综合效益优先，实现“区域竞优”的绿色高质量发展新理念。

## 10.2 化工产业结构优化

精细化工率的高低已经成为衡量一个国家或地区化学工业发达程度和化工科技水平高低的重要标志。研究结果表明长江沿岸中上游地区化工产业精细化水平整体偏低，精细化工仍然布局在下游地区，向中上游沿江地区转移的行业大多为基础化工。因此，应进一步推动产业结构升级，下游地区向更加高端的精细化工领域发展，中上游地区适度调整化工行业结构、推进结构升级。同时中上游地区应注重调整整个工业结构的升级，经济结构逐步摆脱对化工产业的过度依赖。推进化工产业专业化分工，化工园区分析结果表明大部分园区仍然以化学原料业作为主导行业，应进一步加强专业化园区建设、促进沿江化工行业的分工与合作；并加强地区合作，发展“飞地经济”。同时，中上游地区化工产业发展与园区建设应与区域资源优势紧密结合，如肥料行业进一步向资源产地和优势企业集中。

## 10.3 化工产业布局优化

（1）促进化工产业“全线开花”转为“重点布局”

长江沿岸地区化工产业具有明显的临江特征，重要化工产业园区也临江布局，占用大量长江岸线资源，同时对长江水环境造成巨大压力和风险。应由“全线开花”转为“重点布局”的策略，合理集约利用长江岸线资源。江苏省等下游省市较早的提出沿江开发并注重长江岸线资源的开发利用，同时也关注到过度开发带来的生态环境影响，随着长江大保护战略提出以来逐步从开发转向保护的思路。而中上游地区对长江岸线资源的关注起步稍晚且缺乏合理利用的规划与研究，但中上游地区港口建设、以化工为代表的重化工产业布局正快速占用长江岸线资源，因此应加强中上游地区的岸线资源特别是化工岸线布局规划与研究，促进集约布局。

“退城入园”战略是国家对化工产业发展与布局的重要判断，虽然化工产业的集聚与分散布局优劣尚待商榷，但是在现阶段推进化工企业进园区在生产、环保等环节的管理、产业链互补等方面具有优势。本研究结果表明 2013 年沿江地区 27 个典型园区化工企业个数占沿江地区总数的 16%、产值占 27%，可见企业入园比率较低。同时反映园区内企业规模相对较大，而园区外分布着大量规模相对较小的企业，对生产管理、污染治理、环境保护带来巨大压力。因此，长江沿岸地区特别是中上游沿江地区应进一步推进化工产业进园区。

（2）化工产业布局充分考虑资源环境承载力

工业布局与环境承载力相适应成为我国城市建设、生态文明建设的重要的战略方针。随着长江经济带“大保护”战略的提出，长江沿岸地区工业布局特别是化工等污染密集型产业的布局更应充分考虑地区资源环境承载能力。在长江沿岸地区整体污染排放减少的趋势下，安庆、九江、岳阳等传统石化城市与宜昌、荆州等新兴化工城市仍然处于排放量增加的态势；同时，上海等下游地区城市的污染排放减少量与化工产业规模减少量不成比例。因此在政策启示上，应促进化工产业等污染密集型产业清洁生产技术提升，双向消化污染排放，共同促进产业环境协同双赢。对于产能转出的地区，针对产能降低而居高不下的污染排放应及时“消化”（特别是上海）；对于产能转入的地区，针对产业增长带来的污染上升亦应采取各项“消化”措施，以期减缓产业增长对生态环境的胁迫。

而从环境质量状况来看，下游沿江地区无锡、常州、南京环境质量依然较差，中上游地区以荆州、泸州等城市为代表，环境质量较差。以无锡、常州等太湖流域城市在针对化工产业等污染密集型产业搬迁、环境污染治理方面做出了诸多实践上的努力，但是由于历史污染积累、产业基础规模较大等原因，这些地区环境质量彻底提升依然面临严峻压力。而针对这一类型地区除了关停和搬迁的“一刀切”方案以外，更加注重化工产业的行业升级、技术升级和管理升级。针对中上游新兴化工重点布局城市环境质量下降的问题，应进一步调整产业发展方向，以期与地区环境承载力相协调，为长江经济带高质量发展做出贡献。

# 参考文献


[1] Aiginger K, Rossi-Hansberg E. Specialization and concentration: A note on theory and evidence[J]. Empirica, 2006, 33: 255-266.

[2] Becker R A, Jr C P, Shadbegian R J.Do environmental regulations disproportionately affect small businesses? Evidence from the Pollution Abatement Costs and Expenditures survey[J]. Journal of Environmental Economics and Management, 2013(66): 523-538.

[3] Beine M, Coulombe S. Economic integration and regional industrial specialization: Evidence from the Canadian-U. S. FTA Experience[R]. University of Ottawa Working Paper, 2004.

[4] Birdsall N, Wheeler D. Trade policy and industrial pollution in Latin America: Where are the Pollution Havens?[J]. Journal of Environment and Development, 1992, 2(1): 137-149.

[5] Blackman A, Lahiri B, Pizer W, et al.Voluntary environmental regulation in developing countries: Mexico's Clean Industry Program[J]. Journal of Environmental Economics and Management, 2010, 60: 182-192.

[6] Bridge G. Environmental economic geography: A sympathetic critique[J]. Geoforum, 2008(39): 76-81.

[7] Chapman K. The International Petrochemical Industry: Evolution and Location[M]. B. Blackwell, 1991.

[8] Chen L, Olhager J, Tang O. Manufacturing facility location and sustainability: A literature review and research agenda[J]. Int. J. Production Economics, 2014(149): 154-163.

[9] Cheng Z. The spatial correlation and interaction between manufacturing agglomeration and environmental pollution[J]. Ecological Indicators, 2016(61): 1024-1032.

[10] Cliff A D, Ord J K. Spatial processes: models and applaications[M]. London: Pion, 1981

[11] Coase R H. The nature of the firm[J]. Economica, 1937(4): 386-405.

[12] Coase R H. The problem of social cost[J]. The Journal of Law and Economics, 1960(3): 1-44.

[13] Copeland B R, Taylor M S.Free trade and global warming: A trade theory view of the kyoto protocol[J].Journal of Environmental Economics and Management, 2005, 49(2): 205-234.

[14] Crozet M, Soubeyran P K. EU enlargement and the internal geography of countries[J]. Journal of Comparative Economics, 2004(32): 265-279.

[15] Debnath S C. Environmental Regulations Become Restriction or a Cause for Innovation—A Case Study of Toyota Prius and Nissan Leaf[J]. Procedia-Social and Behavioral Sciences, 2015, 195: 324-333.

[16] Dou Y, Sarkis J. A joint location and outsourcing sustainability analysis for a strategic offshoring decision[J]. International Journal of Production Research, 2010, 48(2): 567-592.

[17] Eskeland G S, Harrison A E. Moving to greener pastures? Multinational and the Pollution Haven Hypothesis[J]. Journal of Development Economics, 2003, 70: 1-23

[18] Feiock R, Rowland C K. Environmental regulation and economic development: The movement of chemical production among states[J]. Western Political Quarterly, 1990, 43(3): 561-576.

[19] Feldmann A, Olhager J. Plant roles: site competence bundles and theirrelationships with site location factors and performance[J]. International Journal of Operations and Production Management, 2013, 33(6): 722-744.

[20] Ferdows K. Making the most of foreign factories[J]. Harvard Business Review, 1997, 75(2): 73-88.

[21] Ford J A, Steen J, Verreynne M L. How environmental regulations affect innovation in the Australian oil and gas industry: going beyond the Porter Hypothesis[J]. Journal of Cleaner Production, 2014, 84: 204-213.

[22] Fujita M, Mori T, Henderson J V. Spatial distribution of Economic Activities inJapan and China[J]. Handbook of Regional and Urban Economics, 2004(4): 2911-2977.

[23] Greenstone M. The impacts of environmental regulations on industrial activity: Evidence from the 1970 and 1977 CleanAir Act amendments and Census of Manufactures[J]. Journal of Political Economy, 2002, 110(6): 1175-1219.

[24] Grether J M, Hotz I, Mathys N A. Industry location in Chinese provinces: Does energy abundance matter?[J]. Energy Economics, 2014, 44: 383-391.

[25] Hanson G. Market Potential, Increasing Returns, and Geographic Concentration[R]. NBER Working Papers 6429, National Bureau of Economic Research, Inc. 1998.

[26] He C, Huang Z, Ye X. Spatial heterogeneity of economic development and industrial pollution in urban China[J]. Stochastic Environmental Research & Risk Assessment, 2014, 28(4): 767-781.

[27] He C, Pan F, Yan Y. Is economic transition harmful to China's urban environment? Evidence from industrial air pollution in Chinese cities[J]. Urban Studies, 2012, 49(8): 1767-1790.

[28] He J. Pollution haven hypothesis and environmental impacts of foreign direct investment: The case of industrial emission of sulfur dioxide($SO_2$)in Chinese provinces[J]. Ecological Economics, 2006, 60(1): 228-245.

[29] Hoel M. Environmental policy with endogenous plant locations[J]. The Scandinavian Journal of Economics, 1997, 99: 241-259.

[30] Kheder S B, Zugravu N. Environmental regulation and French firms location abroad: An economic geography model in an international comparative study[J]. Ecological Economics, 2012, 77: 48-61.

[31] Kleindorfer P R, Singhal K, Wassenhove L N. Sustainable operations Management[J]. Production & Operations Management, 2010, 14(4): 482-492.

[32] Krugman P. Geography and Trade[M]. Leuven: Leuven University Press,

1991.

[33] Kwon H M, Lee C J, Seo D, et al. Korean experience of process safety management(PSM)regulation for chemical industry[J]. Journal of Loss Prevention in the Process Industries, 2016(42): 2-5.

[34] Lanaspa L, Sanz-Gracia F, Vera-Cabello M.The(strong)interdependence between intermediate producer services'attributes and manufacturing location[J]. Economic Modelling, 2016(57): 1-12.

[35] Leiter A M, Parolini A, Winner H. Environmental regulation and investment: Evidence from European industry data[J]. Ecological Economics, 2011(70): 759-770.

[36] Levinson A. Environmental regulations and manufacturers' location choices: Evidence from the Census of Manufactures[J].Journal of Public Economics, 1996, 62: 5-29.

[37] List J A, Catherine Y C. The effects of environmental regulations on foreign direct investment[J]. J. Environ. Econ. Manag. , 2000, 40(1): 1-20.

[38] List J A, Milliment D L, Fredriksson P, et al. Effect of environmental regulations on manufacturing plant births: evidence from a propensity score matching estimator[J]. Review of Economics and Statistics, 2003, 85: 944-952.

[39] Medalla E, Lazaro D C. Does trade lead to a raceto the bottom in environmental standards? Another look at the issues[R]. Philippine Institute for Development Studies Discussion Paper Series No. 2005-23, 2005.

[40] Mulatu A, Gerlagh R, Rigby D, et al. Environmental regulation and industry location in Europe[J]. Environ Resource Econ, 2010, 45: 459-479.

[41] OECD. Sustainable manufacturing and eco-innovation: Framwork, practices and measurement-synthesis report[R]. Paris: OECD, 2009.

[42] Olney W W. A race to the bottom? Employment protection and foreign direct investment[J]. Journal of International Economics, 2013(91): 191-203.

[43] Patchell J. From production systems to learning systems: lessons from Japan[J]. Environment and Planning A, 1993(6): 797-815.

[44] Pigou A C. The economics of welfare[M].London: Macmlillan, 1932.

[45] Porter M E.America's Green Strategy[J]. Scientific American, 1991, 264(4): 168.

[46] Porter M, Linde CVD. Toward a new conception of the environment-competitiveness relationship[J]. Journal of Economic Perspectives, 1995, 9(4): 97-118.

[47] Powe N A, Willis K G. Industrial location and residential disamenity: a case study of the chemical industry in Castleford, England[J]. Journal of Environmental Management, 1998(53): 17-29.

[48] Quaas M, Lange A. Economic geography and urban environmental pollution[R].Mimeo University of Heidelberg, 2004.

[49] Regibeau P M, Gallegos A. Managed trade, liberalization and local pollution[J]. Advances in Economic Analysis andPolicy, 2004, 4(2): 1331.

[50] Reniers G, Dullaert W, Visser L. Empirically based development of a framework for advancing and stimulating collaboration in the chemical industry(ASC): creating sustainable chemical industrial parks[J].Journal of Cleaner Production, 2010(18): 1587-1597.

[51] Seuring S, Müller M. From a literature review to a conceptual framework for sustainable supply chain management[J]. Journal of Cleaner Production, 2008, 16(15): 1699-1710.

[52] Söderholm K, Söderholm P, Helenius H, et al. Environmental regulation and competitiveness in the mining industry: Permitting processes with special focus on Finland, Sweden and Russia[J]. Resources Policy, 2015(43): 130-142.

[53] Soyez D, Schulz C. Facets of an emerging Environmental Economic Geography(EEG)[J]. Geoforum, 2008, 39: 17-19.

[54] Soyez D. Industrial resource use and transnational conflict: geographical implications of the James Bay Hy-dropower Schemes. In: Environmental Change: Industry, Power and Policy[M]. England: Avebury Press, 1995.

[55] Tate W L, Ellram L M, Schoenherr T, et al. Global competitive conditions driving the manufacturing location decision[J]. Business Horizons, 2014, 57(3): 381-390.

[56] Theyel G. Production location and sustainability[J]. International Journal of Agile Systems and Management, 2012, 5(3): 267-275.

[57] Tobey J A. The effects of domestic environmental policies on patterns of world trade: An empirical test[J]. Kyklos, 1990, 43(2): 191-209.

[58] Treitl S, Jammernegg W. Facility location decisions with environmental considerations: a case study from the petrochemical industry[J]. Journal of Business Economics, 2014, 84: 639-664.

[59] Vereecke A, Dierdonck R D, Meyer A D. A typology of plants in global manufacturing networks[J]. Management Science, 2006, 52(11): 1737-1750.

[60] Walter I, Ugelow J L. Environmental Policies in Developing-Countries[J]. Ambio, 1979, 8(2-3): 102-109.

[61] Wheeler D. Racing to the Bottom? Foreign Investment and Air Pollution in Developing Countries[J]. The Journal of Environment Development, 2001, 10(3): 225-245.

[62] Wu X. Pollution havens and the regulation of multinational with asymmetric information[J]. Contributions to Economic Analysis and Policy, 2004, 3(2): 1-25.

[63] Yang X, He C. Do polluting plants locate in the borders of jurisdictions? Evidence from China[J]. Habitat International, 2015(50): 140-148.

[64] Yin J, Zheng M, Li X. Interregional transfer of polluting industries: a consumption responsibility perspective[J]. Journal of Cleaner Production, 2016(112): 4318-4328.

[65] Zhu S, He C, Liu Y. Going green or going away: Environmental regulation, economic geography and firms' strategies in China's pollution-intensive industries[J]. Geoforum, 2014(55): 53-65.

[66] Zou, H, Duan, X, Wang, L, et al. The effects of environmental regulation on chemical industry location: Evidence from the region along the Yangtze River, China. Growth and Change, 2022, doi.org/10.1111/grow.12609

[67] 安虎森 . 产业转移、空间集聚与区域协调 [M]. 天津：南开大学出版社，2014.

[68] 安志蓉，丁慧平．环境绩效、环境成本内部化与环境保护：一个研究综述 [J]. 中国科技论坛，2013(1): 126-131.

[69] 毕军，马宗伟，曲常胜．我国环境风险管理目标体系的思考 [J]. 环境保护科学，2015，41(4): 1-5.

[70] 毕军．环境治理模式：生态文明建设的核心 [J]. 江苏社会科学，2014(4): 9-10.

[71] 蔡炜，张瑛．石油化工基地的开发与布局——兼论我国石化基地的建设 [J]. 城市规划，1999，23(2): 8-12，64.

[72] 曹有挥，蒋自然，陈欢，等．长江沿岸港口体系的形成过程与机制 [J]. 地理科学进展，2015，34(11): 1430-1440.

[73] 陈诚，陈雯，赵海霞．江苏沿岸地区生态保护与产业分布空间匹配格局分析 [J]. 地理研究，2011，30(2): 269-277.

[74] 陈梅．自愿性环境管理模式下企业环境规制内部化的实现途径 [J]. 特区经济，2013(3): 214-215.

[75] 陈雯，孙伟，吴加伟，等．长江经济带开发与保护空间格局构建及其分析路径 [J]. 地理科学进展，2015，34(11): 1388-1397.

[76] 陈雯，Soyez D，左文芳．工业绿色化：工业环境地理学研究动向 [J]. 地理研究，2003，22(5): 601-608.

[77] 陈雯，孙伟，禚振坤．无锡都市区制造业的区位决策影响与适宜性分区 [J]. 地理科学进展，2009，28(6): 926-931.

[78] 陈雯．建国以来长江沿岸的经济建设过程 [J]. 长江流域资源与环境，1997，6(1): 1-6.

[79] 崔建鑫，赵海霞．长江三角洲地区污染密集型产业转移及驱动机理 [J]. 地理研究，2013，34(3): 504-512.

[80] 崔宇明，常云昆．环境经济外部性的内部化路径比较分析 [J]. 开发研究，2007(3): 40-43.

[81] 崔志广，顾成奎．我国制造业环境成本内部化路径研究 [J]. 工业经济论坛，2015(4): 72-76.

[82] 崔志强．浅谈中国社会的竞底文化 [J]. 改革与开放，2012(12): 175.

[83] 丁杨鑫．环境保护：分权还是集权 [J]. 特区经济，2013(2): 165-168.

［84］董科国．经济全球化背景下中国石化工业区位演化及机制研究 [D]. 上海：华东师范大学，2008.

［85］段学军，虞孝感，陆大道，等．克鲁格曼的新经济地理研究及其意义 [J]. 地理学报，2010，65(2): 131-138.

［86］段学军，虞孝感，邹辉．长江经济带开发构想与发展态势 [J]. 长江流域资源与环境，2015，24(10): 1621-1632.

［87］段学军，王晓龙，邹辉，等．长江经济带岸线资源调查与评估 [M]. 科学出版社，2020.

［88］段学军，邹辉．长江岸线的空间功能、开发问题及管理对策 [J]. 地理科学，2016，36(12): 1822-1833.

［89］樊杰，王宏远，陶岸君，等．工业企业区位与城镇体系布局的空间耦合分析——洛阳市大型工业企业区位选择因素的案例剖析 [J]. 地理学报，2009，64(2): 131-141.

［90］范剑勇．长三角一体化、地区专业化与制造业空间转移 [J]. 管理世界，2004(11): 77-84.

［91］傅帅雄，张可云，张文彬．环境规制与中国工业区域布局的“污染天堂”效应 [J]. 山西财经大学学报，2011，33(7): 8-14.

［92］高菠阳，刘卫东，李铭．工业地理学研究进展 [J]. 经济地理，2010，30(3): 362-370.

［93］高爽，魏也华，陈雯．环境规制对无锡市区污染密集型制造业区位选择的影响 [J]. 湖泊科学，2012，24(6): 883-890.

［94］耿雷华，陈霁巍，刘恒，等．国际河流开发给中国的启示 [J]. 水科学进展，2005，16(2): 295-299.

［95］工业和信息化部产业政策司，中国社会科学院工业经济研究所．中国产业发展和产业政策报告 2012[M]. 北京：经济管理出版社，2012.

［96］龚晓菊，赵云平．区域产业布局与重化工产业西移 [J]. 管理世界，2013(8): 169-170.

［97］郝丽莎，赵媛．中国石油资源利用的区域经济效应差异分析 [J]. 自然资源学报，2016，31(2): 187-201.

［98］何龙斌．国内污染密集型产业区际转移路径及引申——基于 2000—

2011 年相关工业产品产量面板数据 [J]. 经济学家，2013(6): 78-86.
[99] 何润霞，徐晓冬，李秀华 . 化学工艺原理与应用研究 [M]. 北京：中国水利水电出版社，2014.
[100] 贺灿飞，郭琪，马妍，等 . 西方经济地理学研究进展 [J]. 地理学报，2014a，69(8): 1207-1223.
[101] 贺灿飞，谢秀珍 . 中国制造业地理集中与省区专业化 [J]. 地理学报，2006，61(2): 212-222.
[102] 贺灿飞，周沂，张腾 . 中国产业转移及其环境效应研究 [J]. 城市与环境研究，2014b(1): 34-49.
[103] 贺灿飞，朱彦刚，朱晟君 . 产业特性、区域特征与中国制造业省区集聚 [J]. 地理学报，2010，65(10): 1218-1228.
[104] 贺灿飞，张腾，杨晟朗 . 环境规制效果与中国城市空气污染 [J]. 自然资源学报，2013，28(10): 1651-1663.
[105] 贺灿飞 . 中国制造业区位：区域差异与产业差异 [M]. 北京：科学出版社，2010.
[106] 侯伟丽，方浪，刘硕 ."污染避难所"在中国是否存在？——环境管制与污染密集型产业区际转移的实证研究 [J]. 经济评论，2013(4): 65-72.
[107] 化学工业部科学技术情报研究所 . 美国化学工业 [R]. 北京：化学工业部科学技术情报研究所，1979a.
[108] 化学工业部科学技术情报研究所 . 西德化学工业 [R]. 北京：化学工业部科学技术情报研究所，1979b.
[109] 环境保护部 . 2014 年中国环境状况公报 [EB/OL]. http：//jcs.mep.gov.cn/hjzl/zkgb/，2015-05-29/2016-04-01.
[110] 黄民礼 . 信息不对称、主体行为与环境规制的有效性——以中国工业废水治理为例 [D]. 广州：暨南大学，2008.
[111] 黄晓梅 . 企业环境成本内部化与应对绿色壁垒的措施 [J]. 资源与产业，2010，12(2): 10-15.
[112] 霍霄妮，李红，孙丹峰，等 . 北京耕地土壤重金属空间自回归模型及影响因素 [J]. 农业工程学报，2010，26(5): 78-82.
[113] 姜迎全，席德立 . 环境外部不经济性内部化手段的评价与筛选 [J]. 环境

科学，1999，20(2): 95-97.
[114] 蒋丽 . 广州制造业空间布局及其形成原因 [J]. 热带地理，2014，34(6): 850-858.
[115] 金祥荣，谭立力 . 环境政策差异与区域产业转移——一个新经济地理学视角的理论分析 [J]. 浙江大学学报 ( 人文社会科学版 )，2012，42(5): 51-60.
[116] 克拉克 .G L，费尔德曼 .M P，格特勒 .M S. 牛津经济地理学手册 [M]. 刘卫东，王缉慈，李小建等译 . 北京：商务印书馆，2005.
[117] 李秉仁 . 我国炼油工业的区位问题 [J]. 经济地理，1982(3): 109-113.
[118] 李红利 . 环境困局与科学发展：中国地方政府环境规制研究 [M]. 上海：上海人民出版社，2012.
[119] 李小建 . 经济地理学发展审视与新构思 [J]. 地理研究，2013，32(10): 1865-1877.
[120] 李小建等 . 经济地理学 [M]. 北京：高等教育出版社，2006.
[121] 李小强，李留刚，关民普 . 中国精细化工的现状和发展前景展望 [J]. 科技信息，2011(23): 471-473.
[122] 李序颖，顾岚. 空间自回归模型及其估计 [J]. 统计研究，2004(6): 48-51.
[123] 联合国环境规划署 . 联合国环境规划署 2013 年度报告 [EB/OL]. www.unep.org/annualreport/2013，2014-06-19/2016-04-01.
[124] 梁滨，邓祖涛，梁慧，等 . 区域空间研究：经济地理学与新经济地理学的分歧与交融 [J]. 经济地理，2014，34(2): 9-13.
[125] 梁琦 . 中国工业的区位基尼系数——兼论外商直接投资对制造业集聚的影响 [J]. 统计研究，2003(9): 21-25.
[126] 梁仁彩 . 化学工业布局概论 [M]. 北京：科学出版社，1982.
[127] 林季红，刘莹 . 内生的环境规制：“污染天堂假说”在中国的再检验 [J]. 中国人口・资源与环境，2013，23(1): 13-18.
[128] 林丽钦 . 新加坡裕廊石化产业集群的发展及启示 [J]. 石家庄经济学院学报，2011，34(3): 74-78.
[129] 林永生 . 中国环境污染的经济追因与综合治理 [M]. 北京：北京师范大学

出版社，2016.

[130] 刘刚，张长令．中国重化工业发展的空间组织形态演化 [J]. 经济问题，2012(4): 40-45.

[131] 刘鹤，金凤君，刘毅，等．中国石化产业空间组织的评价与优化 [J]. 地理学报，2011a，66(10): 1332-1342.

[132] 刘鹤，刘毅．石化产业空间组织研究进展与展望 [J]. 地理科学进展，2011b，30(2): 157-163.

[133] 刘鹤，金凤君，刘毅．中国石化产业空间组织的演进历程与机制 [J]. 地理研究，2012，31(11): 2031-2043.

[134] 刘鹤．石化产业空间组织的演进机理与模式研究 [D]. 北京：中国科学院研究生院，2011.

[135] 刘剑，胡浩．环境规制与中国农药制造业布局的变迁——基于 1995—2012 年的数据分析 [J]. 经济问题，2014(7): 57-61.

[136] 刘磊，任煜．国内外产业集聚理论研究 [J]. 西南农业大学学报（社会科学版），2007，5(5): 29-33.

[137] 刘丽娟．梯度推移理论视角下的区域旅游资源开发研究——以甘肃省河西走廊为例 [D]. 兰州：西北师范大学，2009.

[138] 刘瑞强，张沛．新型城镇化背景下城市发展从“竞次”走向“竞优”的战略转型 [J]. 现代城市研究，2014(6): 108-114.

[139] 刘伟明．中国的环境规制与地区经济增长 [M]. 北京：社会科学文献出版社，2013.

[140] 刘卫东，金凤君，张文忠，等．中国经济地理学研究进展与展望 [J]. 地理科学进展，2011，30(12): 1479-1487.

[141] 刘小丽，任景明，任意．石化产业布局亟需转危为安 [J]. 环境保护，2009，37(21): 65-67

[142] 刘修岩，张学良．集聚经济与企业区位选择——基于中国地级区域企业数据的实证研究 [J]. 财经研究，2010，36(11): 83-92.

[143] 刘毅，周成虎，王传胜，等．长江经济带建设的若干问题与建议 [J]. 地理科学进展，2015，34(11): 1345-1355.

[144] 刘永进．中国特大城市制造业空间布局研究——以武汉市为例 [D]. 武

汉：华中科技大学，2005.
[145] 陆大道. 我国区域开发的宏观战略 [J]. 地理学报，1987，42(2): 97-105.
[146] 陆玉麒，董平. 中国主要产业轴线的空间定位与发展态势——兼论-轴系统理论与双核结构模式的空间耦合 [J]. 地理研究，2004，23(4): 521-529.
[147] 吕卫国，陈雯. 制造业企业区位选择与南京城市空间重构 [J]. 地理学报，2009，64(2): 142-152.
[148] 孟宪玲. 美国炼厂规模和布局研究 [J]. 当代石油石化，2002，10(11): 18-21.
[149] 苗长虹. 全球-地方联结与产业集群的技术学习——以河南许昌发制品产业为例 [J]. 地理学报，2006，61(4): 425-434.
[150] 穆建新. 长江三角洲石化工业空间结构演化研究 [D]. 上海：华东师范大学，2006.
[151] 南京化工厂志编辑办公室. 南京化工厂志 [M]. 北京：方志出版社，1997.
[152] 南京市地方志编纂委员会. 南京市志 ( 第 5 册 )[M]. 北京：方志出版社，2010.
[153] 南京市江南小化工集中整治工作现场指挥部. 关于燕子矶地区化工企业搬迁整治工作的报告 [R]. 南京：南京市江南小化工集中整治工作现场指挥部，2016.
[154] 彭文斌，吴伟平，邝嫦娥. 环境规制对污染产业空间演变的影响研究——基于空间面板杜宾模型 [J]. 世界经济文汇，2014(6): 99-110.
[155] 仇方道，蒋涛，张纯敏，等. 江苏省污染密集型产业空间转移及影响因素 [J]. 地理科学进展，2013，33(7): 789-796.
[156] 沈静，魏成. 环境管制影响下的佛山市陶瓷产业集群发展模式研究 [J]. 热带地理，2011，31(3): 304-315.
[157] 沈静，魏成. 环境管制影响下的佛山陶瓷产业区位变动机制 [J]. 地理学报，2012，67(4): 467-478.
[158] 沈静，向澄，符文颖. 环境管制对珠江三角洲污染产业空间分布的影响研究 [J]. 地理科学，2014，34(6): 717-724.

[159] 沈能，刘凤朝．高强度的环境规制真能促进技术创新吗？——基于“波特假说”的再检验 [J]. 中国软科学，2012(4): 49-59.
[160] 宋晓举．环境规制对商区位选择的影响 [D]. 杭州：浙江工商大学，2014.
[161] 宋周莺，刘卫东．信息时代的企业区位研究 [J]. 地理学报，2012，67(4): 479-489.
[162] 苏子铭．浅析环境污染外部性的内部化及其解决方式 [J]. 中国市场，2011(12): 149-150.
[163] 孙康，王昱方，肖寒．石化产业集聚水平测度及实证研究 [J]. 财经问题研究，2014(4): 33-39.
[164] 孙学敏，王杰．环境规制对中国企业规模分布的影响 [J]. 中国工业经济，2014(12): 44-56.
[165] 陶然．“竞次式”招商引资纵容污染 [N]. 中国联合商报，2013-01-07(F01).
[166] 田超，王磊．长江中游城市群石化产业空间组织研究——现状、机制与路径 [J]. 世界地理研究，2016，25(3): 106-114.
[167] 童昕，王缉慈．东莞 PC 相关制造业地方产业群的发展演变 [J]. 地理学报，2001，56(6): 722-729.
[168] 王成金，程佳佳，马丽．长江立体化综合交通运输走廊的空间组织模式 [J]. 地理科学进展，2015，34(11): 1441-1448.
[169] 王传胜．长江中下游岸线资源评价 [D]. 南京：中国科学院南京地理与湖泊研究所，2000.
[170] 王法辉，胡忆东．芝加哥制造业发展过程及区位因素分析 [J]. 地理科学，2010，30(2): 175-183.
[171] 王缉慈．试述我国石油化纤基地的布局与选址问题 [J]. 经济地理，1982(3): 194-200.
[172] 王缉慈．我国制造业集群分布现状及其发展特征 [J]. 地域研究与开发，2003，22(6): 29-33.
[173] 王军．理解污染避难所假说 [J]. 世界经济研究，2008(1): 59-65，86.
[174] 王庆喜，蒋烨，陈卓咏．区域经济研究实用方法：基于 ArcGIS、GeoDa

和 R 的运用 [M]. 北京：经济科学出版社，2014.

[175] 王彦斐 . 污染密集型产业转移动因研究 [D]. 广州：广东省社会科学院，2015.

[176] 王昭，杨洁，戴明泽 . 污染产业区际分布及各省承接程度分析 [J].21 世纪数量经济学，2014，14：521-540.

[177] 危丽琼 . 精细化率：做强的重要指标 [EB/OL]. http：//www.ccin.com.cn/ccin/news/ 2011/12/16/213192.shtml，2011-12-16/2016-05-05.

[178] 韦伯 . 工业区位论 [M]. 李刚剑，等译 . 北京：商务印书馆，2010.

[179] 魏后凯，贺灿飞，王新 . 中国外商投资区位决策与公共政策 [M]. 北京：商务印书馆，2002.

[180] 魏后凯 . 中国产业集聚与集群发展战略 [M]. 北京：经济管理出版社，2008.

[181] 魏心镇 . 工业地理学 [M]. 北京：北京大学出版社，1982.

[182] 温孝卿，苏睿先 . 环境规制对京津冀污染型产业空间分布的影响 [J]. 天津师范大学学报 ( 社会科学版 )，2015(6): 58-62.

[183] 吴俊培，万甘忆 . 财政分权对环境污染的影响及传导机制分析——基于地市级面板数据的实证 [J]. 广东财经大学学报，2016(6): 37-45.

[184] 吴伟平 . 环境规制作用下污染产业空间演变研究 [D]. 湘潭：湖南科技大学，2014.

[185] 席西民，刘静静，曾宪聚，等 . 国外流域管理的成功经验对雅砻江流域管理的启示 [J]. 长江流域资源与环境，2009，18(7): 635-640.

[186] 夏友富 . 外商投资中国污染密集产业现状、后果及其对策研究 [J]. 管理世界，1999(3): 109-123.

[187] 肖宏 . 环境规制约束下污染密集型企业越界迁移及其治理 [D]. 上海：复旦大学，2008.

[188] 肖彦昊 . 财政分权、环境规制与环境污染——基于省级面板数据的实证分析 [D]. 兰州：西北师范大学，2015.

[189] 熊鹏 . 环境保护与经济发展——评波特假说与传统新古典经济学之争 [J]. 当代经济管理，2005，27(5): 80-84.

[190] 徐成龙 . 环境规制下产业结构调整及其生态效应研究 [D]. 济南：山东师

范大学，2015.
[191] 徐康宁. 产业集聚形成的源泉 [M]. 北京：人民出版社，2006.
[192] 许铭，吴宗之，张悦，等. 我国省级以上化工园区分布特点 [J]. 现代化工，2014，34(2): 17-19.
[193] 薛伟贤，刘静. 环境规制及其在中国的评估 [J]. 中国人口·资源与环境，2010，20(9): 70-77.
[194] 颜燕，贺灿飞，刘涛，等. 工业用地价格竞争、集聚经济与企业区位选择——基于中国地级市企业微观数据的经验研究 [J]. 城市发展研究，2014，21(3): 9-13.
[195] 杨蓓蓓. 环境管制与污染产业区际转移 [D]. 杭州：浙江财经大学，2013.
[196] 杨桂山，于秀波. 国外流域综合管理的实践经验 [J]. 中国水利，2005(10): 59-61.
[197] 杨巧. 环境污染外部性的内部化方式——兼论排污权交易制度在我国的推行 [J]. 价值工程，2009(2): 23-25.
[198] 杨屹. 化学工业布局与中国城市经济发展研究 [D]. 上海：华东师范大学，2006.
[199] 杨蕴丽. 我国重化工业的布局困境与优化策略探析 [J]. 当代经济，2014(13): 44-46.
[200] 杨震宇. 民族工业遗产的传承与创新——以南通油脂厂景观设计为例 [J]. 中国园林，2014(5): 74-78.
[201] 杨足膺，赵媛，黄克龙. 中国石油资源空间流动的驱动机制分析 [J]. 地理研究，2014，33(5): 863-875.
[202] 余斌，冯娟，曾菊新. 产业集群网络与武汉城市圈产业发展的空间组织 [J]. 经济地理，2007，27(3): 427-432.
[203] 余菜花，陈倩. 环境规制对中国化学原料及化学制品制造业空间分布影响的实证研究 [J]. 南京航空航天大学学报，2015，17(3): 31-35.
[204] 虞孝感，王磊，杨清可，等. 长江经济带战略的背景及创新发展的地理学解读 [J]. 地理科学进展，2015，34(11): 1368-1376.
[205] 虞孝感，张维阳. 沿江开发成就卓著 环境保护任重道远——热烈祝贺

"长江流域资源与环境"创刊二十周年 [J]. 长江流域资源与环境，2012，21(7): 781-785.

[206] 虞祎，张晖，胡浩 . 环境规制对中国生猪生产布局的影响分析 [J]. 中国农村经济，2011(8): 81-88.

[207] 袁丰，陈雯，宋正娜 . 长江三角洲地区制造业集群辨识及空间组织特征 [J]. 地球信息科学学报，2015，17(12): 1511-1519.

[208] 袁丰 . 中国沿海大城市制造业空间集聚研究——以苏南典型城市为例 [M]. 北京：科学出版社，2015.

[209] 原明明 . 东北地区石化产业集聚发展与布局研究 [D]. 长春：中国科学院东北地理与农业生态研究所，2009.

[210] 曾刚，等 . 长江经济带协同创新研究：创新 · 合作 · 空间 · 治理 [M]. 北京：经济科学出版社，2016.

[211] 曾刚，等 . 长江经济带协同发展的基础与谋略 [M]. 北京：经济科学出版社，2014.

[212] 曾文慧 . 越界水污染规制：对中国跨行政区流域污染的考察 [M]. 上海：复旦大学出版社，2007.

[213] 张超 . 环境规制对产业转移的影响研究 [D]. 杭州：浙江理工大学，2015.

[214] 张红凤，张细松 . 环境规制理论研究 [M]. 北京：北京大学出版社，2012.

[215] 张华，梁进社 . 产业空间集聚及其效应的研究进展 [J]. 地理科学进展，2007，26(2): 14-24.

[216] 张侃侃，郭文炯 . 流域经济：空间特征、过程与机制 [J]. 黄河文明与可持续发展，2013(3): 59-69.

[217] 张嫚 . 环境规制与企业行为间的关联机制研究 [J]. 财经问题研究，2005(4): 34-39.

[218] 张书明，王晓文，王树恩 . 高速铁路对制造业区位选择及产业结构的影响——以日本高速铁路为例 [J]. 山东建筑大学学报，2012，27(6): 551-555.

[219] 张天悦 . 环境规制的绿色创新激励研究 [D]. 北京：中国社会科学院研究

生院，2014.
[220] 张文忠，董科国，田山川．中国石化工业发展和区位变迁轨迹 [J]. 地理研究，2009，28(5): 1378-1388.
[221] 张文忠，张军涛．经济学和地理学对区位论发展轨迹的影响 [J]. 地理科学进展，1999，18(1): 54-59.
[222] 张晓平，孙磊．北京市制造业空间格局演化及影响因子分析 [J]. 地理学报，2012，67(10): 1308-1316.
[223] 赵大平，Tony Fang. 制造业转移方式与污染控制 [J]. 财经问题研究，2013(8): 29-34.
[224] 赵希男，刘炳东，许慧敏．竞优思想及其对人类进步的作用分析 [J]. 科学技术与辩证法，2006，23(2): 32-35，110.
[225] 赵小风，黄贤金，张兴榆，等．区域 COD、$SO_2$ 及 TSP 排放的空间自相关分析：以江苏省为例 [J]. 环境科学，2009，30(6): 1580-1587.
[226] 赵玉民，朱方明，贺立龙．环境规制的界定、分类与演进研究 [J]. 中国人口·资源与环境，2009，19(6): 85-90.
[227] 郑耀群，周新生．中国制造业区域集聚度的实证分析 [J]. 中国科技论坛，2009(2): 40-42.
[228] 植草益著，朱绍文译．微观规制经济学 [M]. 北京：中国发展出版社，1992.
[229] 中国化工情报信息协会《中国化学工业年鉴》编辑部．中国化学工业年鉴 [R].2014.
[230] 中国化工情报信息协会《中国石油和化学工业年鉴》编辑部．中国石油和化学工业年鉴 [R].2013.
[231] 钟茂初．产业绿色化内涵及其发展误区的理论阐释 [J]. 中国地质大学学报(社会科学版)，2015，15(3): 1-8.
[232] 周嘉华，王治浩．化学与化工志 [M]. 上海：上海人民出版社，1998.
[233] 周新迁．中国石化产业可持续发展研究 [D]. 厦门：厦门大学，2006.
[234] 周沂，贺灿飞，王锐，等．环境外部性与污染企业城市内空间分布特征——基于深圳污染企业的实证分析 [J]. 地理研究，2014，33(5): 817-830.

［235］朱英明，陆洪芳．论产业集群的集聚优势 [J]. 经济地理，2006，26(S): 76-98.

［236］朱英明．江苏沿江化工产业带产业集群可持续成长研究——扬州（仪征）化学工业园为例 [J]. 工业技术经济，2006，25(8): 42-44.

［237］邹东涛．中国企业公民报告（2009）[M]. 北京：社会科学文献出版社，2009.

［238］邹辉，段学军．长江经济带经济 - 环境协调发展格局及演变 [J]. 地理科学，2016，36(9): 1408-1417.

［239］邹辉，段学军．长江沿江地区化工产业空间格局演化及影响因素 [J]. 地理研究，2019，38(4): 884-897.